智能网联汽车技术系列丛书

智能网联汽车概论

主　编　庞宏磊　朱福根

副主编　杨毓晋　王　博

编　著　胡光斓　袁　俊　陈　勇

　　　　潘四普　赵魏维　谢　康

电子工业出版社
Publishing House of Electronics Industry
北京·BEIJING

内 容 简 介

本书共 7 章，以智能网联汽车的发展及关键技术开篇，系统介绍了智能网联汽车各系统的组成与结构原理（感知技术、定位技术、底盘线控技术）、智能驾驶控制与网联技术（路径规划与决策技术、V2X 技术），以及智能驾驶技术在车辆上的实际应用。

本书可以作为高职院校汽车制造与试验、新能源汽车、汽车电子、智能网联汽车、汽车服务与营销、汽车检测与维修等专业，职业本科院校汽车服务工程、新能源汽车工程、智能网联汽车工程等专业的教材，以及理工科大学教师的教学参考书，也可作为从事智能网联汽车研究的有关工程技术人员的参考书。

未经许可，不得以任何方式复制或抄袭本书之部分或全部内容。
版权所有，侵权必究。

图书在版编目（CIP）数据

智能网联汽车概论 / 庞宏磊，朱福根主编. —北京：电子工业出版社，2022.9
（智能网联汽车技术系列丛书）
ISBN 978-7-121-44308-4

Ⅰ. ①智… Ⅱ. ①庞… ②朱… Ⅲ. ①汽车－智能通信网－概论 Ⅳ. ①U463.67

中国版本图书馆 CIP 数据核字（2022）第 170371 号

责任编辑：张　迪（zhangdi@phei.com.cn）
印　　刷：北京盛通商印快线网络科技有限公司
装　　订：北京盛通商印快线网络科技有限公司
出版发行：电子工业出版社
　　　　　北京市海淀区万寿路 173 信箱　邮编 100036
开　　本：787×1 092　1/16　印张：13.5　字数：345.6 千字
版　　次：2022 年 9 月第 1 版
印　　次：2023 年 8 月第 3 次印刷
定　　价：58.00 元

凡所购买电子工业出版社图书有缺损问题，请向购买书店调换。若书店售缺，请与本社发行部联系，联系及邮购电话：（010）88254888，88258888。
质量投诉请发邮件至 zlts@phei.com.cn，盗版侵权举报请发邮件至 dbqq@phei.com.cn。
本书咨询联系方式：（010）88254469，zhangdi@phei.com.cn。

编审委员会

特邀顾问	蒋永林	四川交通职业技术学院
	马晓明	深圳职业技术学院
专家顾问	周昱英	南京工业职业技术大学
	朱福根	浙江交通职业技术学院
	张　亮	阿波罗智能技术（北京）有限公司
	柴　燕	电子工业出版社有限公司
委　员	庞宏磊	南京工业职业技术大学
	杨毓晋	南京工业职业技术大学
	王　博	浙江交通职业技术学院
	胡光斓	南京工业职业技术大学
	袁　俊	南京工业职业技术大学
	谢　康	浙江交通职业技术学院
	陈　勇	南京工业职业技术大学
	潘四普	南京工业职业技术大学
	赵魏维	南京工业职业技术大学
	赵　静	阿波罗智能技术（北京）有限公司
	刘玮立	阿波罗智能技术（北京）有限公司
	胡　旷	阿波罗智能技术（北京）有限公司
	苏菲菲	阿波罗智能技术（北京）有限公司
	王希同	阿波罗智能技术（北京）有限公司
	马　超	阿波罗智能技术（北京）有限公司
	张　驰	阿波罗智能技术（北京）有限公司
	马欣然	阿波罗智能技术（北京）有限公司

前　言

习近平总书记于 2020 年 7 月调研中国一汽时，强调"我们要成为制造业强国，就要做到汽车强国"。建设世界汽车强国，不但是我国制造业转型升级的必由之路，也是国家工业体系自主可控的迫切需要。相比于传统汽车工业历史差距大、被动跟随的局面，依托智能网联汽车的发展建设世界汽车强国，具有长远而深刻的战略意义。智能网联汽车不仅是国家的重点发展方向，也是数字经济的重要一环。为加快建设智能汽车强国，实现汽车产业的转型升级，我国通过不断完善顶层设计规划、加速标准体系建设、鼓励示范应用等方式加快推进智能网联汽车产业发展。

智能网联处于汽车产业的关键环节、核心位置和技术顶端，是汽车行业的创新技术，涉及人工智能、大数据与计算科学、移动通信技术、地理定位技术、传感与控制技术、半导体技术等。智能网联的技术作用是代替驾驶员完成车辆行驶所需的信息采集、路径规划、决策控制、学习优化，自动控制车辆的启动、停止、行驶、安全等功能；直接作用是重塑汽车产品形态和市场分布格局，重置物流运输与交通秩序，创造庞大产业；间接作用是带动人工智能、计算科学、半导体及相关技术的发展升级，推动人才培养成效与技术标准制定，引领数学、电化学、半导体物理等自然科学的基础研究。

本书充分体现职业特性，在编写过程中借鉴了同类书籍的优点，同时将百度 Apollo 的最新技术吸收进来，因此本书具有较强的职业性和前沿性。作为智能网联车辆技术的入门教材，把智能网联车辆分为感知、定位导航、决策规划、控制、网联化五大部分。本书各章节围绕这五部分展开介绍。

全书共七个项目。项目一首先介绍了智能网联汽车的相关定义及分级；其次在此知识储备的基础上，详细介绍了智能网联汽车的发展历程；最后分析了智能网联汽车的关键技术，重点拓展了 Apollo 智能网联系统的架构。项目二首先介绍了各类感知传感器的概念、结构、分类和工作原理，以及各类感知传感器的优缺点与布置原则；其次对多传感器融合理论、方案和 Apollo 感知技术进行讲解；最后通过案例应用和案例练习的方式，帮助读者更深入地理解感知传感器的技术特点、布置原则和融合特点。项目三首先介绍了定位的概念和四大全球卫星定位系统；其次重点阐述了多种定位技术的原理、关键技术、融合应用，以及高精地图的作用、价值和采集方法；最后结合百度 Apollo 系统，介绍了多传感器融合定位的实践应用。项目四首先介绍了智能驾驶汽车底盘线控系统的分类和组成；其次重点讲解了线控油门、线控转向和线控制动系统的概念、原理和特点；最后结合 Apollo 系统，分析了底盘线控系统的关键技术。项目五首先介绍了全局路径规划和局部路径规划的特点、常用算法等相关内容；其次阐述了行为决策的基本模型及设计方法；最后结合 Apollo 路径规划与速度规划技术，分析了路径规划与决策技术的实践应用。项目六首先介绍了车用无线通信技术（V2X），包括概述、通信技术、系统架构、工作过程及典型应用；其次重点介绍了连通 V2X 端信息与操作系统的中间件,通过智能驾驶操作系统引入,介绍了中间件的架构和工作流程,并通过 Cyber RT 中间件创建组件的案例,帮助读者更深入地了解智能驾驶操作系统;最后介绍了汽车网络安全技术,包括目前面临的挑战、入侵途径、解决途径,以及安全法规标准。项目七首先对车道保持技术、自适应巡航技术、自动泊车技术等几种典型的智能驾驶应用技术进行了介绍;然后通过案例应用和案例练习的方式,帮助读者更深入地理解智能驾驶应用技术。

本书由庞宏磊、朱福根主编,杨毓晋、王博副主编,胡光斓、袁俊、陈勇、潘四普、赵魏维、谢康参加了部分章节的编写及文字与图表的修订工作。

为了更好地帮助大家学习,随书资料包含了教学课件和课后习题答案,读者可以登录华信教育资源网(http://www.hxedu.com.cn)免费注册后进行下载。

本书在编写过程中参考了大量国内外公开发表的资料,以及百度 Apollo 开发者平台的相关资料,在此向相关资料的作者表示感谢。

由于智能网联汽车技术正发生日新月异的变化,加之编者水平和能力有限,书中不当之处,望广大读者批评指正。

目　　录

项目一　智能网联概述 ... 001
  任务 1.1　智能网联汽车的发展 ... 002
    1.1.1　智能网联汽车的相关定义及分级 ... 002
    1.1.2　国外智能网联汽车的发展 ... 009
    1.1.3　国内智能网联汽车的发展 ... 014
  任务 1.2　智能网联汽车的关键技术 ... 020
  任务 1.3　Apollo 智能网联系统架构 ... 032
    1.3.1　Apollo 的发展历程 ... 032
    1.3.2　Apollo 平台架构 ... 033
  参考文献 ... 038

项目二　智能驾驶感知技术 ... 040
  任务 2.1　感知传感器认知 ... 041
    2.1.1　感知传感器概述 ... 041
    2.1.2　视觉传感器 ... 044
    2.1.3　激光雷达 ... 049
    2.1.4　毫米波雷达 ... 052
    2.1.5　超声波雷达 ... 054
    2.1.6　典型车型案例分析 ... 057
  任务 2.2　感知融合技术 ... 061
    2.2.1　多传感器融合概述 ... 061
    2.2.2　多传感器融合的基础理论 ... 063
    2.2.3　多传感器融合的方案 ... 066
    2.2.4　Apollo 感知技术 ... 068
  参考文献 ... 070

项目三　智能驾驶定位技术与高精度地图 ... 074
  任务 3.1　卫星定位技术 ... 075
    3.1.1　全球卫星定位系统的概念 ... 075
    3.1.2　全球卫星定位系统的构成、特点与用途 ... 077
    3.1.3　全球卫星定位系统的工作原理 ... 078
    3.1.4　北斗卫星导航系统的组成 ... 079
  任务 3.2　惯性导航系统与定位融合 ... 080

3.2.1　惯性导航系统的概念 080
　　3.2.2　惯性导航系统的发展历程 080
　　3.2.3　惯性导航系统的构成和原理 080
　　3.2.4　惯性导航系统的特点 082
　　3.2.5　惯性导航系统的应用 083
　　3.2.6　融合定位技术 084
　任务 3.3　高精度地图 085
　　3.3.1　高精度地图的基本概念 085
　　3.3.2　高精度地图与传统地图的区别 086
　　3.3.3　高精度地图的作用与价值 087
　　3.3.4　高精度地图的采集 088
　任务 3.4　Apollo 定位技术 091
　　3.4.1　GNSS 定位技术 092
　　3.4.2　载波定位技术 092
　　3.4.3　激光点云定位技术 093
　　3.4.4　视觉定位技术 093
　参考文献 094

项目四　智能驾驶底盘线控技术 097

　任务 4.1　线控底盘的构成 098
　　4.1.1　线控底盘技术概述 098
　　4.1.2　线控油门系统 099
　　4.1.3　线控转向系统 099
　　4.1.4　线控制动系统 102
　任务 4.2　Apollo 控制技术 105
　　4.2.1　信息获取与传输技术 106
　　4.2.2　驾驶人意图与工况辨识技术 108
　　4.2.3　故障诊断容错及能源管理技术 108
　　4.2.4　电机与控制器技术 109
　　4.2.5　未来发展趋势 109
　　4.2.6　百度 Apollo 线控技术应用 110
　参考文献 111

项目五　智能驾驶路径规划与决策技术 114

　任务 5.1　路径规划技术 115
　　5.1.1　全局路径规划与局部路径规划 116
　　5.1.2　路径规划算法 116
　任务 5.2　行为决策技术理论 122
　　5.2.1　行为决策基本模型 122

	5.2.2	行为决策方法	123
	5.2.3	基于规则的行为决策设计	124
	5.2.4	马尔可夫决策过程	127
任务 5.3	Apollo 规划与决策技术		128
	5.3.1	概述	128
	5.3.2	路径规划	130
	5.3.3	速度规划	133
参考文献			136

项目六　汽车智能网联技术　140

任务 6.1	车用无线通信技术（V2X）		141
	6.1.1	V2X 概述	141
	6.1.2	V2X 通信技术	142
	6.1.3	基于 V2X 的智能驾驶系统	146
	6.1.4	V2X 典型应用场景	149
	6.1.5	V2X 应用案例分析	151
任务 6.2	智能驾驶操作系统		152
	6.2.1	智能驾驶操作系统概述	152
	6.2.2	主流汽车智能驾驶操作系统	153
	6.2.3	中间件架构	157
	6.2.4	Cyber RT 创建组件案例分析	164
任务 6.3	汽车网联安全技术		168
	6.3.1	汽车网络安全面临的挑战	168
	6.3.2	汽车网络的入侵途径	169
	6.3.3	应对网络安全的解决办法	171
	6.3.4	汽车网联安全法规标准	174
	6.3.5	Apollo 汽车信息安全应用案例	176
参考文献			177

项目七　智能驾驶应用技术　182

任务 7.1	车道保持技术		183
	7.1.1	车道保持辅助系统的定义与组成	183
	7.1.2	车道保持辅助系统的工作原理	184
	7.1.3	车道保持辅助系统的应用	185
任务 7.2	自适应巡航控制技术		187
	7.2.1	自适应巡航控制系统的定义与组成	187
	7.2.2	自适应巡航控制系统的工作原理	189
	7.2.3	自适应巡航控制系统的作用	190
	7.2.4	自适应巡航控制系统的工作模式	191

7.2.5 自适应巡航控制系统的控制方法 …………………………………… 192
7.2.6 自适应巡航控制系统的应用 ………………………………………… 192
任务 7.3 自动泊车技术 ………………………………………………………………… 194
7.3.1 自动泊车辅助系统的定义与组成 …………………………………… 194
7.3.2 自动泊车辅助系统的工作原理 ……………………………………… 195
7.3.3 自动泊车辅助系统的应用 …………………………………………… 196
任务 7.4 Apollo 智能驾驶应用 ………………………………………………………… 198
7.4.1 Apollo ANP …………………………………………………………… 198
7.4.2 Apollo AVP …………………………………………………………… 199
7.4.3 Apollo Robotaxi ……………………………………………………… 201
7.4.4 Apollo Minibus ………………………………………………………… 202
参考文献 ………………………………………………………………………………… 203

项目一
智能网联概述

 导　言

汽车自诞生以来，已走过一百多年，从卡尔·本茨造出的第一辆三轮汽车发展到现在不同造型、不同风格、不同类型，汽车也从传统燃油车时代迈入了"新四化"时代，即电动化、智能化、网联化、共享化。而智能网联汽车也应运而生。

近些年来，关于智能网联汽车的相关报道已成为社会关注的热点。本项目首先介绍了智能网联汽车的相关定义及分级；其次在此知识储备的基础上，详细介绍了智能网联汽车的发展历程，然后分析了智能网联汽车的关键技术，重点拓展了 Apollo 智能网联系统架构；最后通过习题的方式对智能网联进行系统性和整体性把握。

 学习目标

1. **知识目标**

（1）了解智能网联汽车的发展史。

（2）理解智能网联汽车的相关定义及分级。

（3）掌握 Apollo 智能网联系统架构。

2．技能目标

（1）能够描述智能网联汽车的发展历史。

（2）能够对智能网联汽车分级。

（3）能够分析 Apollo 智能网联系统架构。

3．素质目标

（1）培养学生职业素养。

（2）培养学生独立思考的能力。

（3）培养学生分析问题的能力。

思维导图

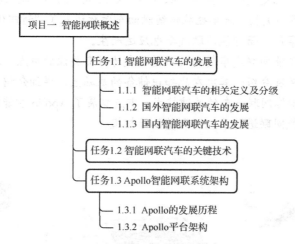

任务 1.1　智能网联汽车的发展

1.1.1　智能网联汽车的相关定义及分级

智能网联汽车（Intelligent Connected Vehicle，ICV），这一名词包含两个关键词："智能"和"网联"。"智能"引申为智能汽车，而"网联"则引申为"网联汽车"。

什么是智能汽车？如图 1-1 所示，智能汽车是在一般汽车上增加雷达和摄像头等先进传感器、控制器、执行器等装置，通过车载环境感知系统和信息终端实现与车、路、人等的信息交换，使车辆具备智能环境感知能力，能够自主分析车辆行驶的安全及危险状态，并使车辆按照人的意愿到达目的地，最终实现替代人来操作的目的。

初级阶段的智能汽车是具有先进驾驶辅助系统（Advanced Driving Assistance System，ADAS）的车辆，如辅助变道系统、车侧警示系统、偏移车道警示系统等，如图 1-2 所示。

图 1-1　智能汽车

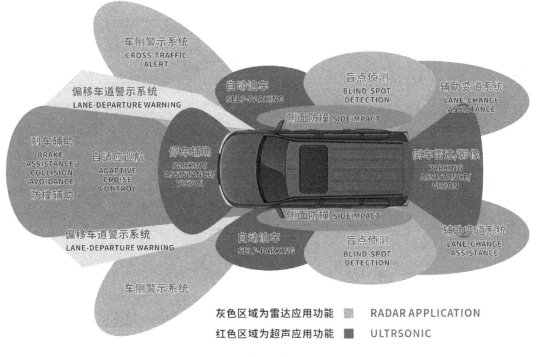

图 1-2　汽车上的 ADAS

什么是网联汽车？如图 1-3 所示，网联汽车基于通信互联方式，建立车与车之间的连接、车与网络中心和智能交通系统等服务中心的连接，甚至是车与住宅、办公室及一些公共基础设施的连接，实现车内网络与车外网络之间的信息交互，全面解决人－车－外部环境之间的信息交流问题。

图 1-3 网联汽车

车联网是网联汽车的重要核心之一,那什么是车联网呢?车联网以车内网、车际网和车载移动互联网为基础,按照约定的体系架构及其通信协议和数据交互标准,实现 V2X(V 代表汽车,X 代表车、路、行人及应用平台等,见图 1-4)无线通信和信息交换,是物联网技术在智能交通系统领域的延伸。

图 1-4 V2X

而智能交通系统(Intelligent Traffic System,ITS)是将现有的信息技术、计算机处理技术、数据通信技术、传感器技术、电子控制技术、运筹学、人工智能等有效地集成运用于整个地面交通管理系统而建立的一种在大范围内、全方位发挥作用的、实时、准确、高效的综合交通运输管理系统,如图 1-5 所示。

由此,根据《国家车联网产业标准体系建设指南》对智能网联汽车定义为:智能网联汽车是指搭载先进的车载传感器、控制器、执行器等装置,并融合现代通信与网络技术,实现车与 X（车、路、行人、云端等）智能信息的交换与共享，具备复杂环境感知、智能决策、协同控制等功能，可实现车辆"安全、高效、舒适、节能"行驶，并最终可实现替代人来操作的新一代汽车。最终目标是无人驾驶。

图 1-5　智能交通系统

而无人驾驶汽车是一种将检测、识别、判断、决策、优化、执行、反馈、纠控功能融为一体，集微电脑、微电机、绿色环保动力系统、新型结构材料等顶尖科技成果为一体的智慧型汽车，是汽车智能化、网联化的终极发展目标，也是自动驾驶的终极阶段，如图 1-6 所示。

图 1-6　无人驾驶汽车

不同的国家和地区对自动驾驶汽车的分级标准也不尽相同。目前，全球汽车行业主流的汽车自动驾驶分级标准由汽车工程师学会（Society of Automotive Engineers，SAE）提出，并在 2021 年 5 月与国际标准化组织（ISO）宣布，更新了关于自动驾驶的等级定义 SAE J3016，以满足在驾驶辅助和主动安全功能越来越丰富的情况下，对"驾驶员辅助系统"和"自动驾驶系统"的区分，如图 1-7 所示。《SAE J3016 推荐实践：道路机动车辆驾驶自动化系统相关术语的分类和定义》（下文简称为《SAE 驾驶自动化分级》）首次发布于 2014 年，是业内广泛引用和参考的驾驶自动化分级标准，为人所熟知的 L0～L5 级的分级依据就是源自这一文件。

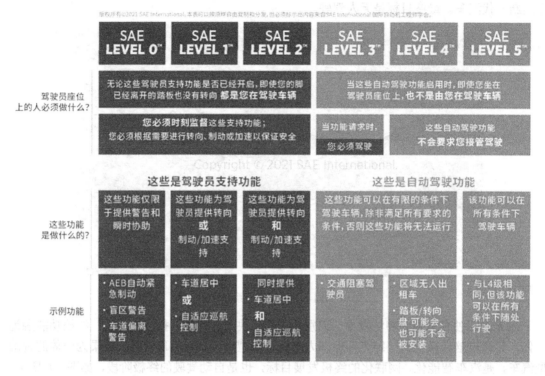

图 1-7　SAE J3016 驾驶自动化分级

此次更新后的《SAE 驾驶自动化分级》，将 L0～L2 级系统命名为"驾驶员辅助系统"，这 3 个级别的系统主要提供安全警告、车道居中、自适应巡航控制等功能，仍需要驾驶员不断监控行车状态，并根据需要进行转向、制动或加速。即使驾驶员的手脚离开了转向盘和踏板，驾驶的责任也依旧要由驾驶员承担。而 L3～L5 级则被称为"自动驾驶系统"，根据系统开启的条件、是否需要驾驶员临时接管进行了等级划分，在系统开启后，车辆的操控工作将由自动驾驶系统完成。此外，由于自动紧急制动、车道保持辅助等功能，仅能在潜在危险的状况下提供短暂的干预，而不会改变和减少驾驶员在驾驶中的作用，在新版文件中将不再被列入驾驶自动化分级的区分条件。针对远程辅助和远程驾驶两项自动驾驶领域的新功能，SAE 也给出了相关的定义。

而我国市场监管总局（标准委）已于 2021 年 8 月 20 日发布了针对自动驾驶功能的《汽车驾驶自动化分级》国家推荐标准（GB/T 40429—2021），该标准于 2022 年 3 月 1 日正式实施，如图 1-8 所示。

《汽车驾驶自动化分级》国家标准综合考量了动态驾驶任务、最小风险策略和设计运行范围等多个维度，将汽车驾驶自动化等级划分为 0～5 级，并提示相应级别下的汽车用户应承担的驾驶任务，更加系统和全面地对分级进行描述，有利于增进消费者对自动驾驶技术的理解，改善消费者的滥用、误用现象，提升驾驶安全性，如表 1-1～表 1-3 所示。

图1-8 GB/T 40429—2021《汽车驾驶自动化分级》国家推荐标准

表1-1 驾驶自动化等级与划分要素的关系

分级	名称	持续的车辆横向和纵向运动控制	目标和事件探测与响应	动态驾驶任务后援	设计运行范围
0级	应急辅助	驾驶员	驾驶员及系统	驾驶员	有限制
1级	部分驾驶辅助	驾驶员和系统	驾驶员及系统	驾驶员	有限制
2级	组合驾驶辅助	系统	驾驶员及系统	驾驶员	有限制
3级	有条件自动驾驶	系统	系统	动态驾驶任务后援用户（执行接管后成为驾驶员）	有限制
4级	高度自动驾驶	系统	系统	系统	有限制
5级	完全自动驾驶	系统	系统	系统	无限制[a]

[a] 排除商业和法规因素等限制。

表1-2 驾驶自动化系统激活后用户的角色

用户	用户的角色（驾驶自动化系统激活）					
	0级	1级	2级	3级	4级	5级
在驾驶座位的用户	传统驾驶员			动态驾驶任务后援用户	乘客	
不在驾驶座位的车内用户	远程驾驶员				乘客	
车外用户	远程驾驶员				调度员	

注：具备4级或5级驾驶自动化功能的车辆也可装备驾驶座位。

表 1-3 用户与驾驶自动化系统的角色

驾驶自动化等级	用户的角色	驾驶自动化系统的角色（驾驶自动化系统激活）
0级 应急辅助	驾驶员： 执行全部动态驾驶任务，监管驾驶自动化系统，并在需要时介入动态驾驶任务以确保车辆安全	a）持续地执行部分目标和事件探测与响应； b）当驾驶员请求驾驶自动化系统退出时，立即解除系统控制权
1级 部分驾驶辅助	驾驶员： a）执行驾驶自动化系统没有执行的其余动态驾驶任务； b）监管驾驶自动化系统，并在需要时介入动态驾驶任务以确保车辆安全； c）决定是否及何时启动或关闭驾驶自动化系统； d）在任何时候，可以立即执行全部动态驾驶任务	a）持续地执行动态驾驶任务中的车辆横向或纵向运动控制； b）具备与车辆横向或纵向运动控制相适应的部分目标和事件探测与响应的能力； c）当驾驶员请求驾驶自动化系统退出时，立即解除系统控制权
2级 组合驾驶辅助	驾驶员： a）执行驾驶自动化系统没有执行的其余动态驾驶任务； b）监管驾驶自动化系统，并在需要时介入动态驾驶任务以确保车辆安全； c）决定是否及何时启动或关闭驾驶自动化系统； d）在任何时候，可以立即执行全部动态驾驶任务	a）持续地执行动态驾驶任务中的车辆横向和纵向运动控制； b）具备与车辆横向和纵向运动控制相适应的部分目标和事件探测与响应的能力； c）当驾驶员请求驾驶自动化系统退出时，立即解除系统控制权
3级 有条件自动驾驶	驾驶员（驾驶自动化系统未激活）： a）驾驶自动化系统激活前，确认装备驾驶自动化系统的车辆状态是否可以使用； b）决定何时开启驾驶自动化系统； c）在驾驶自动化系统激活后成为动态驾驶任务后援用户。 动态驾驶任务后援用户（驾驶自动化系统激活）： a）当收到介入请求时，及时执行接管； b）发生车辆其他系统失效时，及时执行接管； c）可将视线转移至非驾驶相关的活动，但保持一定的警觉性，对明显的外部刺激（如救护车警笛等）进行适当的响应； d）决定是否以及如何实现最小风险状态，并判断是否达到最小风险状态； e）在请求驾驶自动化系统退出后成为驾驶员	a）仅允许在其设计运行条件下激活； b）激活后在其设计运行条件下执行全部动态驾驶任务； c）识别是否即将不满足设计运行范围，并在即将不满足设计运行范围时，及时向动态驾驶任务后援用户发出介入请求； d）识别驾驶自动化系统失效，并在发生驾驶自动化系统失效时，及时向动态驾驶任务后援用户发出介入请求； e）识别动态驾驶任务后援用户的接管能力，并在用户的接管能力即将不满足要求时，发出介入请求； f）在发出介入请求后，继续执行动态驾驶任务一定的时间供动态驾驶任务后援用户接管； g）在发出介入请求后，如果动态驾驶任务后援用户未响应，适时采取减缓车辆风险的措施； h）当用户请求驾驶自动化系统退出时，立即解除系统控制权
4级 高度自动驾驶	驾驶员/调度员（驾驶自动化系统未激活）： a）驾驶自动化系统激活前，确认装备驾驶自动化系统的车辆状态是否可以使用； b）决定是否开启驾驶自动化系统； c）在驾驶自动化系统激活后，车内的驾驶员/调度员成为乘客。	a）仅允许在其设计运行条件下激活。 b）激活后在其设计运行条件下执行全部动态驾驶任务。 c）识别是否即将不满足设计运行范围。 d）识别驾驶自动化系统失效和车辆其他系统失效。 e）识别驾乘人员状态是否符合设计运行条件。 f）在发生下列情况之一且用户未响应介入请求时，执行风险减缓策略并自动达到最小风险状态：

续表

驾驶自动化等级	用户的角色	驾驶自动化系统的角色（驾驶自动化系统激活）
4级 高度自动驾驶	乘客/调度员（驾驶自动化系统激活）： a）无须执行动态驾驶任务或接管； b）无须决定是否及如何实现最小风险状态，且不需要判断是否达到最小风险状态； c）可接受介入请求并执行接管； d）可请求驾驶自动化系统退出； e）在请求驾驶自动化系统退出且系统退出后成为驾驶员	——即将不满足设计运行条件； ——驾驶自动化系统失效或车辆其他系统失效； ——驾乘人员状态不符合设计运行条件（如有）； ——用户要求实现最小风险状态。 g）除下列情形以外，不得解除系统控制权： ——已达到最小风险状态； ——驾驶员在执行动态驾驶任务。 h）当用户请求驾驶自动化系统退出时，解除系统控制权，如果存在安全风险可暂缓解除
5级 完全自动驾驶	驾驶员/调度员（驾驶自动化系统未激活）： a）驾驶自动化系统激活前，确认装备驾驶自动化系统的车辆状态是否可以使用。 b）决定是否开启驾驶自动化系统。 c）在驾驶自动化系统激活后，车内的驾驶员/调度员成为乘客。 乘客/调度员（驾驶自动化系统激活）： a）无须执行动态驾驶任务或接管。 b）无须决定是否及如何实现最小风险状态，且不需要判断是否达到最小风险状态。 c）可接受介入请求并执行接管。 d）可请求驾驶自动化系统退出。 e）在请求驾驶自动化系统退出且系统退出后成为驾驶员	a）无设计运行范围限制。 b）仅允许在其设计运行条件下激活。 c）激活后在其设计运行条件下执行全部动态驾驶任务。 d）识别驾驶自动化系统失效和车辆其他系统失效。 e）在发生下列情况之一且用户未响应介入请求时，执行风险减缓策略援并自动达到最小风险状态： ——驾驶自动化系统失效或车辆其他系统失效； ——用户要求实现最小风险状态。 f）除下列情形以外，不得解除系统控制权： ——已达到最小风险状态； ——驾驶员在执行动态驾驶任务。 g）当用户请求驾驶自动化系统退出时，解除系统控制权，如果存在安全风险可暂缓解除

1.1.2 国外智能网联汽车的发展

国外智能网联汽车的发展历史可追溯到1925年8月一辆名为"美国奇迹"的无线遥控汽车的亮相，该汽车由美国陆军电子工程师弗朗西斯（Francis P. Houdina）设计，通过使用无线遥控的方式远程操控车辆的转向盘、离合器、制动器等零部件。虽然这辆汽车并不能称为自动驾驶汽车，甚至与现在的遥控汽车很相似，但这辆汽车的出现，第一次将无人驾驶的概念带入了现实，如图1-9所示。

1939年，通用汽车公司在纽约世博会上展出了世界上第一辆无人驾驶概念车——Futurama，如图1-10所示，这是一种采用无线控制的电磁场引导的电动汽车，其需要嵌入道路的磁化金属尖刺产生的电磁场来引导车辆的驾驶。时间来到1958年，通用汽车将这一概念带入了现实，通过在汽车前端嵌入拾波线圈的传感器，检测流过嵌入道路电线的电流，通过操纵电流来控制车辆的行驶。这样的操作方式取消了对车辆的直接控制，但在其背后，依旧有一双无形的手操控着电流，间接控制车辆的行驶。

图1-9 "美国奇迹"无线遥控汽车

图1-10 世界上第一辆无人驾驶概念车——Futurama

1977年，日本驻波工程研究实验室开发出第一个基于摄像头的巡航系统替代预埋线缆的自动驾驶汽车，如图1-11所示。这辆汽车摒弃了之前一直使用的脉冲信号控制方式，配备了两个摄像头，并用模拟计算机技术进行信号处理，时速可达到30km/h。

1984年9月，美国开展了自主地面车辆战略计划（简称ALV），该项目基于美国军方提出的机器人计划，而机器人是一种自主地面车辆，通过视觉图像处理系统和计算机系统完成自主车辆的运行前进。

从1986年起，美国卡内基梅隆大学开始进行无人驾驶的探索，将便携计算机（俗称笔记本电脑）加载在汽车上，使得自动驾驶汽车可以长距离行驶，如图1-12所示。

图 1-11　第一个基于摄像头的巡航系统替代预埋线缆的自动驾驶汽车

图 1-12　将便携计算机加载在汽车上

1998 年，意大利帕尔马大学视觉实验室 VisLab 在 EUREKA 资助下完成了 ARGO 项目，利用立体视觉系统和计算机制定的导航路线进行了 2000km 的长距离实验，其中 94%的路程使用自动驾驶，平均时速为 90km/h，最高时速 123km/h，如图 1-13 所示。

图 1-13　ARGO 项目

2004—2007年，美国共举办了3届DARPA无人驾驶挑战赛，如图1-14～图1-16所示。DARPA是美国国防部先进研究项目局（Defense Advanced Research Projects Agency）名称的缩写，这项赛事的初始目的是促进无人驾驶车辆技术在极限环境下的发展。参赛队伍汇聚高校、企业和其他组织的研究人员，涉及技术涵盖人工智能、计算机技术、汽车设计等方面。每一届比赛的举办对无人驾驶车辆技术的发展都起到了极大的推动作用。

图1-14　第1届DARPA部分参赛车辆

图1-15　2005年DARPA挑战赛的冠军车辆——斯坦福大学Stanley

图 1-16　卡内基梅隆大学研制的 Boss

2009 年，Google 在 DARPA 的支持下，成立了 Google X 实验室，目标是研发完全无人驾驶技术，Google 也开始了新的时代。而在 2013 年，奥迪、宝马、福特、日产、沃尔沃等传统整车厂也纷纷入局，将自动驾驶汽车纳入自己的发展规划中。在 2014 年 5 月 27 日，Google 推出了一款全新设计的，不带转向盘、制动踏板和加速踏板的纯电动全自动驾驶汽车，即 "Firefly"，这款车借鉴 PodCar 原型，由 Google X 自动驾驶项目团队负责外观、结构和动力系统设计，由密歇根汽车制造商 Roush Enterprises 负责组装。Firefly 配备了摄像头、毫米波雷达、激光雷达和超声波雷达等传感器，该车还整合了 Google 地图和云服务等优势资源，增强人机交互体验，更加关注行人安全，如图 1-17 所示。

图 1-17　Google Firefly 无人驾驶汽车

2014 年 10 月，特斯拉开始在 Model S 和 Model X 车上安装第一代自动驾驶系统 Autopilot 1.0，如图 1-18 所示。该系统包括 12 个超声波传感器、1 个摄像头、1 个前向毫米波雷达和

GPS定位。该系统以图像识别为主，毫米波雷达作为辅助，并不是一个真正的自动控制系统，而是一个辅助驾驶系统，远远达不到自动驾驶的程度。如果汽车感应到驾驶员的手离开转向盘一段时间后，它会发出警报声。

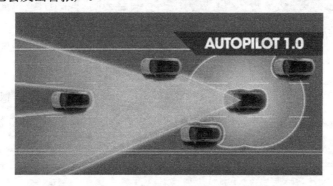

图1-18　特斯拉Autopilot 1.0

2016年，自动驾驶的元年。2016年3月28日，美国通用汽车宣布以10亿美金收购硅谷一家研发无人驾驶技术的初创公司Cruise Automation。2016年8月，Uber与沃尔沃联合研发无人驾驶汽车，将共同投资3亿美元研发自动驾驶技术，这是传统汽车制造商和互联网公司联合打造无人驾驶汽车的案例。2016年10月，特斯拉发布自动驾驶系统Autopilot 2.0，该系统包含8个车身摄像头，能够为车辆实时采集方圆250m内的影像；同时，12个经过升级的超声波传感器则起到了辅助摄像头的功能。比起之前的系统，该版本的系统可以侦测到两倍距离内的软质或硬质障碍物。此外，还包含一个加强的前置雷达，其可以利用"冗余波段"，在雨雪雾天气辅助摄像头和传感器进行车辆前方障碍物的侦测。2016年12月14日，Alphaber在洛杉矶宣布谷歌无人驾驶项目作为独立个体存在，命名为"Waymo"。至此，Waymo作为新的部门走上前台。2017年11月，Waymo宣布该公司开始在驾驶座上不配置安全驾驶员的情况下测试自动驾驶汽车。2018年7月，Waymo宣布其自动驾驶车队在公共道路上的路测里程已达800万英里。

近些年来，宝马推出BMW Vision iNext概念车，借助创新的宝马智能驾驶技术，当身处BMW Vision iNext概念车内时，可以选择自己驾驶或由自动驾驶掌握转向盘。当以语音控制或触摸转向盘上的BMW标志时，转向盘可向后移动以提供更多空间，加速踏板下沉，在地板上创建平坦的表面。驾驶者和前排乘客也可以转过身来，与其他乘客面对面。此外，显示屏还会提供有关周围环境的详细信息。

1.1.3　国内智能网联汽车的发展

20世纪80年代末，清华大学在中华人民共和国国防科学技术工业委员会和国家863计划的资助下，从1988年开始研究开发THMR系列的智能车辆，如图1-19所示。其中，THMR-V智能车辆能够实现结构化环境下的车道线自动跟踪。国防科技大学开始研制基于视觉的CITAVT系列的智能车辆。1992年，国防科技大学成功研制出中国第一辆红旗系列的无人驾驶汽车。2011年7月，由一汽集团与国防科技大学共同研制的红旗HQ3无人驾驶汽车完成了286km的面向高速公路的全程无人驾驶试验，如图1-20所示。

图1-19　清华大学研究开发的 THMR 系列的智能车辆

图1-20　红旗 HQ3 无人驾驶汽车

2012年，中国人民解放军陆军军事交通学院研发的"军交猛狮Ⅲ号"无人驾驶汽车，在京津塘高速公路以无人驾驶状态行驶14km，最高速度为105km/h。军交猛狮Ⅲ号是我国自主研制的无人驾驶汽车，原型为一辆普通的黑色途胜越野车，如图1-21所示。其车顶安装有复杂的视听感知系统，车内有由两台计算机和一台备用计算机组成的执行系统，以此来处理视听感知系统获得的信息，让无人驾驶汽车可以自主进行加速，制动、换挡等动作。

图1-21　"军交猛狮Ⅲ号"无人驾驶汽车

2015年8月29日，宇通客车股份有限公司研发的智能驾驶电动客车在全开放道路中测试成功，如图1-22所示。此次自动驾驶的测试成功，是中国客车行业的一个里程碑事件，也是大客车领域的全球首例。测试车辆配有2个摄像头、4个激光雷达、1个毫米波雷达及组合导航系统，可以无人驾驶，也可以像普通客车一样人工驾驶，并可随时转换驾驶方式。该车在郑州至开封的城际快速路上，在其他车辆、行人正常通行的全开放环境下进行了测试，全程行驶32.6km，且无人工干预，途经26个信号灯路口，顺利完成跟车行驶、自主换道、邻道超车、自动识别信号灯、定点停靠等测试项目。

图1-22　宇通智能驾驶电动客车

2015年12月初，百度无人驾驶汽车在北京进行全程自动驾驶测试，如图1-23所示为百度与宝马合作研发的自动驾驶汽车。此次，百度与宝马合作，以BMW 3系GT为基础研发的自动驾驶汽车，在没有驾驶员干预的情况下，在测试过程中实现了多次跟车减速、变道、超车、上下匝道、掉头等复杂驾驶动作，完成了进入高速公路到驶出高速公路不同道路场景的切换，最高速度达100km/h。

图1-23　百度与宝马合作研发的自动驾驶汽车

2017年，百度公司与德国博世集团在柏林签署战略合作协议，双方将在自动驾驶、智能交通、智能车联网领域展开深入合作。两家公司合作开发百度阿波罗计划（Apollo），阿波罗计划的目标是向汽车行业及自动驾驶领域的合作伙伴提供一个开放、完整、安全的软件平台，帮助他们结合车辆和硬件系统,快速搭建一套属于自己的完整的自动驾驶系统。而百度阿波罗开放平台自 2017 年发布第 1 个版本,截至 2021 年,Apollo 共发布了 10 余个版本,从 1.0 版本的封闭场地循迹自动驾驶、3.5 版本的城市路况自动驾驶到 6.0 版本的迈向无人化自动驾驶,每个版本都会开放新的自动驾驶场景能力与应用,可以说这也是中国速度的一个体现,如图 1-24 所示。

Hello Apollo	Apollo 1.0	Apollo 1.5	Apollo 2.0	Apollo 2.5	Apollo 3.0	Apollo 3.5	Apollo 5.0	Apollo 5.5	Apollo 6.0	Apollo 6.0 EDU
宣布全球开放计划	封闭场地循迹自动驾驶	固定车道自动驾驶	简单城市路况自动驾驶	限定区域视觉高速自动驾驶	量产园区自动驾驶	城市路况自动驾驶	赋能量产	点到点城市自动驾驶	迈向无人化自动驾驶	产教融合赋能自动驾驶教育
2017.4	2017.7	2017.10	2018.1	2018.4	2018.7	2019.1	2019.7	2019.12	2020.9	2021.4

图 1-24 百度 Apollo 平台的版本

伴随着版本能力的迭代,应用 Apollo 开源平台落地的自动驾驶新物种、新场景也越来越多。例如,百度与金龙合作的主要用于园区接驳场景的阿波龙无人小巴,如图 1-25 所示;和智行者合作的主要用于环卫场景的蜗小白,如图 1-26 所示;与新石器合作的面向新零售的无人零售车,如图 1-27 所示;与金瑞琦合作生产,主要面向景区游览的智能漫游车(见图 1-28)等。

图 1-25 阿波龙无人小巴

图 1-26 蜗小白

图 1-27 无人零售车

图 1-28 智能漫游车

而搭载百度 Apollo 的自动驾驶车辆也在不断更迭，如图 1-29 所示，从第 1 代的 BMW 3 到如今（截至 2021 年）的第 5 代 Apollo Moon（见图 1-30）。Apollo Moon 由百度 Apollo 提供自动驾驶技术方案，采用定制激光雷达，算力达到 800Tops，可实现完全无人驾驶。首款车型基于极狐的阿尔法 T 车型打造，车顶采用了 1 个禾赛的定制化激光雷达，前向还有一个安全冗余激光雷达；配备 13 个摄像头、5 个毫米波雷达，以及 2 个激光雷达，而且传感器支持自清洁。此外，依托百度 Apollo 全球领先的自动驾驶技术积累，采用"ANP-Robotaxi"架构，不仅让无人车套件轻量化，还可与智能驾驶汽车数据共生共享，打造超强数据闭环。

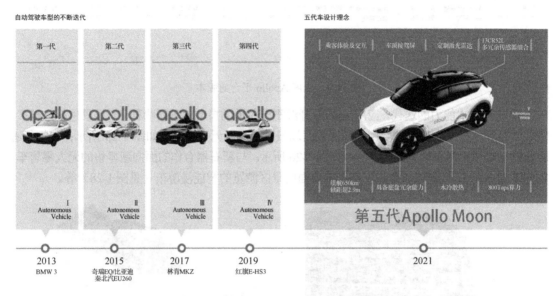

图 1-29　搭载百度 Apollo 的自动驾驶车辆

图 1-30　百度 Apollo Moon

2021年8月18日,百度发布全新升级的自动驾驶出行服务平台——"萝卜快跑"。2021年9月,百度Apollo开放自动驾驶出行服务第5座城市——上海;同年11月25日,百度Apollo率先取得商业化试点服务试点许可,旗下的自动驾驶出行平台"萝卜快跑"迎来了商业化第一单。2022年2月17日,百度宣布"萝卜快跑"正式落地深圳市中心区——南山区,面向市民提供自动驾驶出行服务。"萝卜快跑"自动驾驶汽车如图1-31所示。

图1-31 "萝卜快跑"自动驾驶汽车

除了百度Apollo,蔚来NIO Pilot 是蔚来汽车的自动驾驶系统,自2017年12月首版NT1.0自动驾驶平台发布以来,经历了多次小版本的升级:2019年6月升级为NIO OS 2.0.0版本,释放了高速功能自动驾驶(HWP)、交通拥堵自动驾驶(TJP)等7项驾驶辅助功能;2020年2月升级为NIO OS 2.5.0版本,释放了行人/自行车自动紧急制动功能;2020年10月升级为NIO OS 2.7.0版本,释放了高速场景NOA功能;2021年1月升级为NIO OS 2.9.0版本,释放了视觉融合全自动泊车功能,并在2021年1月将自动驾驶平台从NT1.0改版为NT2.0,逐步实现点到点自动驾驶功能,并应用在同期上市的ET7车型上,如图1-32所示。

图1-32 蔚来汽车NIO Pilot

与蔚来汽车同时期的小鹏汽车，则将小鹏 Xpilot 作为小鹏汽车的自动驾驶平台，自 2018 年发布 Xpilot 2.0 以来，经历了 2019 年 7 月发布的 Xpilot 2.5，将 L2 级别的驾驶辅助系统实现量产；2021 年发布的 Xpilot 3.0，释放了高速场景 NGP（导航自动驾驶）功能，新增了停车场记忆泊车功能；计划在 2023 年发布 Xpilot 4.0，释放面向城市的自动驾驶能力，从而在 2025 年发布 Xpilot 5.0 释放全部的全自动驾驶能力，如图 1-33 所示。

图 1-33　小鹏汽车 Xpilot 发展历程及未来愿景

任务 1.2　智能网联汽车的关键技术

我国在 2015 年提出了我国制造业由大变强"三步走"战略目标，而近些年提出的《智能网联汽车技术路线图 2.0》更明确了智能网联汽车的关键技术架构。

智能网联汽车涉及整车零部件、信息通信、智能交通、地图定位等多领域技术，将技术架构划分为"三横两纵"技术架构，如图 1-34 所示。其中，"三横"指车辆关键技术、信息交互关键技术与基础支撑关键技术；"两纵"指支撑智能网联汽车发展的车载平台与基础设施。基础设施包括交通设施、通信网络、大数据平台、定位基站等，将逐步向数字化、智能化、网联化和软件化方向升级，支撑智能网联汽车发展。

（1）环境感知技术：该技术构成了环境感知系统，该系统相当于驾驶员的眼睛和耳朵，用来识别与判断车辆周围的环境信息。环境感知技术利用各种传感器（主要包括超声波雷达、毫米波雷达、视觉传感器等）获取道路、车辆位置和障碍物等信息，并将这些信息传输给车载控制中心，为智能网联汽车提供决策依据。

（2）智能决策技术：该技术构成了决策规划系统，该系统根据环境感知信息进行决策判断，确定工作模式，并制定出相应的控制策略，以此替代人类驾驶员做出驾驶决策。决策规划系统的功能是接收环境感知层的信息并进行融合，对行驶道路、周边车辆、行人与非机动车、交通标志，以及交通信号等，进行识别分类、决策分析和判断车辆驾驶模式及将要执行的操作，并向控制和执行层输送指令。

（3）控制执行技术：按照传统驾驶方式来说，每当驾驶员操纵汽车行驶时，真正控制的也就是加速踏板、制动踏板、转向盘这 3 个部件，智能网联汽车就是采用底盘线控技术来实现这 3 个关键部件的智能化控制。线控技术源于飞机控制系统，可以将驾驶员的操作行为通过传感器变成电信号，然后利用功率放大器推动执行机构动作，从而取消传统的机械连接。

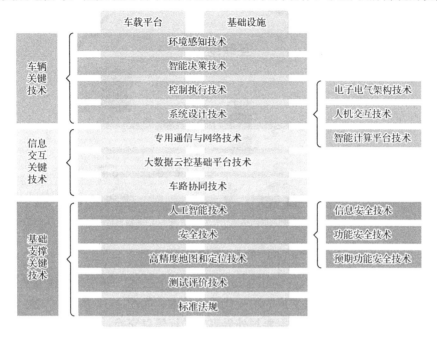

图 1-34 智能网联汽车的关键技术架构

环境感知技术、智能决策技术、控制执行技术分别构成环境感知、决策规划、控制执行 3 大系统，而这 3 大系统又构成了智能网联汽车的基本架构，如图 1-35 所示。

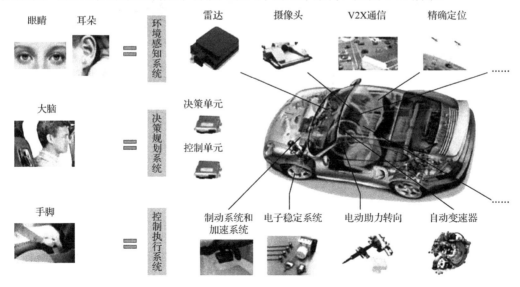

图 1-35 智能网联汽车的基本架构

（4）专用通信与网络技术：智能网联汽车主要包括 3 种网络，即以车内总线通信为基础的车内网络，也称为车载网络；以短距离无线通信为基础的车载自组织网络；以远距离通信为基础的车载移动互联网络。因此，智能网联汽车是融合车载网、车载自组织网和车载移动互联网的一体化网络系统，如图1-36所示。

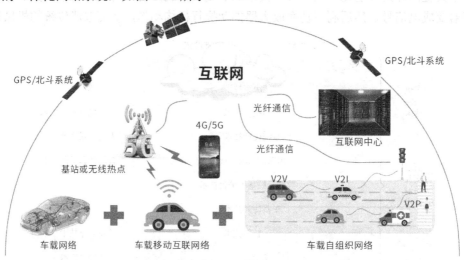

图1-36　智能网联汽车网络体系

智能网联汽车主要采用V2X（Vehicle to Everything）技术，即车用无线通信技术，是车辆自身和外界事物之间进行信息交换的新一代通信技术，如图1-37所示。V2X作为智能网联汽车通信技术的核心，车辆自身主要与外界事物进行信息交换。其中，V代表车辆，X代表任何与车交互信息的对象，当前X主要包含车、人、交通路侧基础设施和网络等，故目前V2X形成以下5种主要类型。

图1-37　V2X

① V2V是Vehicle to Vehicle的英文缩写，即车辆自身与其他车辆之间的信息交换，如图1-38所示。

② V2I是Vehicle to Infrastructure的英文缩写，即车辆自身与基础设施之间的信息交换。基础设施主要包括红绿灯、公交站台、交通指示牌、立交桥、隧道、停车场等，如图1-39所示。

③ V2P是Vehicle to Pedestrian的英文缩写，即车辆自身与外界行人之间的信息交换，如图1-40所示。

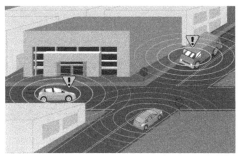

图 1-38　V2V　　　　　　　　　图 1-39　V2I

④ V2R 是 Vehicle to Road 的英文缩写，即车辆自身与道路之间的信息交换。按照道路的特殊性，V2R 又可分为两大类型，一类是车辆自身与城市道路之间的信息交换，另一类是车辆自身与高速公路之间的信息交换，如图 1-41 所示。

⑤ V2N 是 Vehicle to Network 的英文缩写，即车辆自身或驾驶人与互联网之间的信息交换，主要包括车辆驾驶人通过车载终端系统向互联网发送需求，从而进行诸如娱乐应用、新闻资讯、车载通信等；车辆驾驶人通过应用软件可及时从互联网上获取车辆的防盗信息，如图 1-42 所示。

图 1-40　V2P　　　　　　　　　图 1-41　V2R

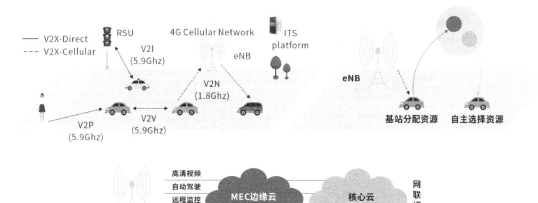

图 1-42　V2N

V2X 技术的分类如图 1-43 所示。

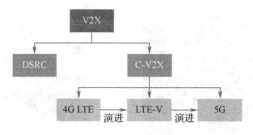

图 1-43　V2X 技术分类

（5）大数据云控基础平台技术：车路协同将产生大量数据和数据处理业务，且这些数据具有数据量大、数据价值高、数据生成速度快、数据类型多等特点。依靠车辆自身对数据进行处理，巨大的硬件与软件成本让这种方式变得不现实。而云平台与大数据技术将在其中发挥重要作用，其能实现数据共享、远程调度、降低单车成本等。除此之外，大数据云计算技术可基于车辆在特征道路环境、不同交通因素中的行驶特征和不同领域驾驶员的行驶需求，对于车辆危险的预警阈值、行驶策略进行适应性调整，以便预警效果能够更加符合相应领域状态下驾驶员的安全需要。基于地图大数据信息的挖掘和分析，可以基于路况特征、车辆性能、驾驶员操作习惯等因素提供节能减排、降低驾驶疲劳程度的行驶方案。大数据存储及管理技术可对智能网联车载系统交互数据、控制系统数据的在线监控，提供车辆启动时的数据稳定性与可靠性检查，提供车载控制系统级安全性的在线检查。对于商用车辆的管理，云平台与大数据技术的应用可以针对特定区域对不同车辆设定准入分级，设置电子围栏，如队列管理场景下车辆进出队列的协调控制。对于物流等高强度运营车辆的位置、故障信息、行驶时间、时长、路线驾驶的信息进行采集、存储和分析，判断高危运营车辆是否出现违章和疲劳驾驶行为，并通过智能网联车辆的远程控制功能，根据大数据分析结果采取碰撞发生前的紧急制动等安全防护措施。对于突发的交通事故，大数据技术通过对交管、医疗、保险等资源的有效调度，可以大幅提高道路安全救援、实时道路管理的效率，如图 1-44 所示。

图 1-44　大数据云控基础平台技术

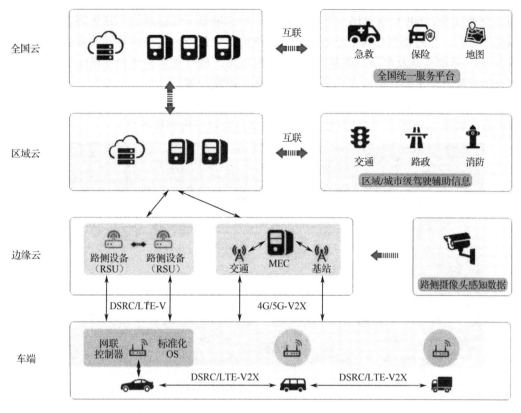

图 1-44　大数据云控基础平台技术（续）

（6）车路协同技术：车路协同技术即为基于 V2X 实现人-车-路协同控制的智能交通系统的技术，如图 1-45 所示。车路协同技术会进入以下 3 个阶段：第一个阶段是通过 LTE-V2X 和 4G Uu 提高交通效率，辅助驾驶安全，主要应用在智能公交和高速公路；第二个阶段是商用车自动驾驶（园区、港口、矿区、机场、指定道路等），主要指限定区域、指定道路中低速行车的网联智能，目前很多企业已经实现，中低速自动驾驶可以靠 LTE-V2X 和 5G Uu（R15 版本，4G 核心网+5G 基站组成）来实现；第三个阶段是乘用车自动驾驶、车辆编队行驶，这个阶段的车辆是高度智能的，需要广域的网联协同感知、决策、控制，主要通过 NR V2X

图 1-45　车路协同

和 5G Uu 来实现，NR V2X R16 标准刚刚冻结，标志着基于低延时的车路协同自动驾驶商用刚刚提上日程，车路协同相关基础设施和硬件将要走向量产。而车路协同的真正成熟落地预计将在 R17 标准落地及车路相关基础设施、RSU/OBU 硬件覆盖率达到规模化部署之后。同时，自动驾驶汽车上路还会涉及相关政策法规和标准统一等。

（7）高精度地图和定位技术：与传统地图相比，高精度地图信息的丰富性和准确性都有显著提升，如图 1-46 所示。高精度地图包含的信息有以下内容和特点。

图 1-46　高精度地图

① 为了实现车道级导航、路径规划功能，需要在原始地图数据中抽象道路结构，形成由顶点组成的拓扑图形结构，同时为了优化数据的存储，需要将道路用连续的曲线段来表示。

② 除道路参考线外，高精度地图还应描述道路的连通性。例如，路口中没有车道线的部分，需要将所有可能的行驶路径抽象成道路参考线，在高精度地图数据库中体现。

③ 除记录道路参考线、车道边缘（标线）和停车线外，高精度地图数据库还需要记录无车道道路的拓扑结构，且除车道的几何特性外，道路模型还包括车道数、道路坡度、功能属性等。

④ 对象模型记录道路和车道行驶空间范围边界区域的元素，模型属性包括对象的位置、形状和属性值。这些地图元素包括路牙、护栏、互通式立交桥、隧道、龙门架、交通标志、可变信息标志、轮廓标志、收费站、电线杆、交通灯、墙壁、箭头、文字、符号、警告区、分流区等。

在智能网联汽车（自动驾驶）领域，高精度地图（见图 1-47）起到了高精度定位、辅助环境感知、规划与决策等功能。

① 高精度定位把自动驾驶汽车上传感器感知到的环境信息与高精度地图对比，得到车辆在地图中的精确位置，这是路径规划与决策的前提。

② 辅助环境感知在高精度地图上标注详细道路信息，辅助汽车在感知过程中进行验证，如车辆传感器感知到前方道路上的坑洼，可以与高精度地图中的数据进行对比，如果地图中也标记了同样的坑洼，就能起到验证判断的作用。

③ 规划与决策利用云平台了解传感器感知不到区域（如几千米外）的路况信息，提前避让。

项目一 智能网联概述

图 1-47 高精度地图

与无智能网联化车辆相比，智能网联汽车的导航定位系统要求：精度高（车道级定位），频率高；既要求全局规划，又需要局部规划和车辆实时的高精度位置，以作为智能网联汽车决策控制的重要输入信息。由于高精度定位在智能网联汽车驾驶中起决定作用，是实现无人驾驶或者远程驾驶的基本前提，因此对定位性能的要求也非常严苛。高精度定位系统主要包括终端层、网络层、平台层和应用层，如图 1-48 所示。

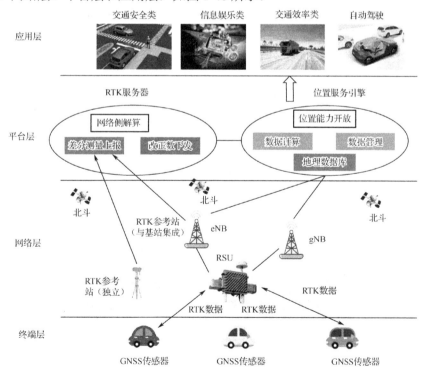

图 1-48 高精度定位系统

其中,终端层实现多源数据融合(卫星、传感器及蜂窝网数据)算法,保障不同应用场景、不同业务的定位需求;网络层包括5G基站、RTK基站和路侧单元(Road Side Unit,RSU),为定位终端实现数据可靠传输;平台层提供一体化车辆定位平台功能,包括差分解算能力、地理数据库、高清动态地图、定位引擎,并实现定位能力开放;应用层基于高精度定位系统,能够提供车道级导航、线路规划、自动驾驶等应用。

(8)安全技术:安全技术主要包括信息安全技术、功能安全技术、预期功能安全技术。均属于汽车操作安全的一部分。同时,这三项安全技术也一起被称为智能网联汽车"安全三剑客",如图1-49所示。

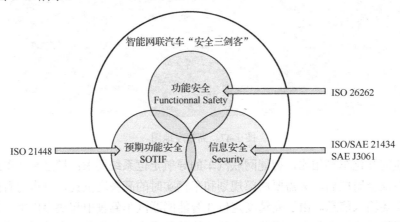

图1-49 智能网联汽车"安全三剑客"

信息安全问题涉及智能网联驾驶控制系统的每一层级,包括传感器、操作系统、控制系统、车联网系统等。第一,针对传感器的攻击,简单、直接,可以通过外界环境干扰威胁车辆行驶安全。第二,如果智能网联驾驶操作系统被入侵,将造成系统崩溃、信息泄露等问题。第三,智能网联驾驶控制系统一旦被非法侵入,车辆底层的机械部件将完全受制于非法人员,严重威胁行车安全。第四,车联网系统的安全直接关系车队的通信安全,如图1-50所示。信息安全具体分类如下。

图1-50 信息安全

① 传感器安全:车辆感知传感器位于整个计算系统的最前端,外部干扰会直接影响安全问题。单独来讲,GNSS信号容易受到附近大功率假GNSS信号的干扰;强磁场可以干扰

IMU 的测量，强反光物可以通过影响激光反射时间干扰激光雷达的工作；环境中的干扰目标很容易影响计算机视觉的检测效果。虽然单个传感器的工作状态很容易受到外界环境干扰，但同时攻击所有的传感器难度较大。可以通过多传感器融合技术，检测传感器数据的一致性，进而保障传感器层级的安全性与可靠性。

② 操作系统安全：大部分的自动驾驶操作系统均基于 ROS 框架实现。首先，当其中一个节点被劫持，可以通过不断分配内存导致系统崩溃。为解决这个问题，可以使用容器机制，如 LXC，用来隔离进程和资源。其次，当某主题或者服务被劫持，非法入侵者可以伪造消息，造成系统异常。可以采用通信加密算法，如 DES 加密算法，对 ROS 节点间的通信进行加密处理，保障自动驾驶操作系统的安全。

③ 控制系统安全：车辆的 CAN 总线连接车内所有的电子控制单元，一旦 CAN 总线被破解并非法入侵，将严重威胁驾驶安全。车载 OBD、电动车充电器、车载蓝牙等都可能成为非法入侵 CAN 总线的端口。通常，解决办法是对车载电子控制单元的通信进行加密认证。目前提出的安全验证方案包括 TLS 安全协议、TESLA 安全协议、LASAN 安全协议等。

④ 车联网系统安全：车联网通信机制（V2X）包含各种车辆通信的情景，如车与车通信、车与路通信、车与人通信等。为了实现 V2X 的安全，欧盟发起的 PRESERVE 项目提出了符合 V2X 安全标准的硬件、软件和安全证书架构。硬件方面，提出了设计安全存储硬件，以及使用 ASIC 硬件加速加密和解密。软件方面，提供了一整套开源软件栈，包含加密和解密软件库、电子证书认证库等。为了确保信息来源于可信设备，可使用受信任的证书颁发机构提供的安全证书与密钥。

功能安全是一项针对电子、电气，以及可编程电子安全控制系统的产品安全设计指导规范。已经颁布了针对道路交通的产品设计标准（ISO26262）。由于在电子系统中不可能做到万无一失的绝对安全、消灭危险源，因此只能通过增加一些安全机制来提高安全等级，实现安全目标。

预期功能安全和传统的功能安全的性质是不一样的，根据预期功能安全的官方定义：首先它是一种功能上的不足，而这种功能上的不足并不是因为故障。而预期功能安全是用于降低由功能不足，或者由可合理预见的人员误用所导致的危害和风险。例如，传感系统在暴雨、积雪等天气情况下，本身并未发生故障，但是否仍能执行预期的功能。

功能安全是解决电气、电子失效对人造成的危害，而来自车辆外部的信息安全威胁同样可能造成人身危害，因此也可以将信息安全威胁纳入功能安全的危害源头进行协同分析，如图 1-51 所示为功能安全与信息安全的关系。预期功能安全解决系统非故障原因对人造成的伤害。

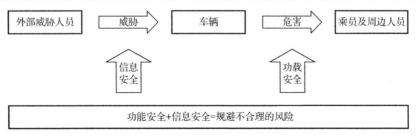

图 1-51　功能安全与信息安全的关系

（9）标准法规与测试评价技术：俗话说，无规矩不成方圆。对于智能网联汽车也是如此。

2015年，中国将智能网联汽车列为未来十年国家智能制造发展的重要领域；2016年，发布《中国智能网联汽车技术发展路线图》，指导汽车制造商的发展和未来的产业发展；2017年，新一代人工智能发展规划进一步明确了自动驾驶技术自主应用的战略目标；2018年1月，中华人民共和国国家发展和改革委员会发布了《智能汽车创新发展战略》计划；2018年5月，中华人民共和国工业和信息化部、中华人民共和国公安部、中华人民共和国交通运输部联合发布了《智能网联汽车管理规范（试行）》，批准了全国20个智能网联汽车测试示范区；2021年3月24日，中华人民共和国公安部《道路交通安全法（修订建议稿）》公开征求意见；2021年4月7日，中华人民共和国工业和信息化部发布《智能网联汽车生产企业及产品准入管理指南》；2021年6月10日，《中华人民共和国数据安全法》全文发布，2021年9月1日起施行；2021年7月30日，中华人民共和国工业和信息化部、中华人民共和国公安部、中华人民共和国交通运输部联合发布《智能网联汽车道路测试与示范应用管理规范（试行）》，2021年9月1日起施行；2021年8月12日，中华人民共和国工业和信息化部印发《关于加强智能网联汽车生产企业及产品准入管理的意见》；2021年8月16日，《汽车数据安全管理若干规定（施行）》发布，2021年10月1日起施行；2021年8月17日，《关键信息基础设施安全保护条例》发布，2021年9月1日起施行；2021年8月20日，《中华人民共和国个人信息保护法》发布，2021年11月1日起施行；2021年9月16日，《关于加强车联网网络安全和数据安全工作的通知》发布；2021年8月20日发布了针对自动驾驶功能的《汽车驾驶自动化分级》国家推荐标准（GB/T 40429—2021），2022年3月1日起施行。其他已颁布的涉及智能网联汽车的相关标准和测试评价如表1-4所示。

表1-4 已颁布的涉及智能网联汽车的相关标准和测试评价

序号	标准编号	标准/测试评价的名称	实施日期
1	GB/T 20608—2006	智能运输系统自适应巡航控制系统性能要求与检测方法	2007年4月1日
2	GB/T 21436—2008	汽车泊车测距警示装置	2008年9月1日
3	GB/T 26776—2011	道路车辆3.5t以上的商用车报警系统	2012年1月1日
4	GB/T 26773—2011	智能运输系统车道偏离报警系统性能要求与检测方法	2011年12月1日
5	GB/T 30036—2013	汽车自适应前照明系统	2014年7月1日
6	GB/T 34590—2017	道路车辆功能安全	2018年5月1日
7	GB/T 35577—2017	智能运输系统 车辆前向碰撞预警系统 性能要求和测试规程	2017年12月1日
8	GB/T 37471—2019	智能运输系统 换道决策辅助系统 性能要求与检测方法	2019年12月1日
9	YD/T 3629—2020	基于LTE的车联网无线通信技术 基站设备测试方法	2020年7月1日
10	YD/T 3707—2020	基于LTE的车联网无线通信技术 网络层技术要求	2020年7月1日
11	YD/T 3708—2020	基于LTE的车联网无线通信技术 网络层测试方法	2020年7月1日
12	YD/T 3709—2020	基于LTE的车联网无线通信技术 消息层技术要求	2020年7月1日
13	YD/T 3710—2020	基于LTE的车联网无线通信技术 消息层测试方法	2020年7月1日
14	YD/T 3695—2020	基于公众电信网的车载紧急报警系统 无线数据传输技术要求	2020年7月1日
15	YD/T 3711—2020	基于公众电信网的车载紧急报警系统 基于IMS的数据传输技术要求	2020年7月1日
16	i-VISTA	中国智能汽车指数管理办法（2020版）	2021年4月1日
17	CNCAP	C-NCAP管理规则（2021年版）	2022年1月1日

（10）愿景和目标：《智能网联汽车技术路线图2.0》中也对各项技术在2025年、2030年、2035年关键节点提出了发展愿景和达成的目标，如表1-5～表1-7所示。

表1-5　车辆关键技术的愿景和目标

车辆关键技术			
年份	2025	2030	2035
环境感知	● 突破多源协同感知技术，全面满足CA、部分场景HA系统要求 ● 障碍物检测能力>200米	● 突破多源协同决策与控制技术，全面满足HA系统需求 ● 障碍物检测能力>500米	● 满足FA级自动驾驶系统需求 ● 障碍物检测能力>1000米
智能决策	提供覆盖全国80%道路的CA、HA级智能决策技术，实现网联辅助信息交互的多车协同控制	覆盖全国90%道路的HA级智能决策技术，实现网联协同感知的多车协同控制	适用于FA的智能决策技术。智能决策能力超越人类驾驶员的水平
控制执行	实现车辆纵向、侧向、垂向动力学协同控制及底层执行器控制算法开发	实现线控系统集成化控制。线控制动、转向、驱动和悬架技术满足HA级车辆要求	实现线控系统的集成化和模块化设计
电子电气架构	建立基于域控制器的电子电气架构平台、基于国产域控制器基础平台，实现符合AUTOSAR标准的软件体系	建立以计算平台为核心的电子电气架构平台。形成完整高频线束产业链生态环境	搭建基于车路云一体化的车辆平台架构，实现整车高速网络线束和部件产品应用
人机交互	虚拟现实、眼球追踪、视线追踪等新技术开始应用于座舱交互。构建中国驾驶人自然驾驶行为和车辆控制系统数据库	眼珠追踪、视线追踪关联应用等技术开始进入前装量产	新型交互技术得到规模化普及，实现自动驾驶和人工接管无缝衔接，实现耦合型人机共驾技术
智能计算平台	硬件平台功耗算力比大于2TOPS/W，操作系统实现自主知识产权的突破，初步建立自主开发生态	硬件平台功耗算力比大于5TOPS/W，系统软件和功能软件部分模块实现自主可控	硬件平台功耗算力比大于10TOPS/W，建立自主可控的开发与应用生态

表1-6　信息交互关键技术的愿景和目标

信息交互关键技术			
年份	2025	2030	2035
专用通信网络	完成NR-V2X频谱、LTE-V2X与NR-V2X设备共存、NRUu控制LTE直通链路等技术研究。多边缘计算能力满足自动驾驶车辆低时延业务要求	NR-V2X 6GHz以上毫米波技术成熟，建立全球领先的测评体系。多边缘计算能力对智能网联汽车业务的全场景支持	V2X技术支持HA级以上自动驾驶的商用需求，具备广泛分布的边缘云能力，满足车路云协同决策与控制的技术要求
大数据云控基础平台	建成区域级智能网联汽车大数据云控基础平台，在高速公路等测试路段探索运营示范，区域平台采集不少于50万辆汽车的行驶数据	建设国家级智能网联汽车大数据云控基础平台，在多个城市和高速公路的全域全路段提供数据运营，单个城市级平台采集不少于500万辆汽车的行驶与感知数据	云控基础平台覆盖一、二级主要城市全区域和高速公路全路段
车路协同	基于车路数字化信息共享的有条件自动驾驶开始应用，车路融合环境感知技术在重点路口、路段和封闭园区应用	基于车路协同的决策的自动驾驶技术逐步成熟，在重要路口、路段和封闭园区应用	基于车路云一体化协同控制的自动驾驶技术应用

表 1-7 基础支撑关键技术的愿景和目标

基础支撑关键技术			
年份	2025	2030	2035
人工智能	使用多源异构信息融合的方式，完善人工智能环境感知算法，突破多语种融合、识别和语义理解关键技术	突破多传感器环境感知算法深度融合技术，数据处理芯片、人工智能芯片自主研制，国内市场占有率达到50%以上	全国实现高级别无人驾驶汽车的人工智能控制
信息安全	建立信息安全的整车开发、生产流程管理，实现车车、车路、车人、车云安全通信及专有中心云、边缘云的安全防护	实现 HA 级以上信息安全防护体系，健全信息安全应急响应机制及保障与监管体系	实现智能网联汽车信息安全防护体系的全面实施，构建交通安全、信息安全、网络安全融为一体的监管体系
功能安全和预期功能安全	完善智能网联汽车整车、系统和芯片层面的功能安全设计流程，建立预期功能安全设计分析流程	实现功能安全与预期功能安全标准在自动驾驶系统上的示范应用	全面实现功能安全标准和预期功能安全标准在 FA 级回归智能网联整车、系统和部件的应用
高精度地图和定位	地图数据精度达到广域亚米级、局域分米级，静态数据周更新、动态数据小时级更新，基于北斗卫星与多源传感器组合定位系统的精度达到厘米级	地图数据精度达到广域亚米级、局域分米级，动态数据分钟级更新。高精度定位动态精度稳定在厘米级，系统达到车规级要求	地图数据精度接近厘米级，覆盖全国路网，动态数据秒级更新，全域室内外一体化的高精度定位满足 FA 级的系统需求
测试评价	构建反映中国区域交通环境和气候特征的中国典型驾驶场景数据库，形成 CA 级智能网联汽车的完整的测试评价体系	形成较完整的、行业分级共享的中国典型驾驶场景数据库，构建符合我国交通环境特点的主客观测试评价体系，形成 HA 测试评价体系	形成 FA 级智能网联汽车测试评价体系，产品认证规范和流程成熟完备
标准法规	形成全球领先的中国标准体系，制定 100 余项国标，开展团标前瞻技术研究和补充	形成持续灵活、不断更新迭代的中国标准体系，适用 HA 级车辆量产应用需求	全国建成技术先进、结构合理、内容完善的中国标准体系，满足不同技术路线发展

任务 1.3 Apollo 智能网联系统架构

1.3.1 Apollo 的发展历程

2017 年 7 月，百度 AI 开发者大会在北京国际会议中心召开。会上，时任百度董事会副主席、集团总裁兼首席运营官陆奇正式宣布 Apollo 1.0 开放平台上线，开放源代码，并且公布了 Apollo 计划核心技术的总体技术框架及详细的开放计划。由此，所有开发者都可以在 GitHub 上找到并使用 Apollo 1.0 的源代码。阿波罗（Apollo）是一个开放且完整的平台，可以帮助汽车行业及自动驾驶领域的合作伙伴整合自身的车辆和硬件系统，快速搭建一套属于自己的自动驾驶系统。与封闭的系统相比，开源的 Apollo 平台项目的参与者越多，积累的行驶数据就越多，能以更快的速度成熟，从而推动自动驾驶产业快速发展。

从 2017 年 Apollo 开放计划宣布到 2021 年 4 月，Apollo 已经发布了 10 个版本，目前已经到 Apollo 6.0 EDU。期间，Apollo 的能力快速迭代，逐步完成了从封闭场景循迹自动驾驶到简单城市路况自动驾驶,从限定区域视觉高速自动驾驶再到迈向无人化自动驾驶,以及最新的产教融合赋能自动驾驶教育。

1.3.2 Apollo 平台架构

Apollo 平台的技术框架由 4 层构成,从下到上依次是车辆认证平台、硬件开发平台、开源软件平台和云端服务平台,如图 1-52 所示。

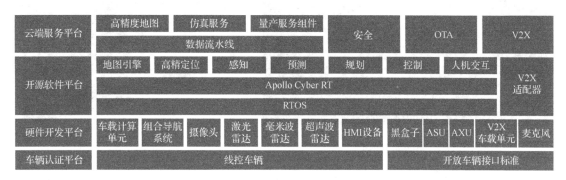

图 1-52 Apollo 平台的技术框架

1. 车辆认证平台

自动驾驶离不开车辆,但 Apollo 是软件开源平台,并不造车。车辆认证平台提供了开放的且符合 Apollo 要求的线控车辆接口标准。同时,发布了经过 Apollo 认证的线控车辆及对应的 Apollo 线控驱动代码。现阶段经百度认证与 Apollo 平台兼容的开放车型如图 1-25~图 1-28 所示。此外,还有与 underLV 合作的 Newton,如图 1-53 所示;与托尔泰客合作的阿波牛,如图 1-54 所示;与酷黑合作的 Apollo D-Kit,如图 1-55 所示;与华能合作的无人矿卡,如图 1-56 所示。

图 1-53 Newton

图 1-54 阿波牛

图 1-55　Apollo D-Kit

图 1-56　无人矿卡

线控车辆是自动驾驶开发者碰到的第一道门槛。2018 年，早期的自动驾驶企业开发大多是以林肯的 MKZ 开始的，一台可用于开发的林肯 MKZ 线控车辆大概的费用需要 120 万元左右，成本是非常高的，而且这还仅仅是硬件成本，不包含其他的适配成本、研发成本等，而这样的开销是很多开发者及初创公司无法负担的。所以，Apollo 发现即使其拥有很好的软件开发平台，但如果不解决线控底盘载体的问题，那么自动驾驶技术还是没办法快速应用的，但 Apollo 是软件开源平台，并不造车，因此车辆认证平台就诞生了。第一，Apollo 联手车厂合作伙伴，共同发布了如长城 VV6、广汽传祺 GE3 等线控车辆，如图 1-57 和图 1-58 所示，成本得到了极大降低，并且已经适配好了 Apollo 线控协议，对于没有能力自己适配线控底盘的开发者是非常友好的。第二，对于一些有适配能力的伙伴，车辆认证平台提供了一个开放的、符合 Apollo 线控要求的线控车辆接口标准，开发者可以根据线控标准来开发自己的自动驾驶车辆。

图 1-57　长城 VV6

图 1-58　广汽传祺 GE3

2. 硬件开发平台

硬件开发平台也是类似，智能汽车区别于传统汽车，物理上的区别就是多了计算平台、传感器套件，好比是给汽车提供了感官器官，让汽车具备了感知外界信息的能力，但是硬件选型多种多样、每家公司硬件的性能差异巨大、核心指标是否满足自动驾驶要求也是一道难以逾越的鸿沟。因此，硬件开发平台也是类似，提供经其认证的自动驾驶相关硬件，如计算单元、摄像头、激光雷达、毫米波雷达等。同时，发布了这些硬件对应的 Apollo 驱动代码。例如，Apollo 联合 Velodyne、合赛、RoboSense、理工雷克、晟耀等众多知名硬件厂商发布了在 Apollo 软件系统上经过深度验证的激光雷达、相机、IPC、毫米波雷达等硬件设备及驱动代码，如图 1-59 所示。而车辆认证平台和硬件开发平台的诞生，极大地降低了自动驾驶的开发门槛。

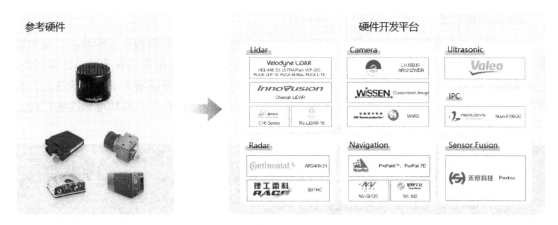

图 1-59　硬件开发平台

3. 开源软件平台

如图 1-60 所示，该图展示了 Apollo 各模块之间的运行逻辑。首先，高精度地图与定位模块为自动驾驶车辆提供了静态环境信息，这不仅有助于定位精度的提高，而且大大减轻了计算平台 IPC 的计算压力；其次，感知模块通过激光雷达、相机等传感器数据获取周围的动态环境信息，这样预测模块就可以有效分析出周围障碍物的类型、距离、速度等信息；然后，感知和预测的数据传递给规划模块，规划模块规划出车辆自主运行的轨迹，当然也包含了车辆的位置、速度等信息；最后，控制模块通过生成加速、制动和转向等控制命令执行计划的

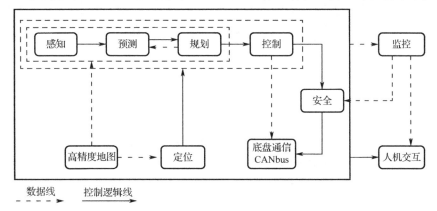

图 1-60　开源软件平台

轨迹,这些控制命令通过 CAN 总线传递给车辆底盘。此外,控制模块会实时监测软件系统,当出现异常信息时,就会触发安全模块的处理机制,如制动、靠边停车等。Apollo 中还提供了一个名为 DreamView 的 HMI,它是一个用于查看车辆状态、测试其他模块和实时控制车辆功能的模块。

4. 云端服务平台

云端服务平台主要提供以下 3 个方面的功能。

1)高精度地图

高精度地图是给机器读的地图,高精度地图的优势是可以使车辆预先了解静态环境的障碍,如让车辆事先知道某个地方有人行道、道路边沿等信息,这样做可以有效减少计算压力,提高预判的能力,当然这些过程可以通过相机实时感知,但这样无疑增大了计算的压力。目前在我国,采集和制作高精度地图是需要有资质的,百度也是拥有生产高精度地图的厂商之一,如图 1-61 所示为百度 Apollo 高精度地图。

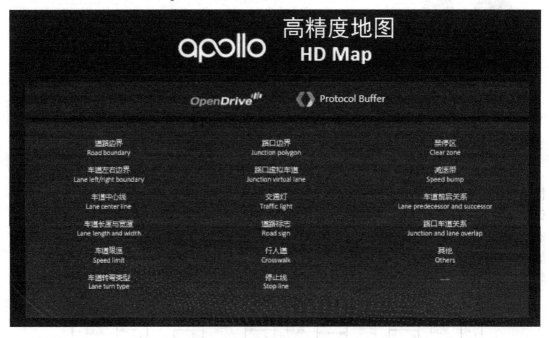

图 1-61　百度 Apollo 高精度地图

2)仿真服务

仿真的意义在于其打破了时间和空间的界限。就像西游记里面"天上一天,地下一年"的设定,在仿真场景下,可以达到日行百万的效果。总的来说,仿真的存在,可以加快自动驾驶的开发进度、减少调试阶段的安全问题、大量的仿真数据为上路提供了有效的依据。目前 Apollo 仿真平台开放了 200+个场景,用户也可以通过 Apollo 官网入口申请使用,如图 1-62 所示。

图 1-62 百度 Apollo 仿真平台

3）数据流水线

Apollo 数据流水线也称为 Apollo Fuel，是专注自动驾驶研发的云开发平台，目的就是提升自动驾驶的研发迭代效率。自动驾驶与传统互联网软件研发不同，一是实车测试成本高，二是数据量非常大。而一套能够满足自动驾驶开发流程需求，并提升研发效率的研发基础设施就非常重要。

Apollo 数据流水线就是为此而诞生的，它通过云端的方式解决了数据利用效率的问题，通过与仿真结合，降低了实车测试成本，极大地提升了基于 Apollo 的自动驾驶研发效率。

从研发流程上讲，它包含以下几个步骤：在车端通过智能数据采集器采集数据集；通过数据存储相关工具，生成符合要求的数据集；通过云端大规模集群训练生成各种模型；通过云端仿真完成仿真验证；通过云端提供车辆动力学标定等应用服务，最后再部署到 Apollo 车端，最终实现云端服务与 Apollo 开放平台无缝兼容。如图 1-63 所示为百度 Apollo 数据流水线。

图 1-63 百度 Apollo 数据流水线

因而，Apollo 数据流水线就好比一个人的技能训练场，能不断地训练你大脑的能力与身体协调。而且该训练场还是虚拟的，就好比科幻电影里插入一根数据线到后脑勺就可以了，真正地做到了研发效率的提升。

参考文献

[1] 崔胜民. 智能网联汽车技术[M]. 北京：机械工业出版社，2021.

[2] 程增木，康杰. 智能网联汽车技术概论[M]. 北京：机械工业出版社，2021.

[3] 崔胜民，卞合善. 智能网联汽车环境感知技术[M]. 北京：人民邮电出版社，2020.

[4] 李妙然，邹德伟. 智能网联汽车技术概论[M]. 北京：机械工业出版社，2019.

[5] 王建，徐国艳，陈竞凯，等. 自动驾驶技术概论[M]. 北京：清华大学出版社，2019.

[6] 杨世春，肖赟，夏黎明，等. 自动驾驶汽车平台技术基础[M]. 北京：清华大学出版社，2020.

[7] 崔胜民.一本书读懂智能网联汽车[M]. 北京：化学工业出版社，2019.

[8] 百度 Apollo.行无止境 2021 百度自动驾驶出行服务半年报告[EB/OL]. [2022-3-24].

[9] 李克强.《智能网联汽车技术路线 2.0》核心内容解读[EB/OL]. [2022-3-24].

 巩固与提高

一、填空

1．智能汽车是在一般汽车上增加_____和_____等先进传感器、_____、执行器等装置，通过车载环境感知系统和信息终端实现与车、_____、_____等的信息交换，使车辆具备智能环境感知能力，能够自动分析车辆行驶的安全及_____状态，并使车辆按照人的意愿到达目的地，最终实现替代_____来操作的目的。

2．在《SAE 驾驶自动化分级》中，将 L0~L2 级系统命名为"_____系统"，这 3 个级别的系统主要提供_____、_____、_____等功能，仍需要驾驶员不断监控行车的状态，并根据需要进行转向、_____或_____。即使驾驶员的手脚离开了_____和踏板，驾驶的责任也依旧要由_____承担。

3．在智能网联汽车关键技术架构中，车辆关键技术包括_____、_____、_____。

4．智能网联汽车"安全三剑客"是_____、_____、_____。

5．Apollo 技术框架由 4 层构成，从下到上依次是_____、_____、_____、_____。

二、选择题

1．在国外智能网联汽车发展史中，第一次将无人驾驶的概念带入了现实的汽车是（　　）。

  A．美国奇迹 B．Futurama C．Sandstorm D．Doom Buggy

2．在国外智能网联汽车发展史中，世界上第一辆无人驾驶概念车是（　　）。

　　A．美国奇迹　　　B．Futurama　　　C．Sandstorm　　　D．Doom Buggy

3．2004—2007 年，美国共举办了（　　）届 DARPA 无人驾驶挑战赛，这项赛事初始目的是为了促进在极限环境下无人驾驶车辆技术的发展。

　　A．1　　　　　　B．2　　　　　　C．3　　　　　　D．4

4．百度阿波罗开放平台自（　　）年发布第 1 个版本，截至 2021 年，Apollo 共发布了 10 余个版本，从 1.0 的封闭场地的循迹自动驾驶、（　　）的城市路况自动驾驶，到 6.0 的迈向无人化的自动驾驶。

　　A．2016；2.0　　B．2017；3.5　　C．2018；4.0　　D．2019；4.5

5．2021 年 8 月 18 日，百度发布全新升级的自动驾驶出行服务平台——"（　　）"。

　　A．小度快跑　　　B．百度快跑　　　C．萝卜快跑　　　D．萝卜奔跑

6．蔚来汽车的自动驾驶系统 NIO Pilot 在（　　）版本中释放高速场景 NOA 功能。

　　A．NIO OS 2.0.0　　　　　　B．NIO OS 2.5.0

　　C．NIO OS 2.7.0　　　　　　D．NIO OS 2.8.0

7．小鹏汽车的自动驾驶平台 Xpilot 在（　　）版本中释放城区场景 NGP（导航自动驾驶）功能。

　　A．Xpilot 2.5　　B．Xpilot 3.0　　C．Xpilot 3.5　　D．Xpilot 4.0

8．在智能网联汽车关键技术架构中，不属于系统设计技术的是（　　）。

　　A．电子电气架构技术　　　　B．车路协同技术

　　C．人机交互技术　　　　　　D．智能计算平台技术

9．在智能网联汽车关键技术架构中，不属于信息交互关键技术的是（　　）。

　　A．专用通信与网络技术　　　B．大数据云控基础平台技术

　　C．车路协同技术　　　　　　D．人工智能技术

10．在智能网联汽车领域，以下属于信息安全的是（　　）。

　　A．传感器安全　　B．操作系统安全　　C．控制系统安全　　D．以上都是

三、简答题

1．智能网联汽车关键技术架构中"三横两纵"分别是什么？

2．智能网联汽车采用的 V2X 具体内容是什么？

3．与传统地图相比，高精度地图包含的信息有什么内容和特点？

4．绘制 Apollo 平台架构图。

项目二
智能驾驶感知技术

 导　言

　　汽车在智能化、自动化发展的道路上离不开各种传感器技术的支持。传感器可作为智能汽车的手、眼睛、耳朵、舌头、鼻子甚至大脑，收集汽车在驾驶过程中所有能被感受到的各种数据与信息，并将感受到的数据和信息进行分类处理后输出，从而满足汽车在智能化和自动化驾驶过程中的信息测量、传输、存储、分析、显示、报警提醒、记录。

　　要实现汽车的自动驾驶功能，必须使汽车具有环境感知功能，充分了解和认知环境。本项目将首先介绍各类感知传感器的概念、结构、分类和工作原理，以及各类感知传感器的优缺点与布置原则；其次对多传感器融合理论、方案和 Apollo 感知技术进行讲解；最后通过案例应用和案例练习的方式，帮助读者更深入地理解感知传感器的技术特点、布置原则和融合特点。

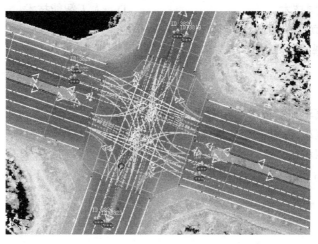

 学习目标

1. 知识目标

（1）了解传感器的概念和分类。

(2)理解传感器的工作原理。

(3)掌握传感器的用途。

2．技能目标

(1)了解传感器的技术特点。

(2)理解传感器的融合技术。

(3)掌握传感器的布置原则。

3．素质目标

(1)培养学生的职业素养。

(2)培养学生独立思考和分析问题的能力。

(3)提高团队协作意识。

思维导图

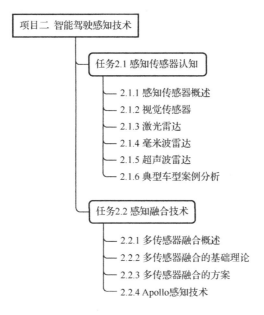

任务 2.1 感知传感器认知

2.1.1 感知传感器概述

1．感知传感器的概念

GB/T 7665—2005《传感器通用术语》中定义传感器为能感受被测量并按照一定规律转换成可用输出信号的器件或装置，通常由敏感元件和转换元件组成，如图 2-1 所示。其中，敏感元件是指传感器中能直接感受或响应被测量的部分；转换元件是指传感器中能将敏感元件感受或响应的被测量部分转换成适用于传输或测量的电信号部分；辅助电源用来给传感器提供必要的工作电能；信号调理转换电路是指将模拟信号变换为用于数据采集、控制过程、执行计算显示读出或其他目的的数字信号电路。

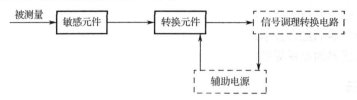

图 2-1　传感器的基本结构

在日新月异的智能网联汽车领域，环境感知是智能网联汽车的核心技术之一，是智能网联汽车其他技术的数据基础，为智能决策和控制执行提供依据，更是智能网联汽车实现自动驾驶的第一步。感知传感器服务于智能网联汽车对环境感知的要求，相当于驾驶者的眼睛和耳朵，对道路、车辆、行人、障碍物等进行检测和识别，并将相关信息传输给控制中心，为智能网联汽车提供决策依据，保障智能网联汽车驾驶安全，确保准确到达目的地（见图 2-2）。

图 2-2　感知传感器对环境的感知

2. 感知传感器分类

（1）感知传感器的类型主要有视觉传感器和雷达传感器两大类。

视觉传感器主要通过摄像头采集外部信息，并通过算法等方式对数据进行处理，对目标进行识别，从而输出分析结果。常用的视觉传感器有单目、双目、三目、环视等类别，如图 2-3 所示。

（2）雷达传感器主要分为超声波雷达、毫米波雷达、激光雷达等。

① 超声波雷达首先利用超声波发生器产生超声波，其次发射超声波，最后通过接受探头接受障碍物反射的超声波，并根据超声波反射接收的时差计算出与障碍物的距离，从而实现对障碍物的探测。常见的超声波雷达如图 2-4 所示。

② 毫米波雷达通过发射与接收高频电磁波来探测目标，通过信号处理模块对回波信号进行数据处理，计算出目标的距离、速度和角度等信息。常见的毫米波雷达有 24GHz 毫米波

雷达和 77GHz 毫米波雷达，如图 2-5 所示。

③ 激光雷达利用激光器作为发射光源，利用光波频段的电磁波先向目标发射探测信号，然后将其接收的同波信号与发射信号相比较，通过一系列的数据处理分析，从而获得目标的位置和运动状态等信息，实现对目标的探测、跟踪与识别等目的。常见的激光雷达主要有机械式激光雷达、固态激光雷达，如图 2-6 所示。

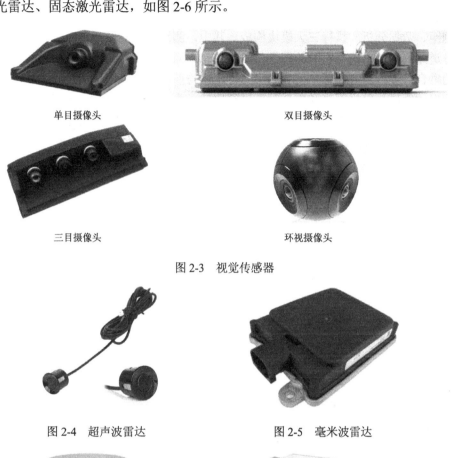

图 2-3　视觉传感器

图 2-4　超声波雷达　　　　图 2-5　毫米波雷达

图 2-6　激光雷达

3. 感知传感器应用场景

没有一种传感器能独立完成附着的环境感知任务，智能网联汽车通常根据产教的需求，选择激光雷达、毫米波雷达、超声波雷达、摄像头等的若干进行组合，并通过信息融合，协同感知汽车行驶场景的状况。不同场景，智能网联汽车所使用的环境感知传感器不同，L1～

L3 级别的智能网联汽车主要实现高级驾驶辅助系统（Advanced Driver Assistance System，ADAS）功能，通常通过超声波雷达、毫米波雷达和摄像头的组合满足辅助驾驶对环境感知的需求，L4~L5 级别的智能网联汽车需要更多的传感器来满足更复杂的环境感知需求。

1）自动紧急制动系统

自动紧急制动（Automatic Emergency Braking，AEB）系统是一种汽车主动安全技术，主要由测距、数据分析、执行三大模块构成。其中，测距模块的核心是感知传感器，它可以提供前方道路安全、准确、实时的图像与路况信息。而当下主流的方案是视觉传感器与雷达传感器的融合，融合双方在感知层面的优势，测出与前车或者障碍物的距离，利用数据分析模块将测出的距离与警报距离和安全距离进行比较，小于警报距离时就进行警报提示，而小于安全距离时，即使在驾驶员没有来得及踩制动踏板的情况下，AEB 系统也会启动，使汽车自动制动，从而为安全出行保驾护航。图 2-7 所示为基于多传感器融合的 AEB 系统。

2）自动代客泊车系统

自动代客泊车（Automated Valet Parking，AVP）系统用于解决日常工作、生活中停车难的痛点，主要应用地点通常是办公楼或者大型商场/超市的地上或地下停车场。除要具备拨入车库的功能外，还需要解决从驾驶员下车点低速行驶至库位旁的问题。为了能尽可能安全行驶至库位旁，提升汽车远距离的感知能力，目前主流的感知解决方案是将视觉传感器和雷达传感器融合起来，如图 2-8 所示为基于多传感器融合的 AVP 系统。

图 2-7 基于多传感器融合的 AEB 系统

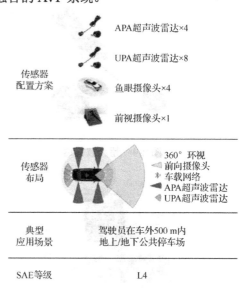

图 2-8 基于多传感器融合的 AVP 系统

2.1.2 视觉传感器

1. 视觉传感器概念

视觉传感器是指利用光学元器件和成像装置获取外部环境图像信息的仪器。车载视觉传感器（摄像头）用来模拟人眼，对采集的图片或视频进行处理，获得相应场景的三维信息，以此解决物体的识别、物体形状与方位的确认、运动轨迹的判断等问题，进一步了解外界的环境和控制车辆自身的运动。

视觉传感器在汽车智能驾驶领域必不可少，是实现高级辅助驾驶系统预警和识别类功能的基础。通常用图像分辨率描述视觉传感器的性能。视觉传感器的精度不仅与分辨率有关，而且同被测物体的检测距离相关。与被测物体的距离越远，其绝对的位置精度就越差。视觉传感器技术的实质就是图像处理技术。

车载摄像头对可靠性的要求非常高，与普通摄像头监控系统不同，车载摄像头的工作时间长，且运行环境经常处于高频振动状态。因此，车载摄像头的性能测试也非常严格。除此之外，车载摄像头大多还具备夜视功能，以保证夜间可以正常使用。

2．视觉传感器的结构

如图 2-9 所示，视觉传感器主要由光源、镜头、图像传感器（CCD/CMOS）、模/数（A/D）转换器、图像处理器、图像存储器组成，其主要功能是获取足够的需要视觉系统处理的原始图像。

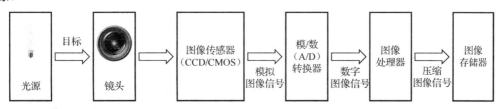

图 2-9 视觉传感器基本结构

（1）光源：光源是一个物理学名词，能自己发光且正在发光的物体叫作光源，如太阳、打开的电灯、燃烧的蜡烛等都是光源。

（2）镜头：镜头是视觉系统中必不可少的光学部件，直接影响成像质量的优劣，影响算法的实现和效果。

（3）图像传感器：图像传感器利用光电器件（CCD 或 CMOS）的光电转换功能将感光面上的光像转换为与光像成相应比例关系的电信号。图像传感器的任务本质上是采集光源并将其转换为平衡噪声、灵敏度和动态范围的数字图像。图像是像素的集合，暗光产生暗像素，亮光产生比较亮的像素。图像传感器应该保证镜头具有正确的分辨率，以适合各种场景的应用。分辨率越高，图像细节越高，测量准确度就越高。

（4）模/数（A/D）转换器：模/数转换器是指将模拟信号转变为数字信号的电子元器件。通常的模/数转换器会将输入的一个电压信号转换为一个输出的数字信号。

（5）图像处理器：图像处理器是指适用于转换和合成等图像处理（矩阵计算）过程中使用的专用处理器，即指通过取样和量化过程将一个以自然形式存在的图像变换为适合计算机处理的数字形式，包括图像直方图、灰度图等的显示，图像修复（通过图像增强或复原），改进图像的质量。

（6）图像存储器：图像存储指的是各种图像和影像在存储器中最多可以存储多少帧的视频信号。

3. 视觉传感器的分类

车载视觉传感器常用的分类方式有按照芯片的类型和按照镜头的数目划分两种。

1）按照芯片的类型划分

车载视觉传感器按照芯片的类型主要分为电荷耦合器件（Charge Coupled Device，CCD）和互补金属氧化物半导体（Complementary Metal Oxide Semiconductor，CMOS）两大类。

（1）电荷耦合器件：电荷耦合器件是一种用电荷量表示信号大小、用耦合方式传输信号的探测元器件。具有自扫描、感受波谱范围宽、畸变小、体积小、重量轻、系统噪声低、功耗小、寿命长、可靠性高等一系列优点，并可做成集成度非常高的组合件。电荷耦合器件在摄像机里类似于人的眼睛，起到将光线转换成电信号的作用，其性能的好坏直接影响摄像机的成像质量。电荷耦合器件广泛应用于数码摄影、天文学，尤其是光学遥测技术、光学与频谱望远镜和高速摄影技术，如图 2-10 所示。

（2）互补金属氧化物半导体（CMOS）：互补金属氧化物半导体是一种大规模应用于集成电路芯片制造的原料。采用互补金属氧化物半导体技术可以将成对的金属氧化物半导体场效应晶体管（MOSFET）集成在一块硅片上，如图 2-11 所示。互补金属氧化物半导体感光器件将接收到的外界光线转换为电能，透过芯片上的模/数转换器将获得的影像信号转变为数字信号输出。

图 2-10　一组用于紫外线影像处理用的电荷耦合器件　　图 2-11　一款中国研发的高清互补金属氧化物半导体芯片

2）按照镜头的数目划分

车载视觉传感器按照镜头的数目主要分为单目摄像头、双目摄像头、三目摄像头和环视摄像头。

（1）单目摄像头：安装单个摄像头进行图像采集，如图 2-12 所示，一般只能获取二维图像，广泛应用于智能机器人领域。由于摄像头成像图是透视图，即越远的物体成像越小。同样大小的物体，在近处时需要用大量的像素点描述，在远处时可能只用几个像素点。因此，对单目摄像头来说，物体越远，测距的精度就越低。单目摄像头无法判断具有同样像素点物体的大小和远近关系，因此一般采用多目摄像头。

（2）双目摄像头：双目摄像头通过对两幅图像视差的计算，直接对前方景物（图像所涉及的范围）进行距离测量。依靠两个平行布置的摄像头产生的视差，找到同一物体所有的点，依赖精确的三角测距，这样就能够算出摄像头与前方障碍物的距离，实现更高的识别精度和更远的探测范围。使用这种方案，需要两个摄像头有较高的同步率和采样率，因此技术难点在于双目摄像头的标定和定位。相比单目摄像头，其优势在于测距算法不依赖检测算法，对障碍物类型不依赖。缺点在于对硬件及计算量的要求都上了一个新台阶。如图 2-13 所示，百度 Apollo 2.0 无人驾驶汽车使用了两种同样规格的摄像头，其镜头焦距分别为 6mm 和 25mm，因此可分别进行近处和远处的物体识别。

（3）三目摄像头：除包含单目摄像头的功能外，三目摄像头还增加了一个负责远距离探测的长焦摄像头和一个负责增强近距离范围探测能力的鱼眼摄像头，使视野更为广阔。图 2-14 所示为特斯拉安装的三目摄像头，根据焦距的不同，每个摄像头感知的范围也不相同，分别为前视窄视野摄像头（最远感知 250m）、前视主视野摄像头（最远感知 150m）、前视宽视野摄像头（最远感知 60m）。

图 2-12　单目摄像头

图 2-13　双目摄像头

图 2-14　三目摄像头

（4）环视摄像头：环视摄像头采用鱼眼镜头，朝向地面安装。为了扩大视野，通常在汽车的前、后、左、右安装 4 个鱼眼镜头。鱼眼镜头图像的畸变较大，早起主要用于辅助，随着传感器融合技术的发展，也可用于定位。

4．视觉传感器的工作原理

1）工作原理

车载视觉系统是能够让汽车具备视觉感知功能的系统，利用视觉传感器获取周边环境的图像，并通过视觉处理器对图像进行分析和处理，进而转换为相应的定义符号，使汽车能够识别并确认物体的位置及各种状态。被拍摄的物体经过视觉传感器的镜头聚焦到视觉传感器上面，视觉传感器由多个 X-Y 纵横排列的像素点组成，每个像素点都由一个光电二极管及相关电路组成。光电二极管将拍摄到的光线转变成对应的电荷，在相关电路的控制下逐点输出，经放大、A/D 转换，形成数字视频信号输出，最后通过显示屏还原，这样就可以看到和拍摄场景一样的图像了。视觉传感器的工作原理如图 2-15 所示。

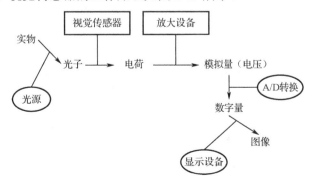

图 2-15　视觉传感器的工作原理

视觉传感器按一定的分辨率，以隔行扫描的方式采集图像上的点，当扫描到某点时，就通过图像传感器将该点处图像的灰度转换成与灰度一一对应的电压值，然后将此电压值通过视频信号端输出。若视觉传感器连续扫描图像上的某一行，则输出的就是一段连续的电压信号，电压信号的高低起伏反映了该行图像灰度的变化。扫描完一行，视频信号端就输出一个低于最低视频信号电压的电平（如 0.3V），并保持一段时间，这相当于紧接着每行图像信号之后会有一个电压"凹槽"，此"凹槽"称为行同步脉冲，它是扫描换行的标志。视觉传感器跳过一行后（因为视觉传感器是隔行扫描的），开始扫描新的一行，如此下去，直到扫描完该场的视频信号，接着会出现一段场消隐区，该区中有若干个复合消隐脉冲，其中有个持续时间远长于（远宽于）其他脉冲的消隐脉冲，称为场同步脉冲，它是扫描换场的标志。场同步脉冲标志着新的一场的到来，场消隐区恰好跨在上一场的结尾和下一场的开始部分，需要等场消隐区过去，下一场的视频信号才会真正到来。视觉传感器每秒扫描 25 幅图像，每幅图像又分奇场和偶场，先奇场后偶场，故每秒扫描 50 场图像。奇场时只扫描图像中的奇数行，偶场时则只扫描偶数行。视觉传感器的扫描方式如图 2-16 所示。

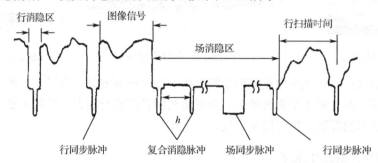

图 2-16　视觉传感器的扫描方式

2）指标参数

视觉传感器有两个重要的指标参数：分辨率和有效像素。

（1）分辨率代表图像是否能够清晰地被呈现，在一定程度上决定着图像的品质。分辨率的高低取决于摄像头中图像传感器上像素的多少，像素越多，摄像头的分辨率就会越高。分辨率的大小决定着所拍摄图像的清晰度，摄像头分辨率越高，成像后对细节的展示就越细腻。

（2）像素是构成数码影像的基本单元，通常以每英寸像素数（PPI）为单位来表示。例如，300×300，即表示水平方向与垂直方向上每英寸（1 英寸=0.025m）长度上的像素数都是 300，也可理解为 1 平方英寸内有 9 万（300×300）像素。不同像素的图像如图 2-17 所示。有效像素与最大像素不同，有效像素是指真正参与感光成像的像素。最大像素是感光器件的真实像

像素为 320×240 的图像

像素为 80×60 的图像

图 2-17　不同像素的图像

素，这个数据通常包含了感光器件的非成像部分，而有效像素是在镜头变焦倍率下所换算出来的值。数码图片的储存方式一般以像素的个数为单位，每个像素是数码图片里面积最小的单位。像素的个数越多，图片的面积就越大。要增加一个图片的面积大小，如果没有更多的光进入感光器件，唯一的办法就是将单个像素的面积增大而不去改变像素的个数。

2.1.3 激光雷达

1. 激光雷达的概念

激光雷达（Light Detection and Ranging，Lidar）通过光学方法测量目标距离、速度和反射率等特征量。激光雷达是工作在光波频段的雷达，利用光波频段的电磁波（见图2-18）先向目标发射探测信号，其次将接收到的同波信号与发射信号相比较，从而获得目标的位置（距离、方位和高度）和运动状态（速度和姿态）等信息，实现对目标的探测、跟踪和识别。

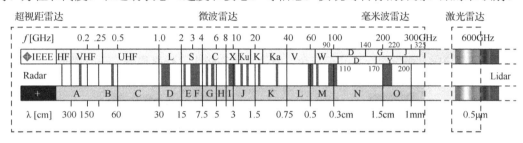

图2-18 电磁波波谱

激光雷达能够确定物体的位置、大小、外部形貌等特征量，其采集到的物体信息呈现出一系列分散的、具有准确角度和距离信息的点（称为点云，见图2-19）。激光雷达具有障碍物检测、动态障碍物识别跟踪、路况检测、实时定位和环境建模的功能，广泛应用于智能驾驶车辆上（见图2-20）。

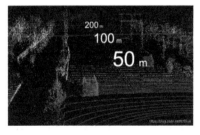

图2-19 激光雷达点云图

图2-20 装有激光雷达的乘用车和功能型小车

2. 激光雷达的结构

激光雷达可以分为多线制和单线制两种，它们的基本结构是一致的，如图2-21所示，由激光发射器、激光接收器、旋转电机和安装底座等组成。以Velodyne的32线激光雷达为例，它把32个激光发射器垂直堆叠在一起，在旋转电机的带动下，使整个单元以秒为单位旋转多次。通过不断旋转激光发射器，将激光点变成线，并在竖直方向上排布多束激光发射器形成面，达到 3D 扫描并接收信息的目的。

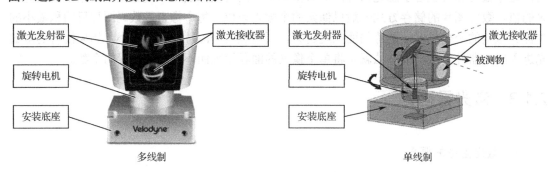

图 2-21　激光雷达的结构示意图

3. 激光雷达的分类

激光雷达根据有无机械旋转部件，可分为机械式激光雷达和固态激光雷达，或介于二者之间的混合式固态激光雷达。

（1）机械式激光雷达（见图 2-22）：带有控制激光发射角度的旋转部件，扫描角度为 360°，精度高、运行稳定、成像快、360°无死角。但是其体积较大，价格昂贵，一般置于汽车顶部。

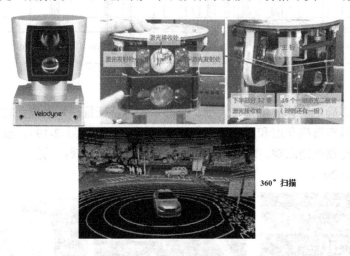

图 2-22　机械式激光雷达

（2）固态激光雷达（见图 2-23）：依靠电子部件控制激光的发射角度，不需要机械旋转部件，故尺寸较小，可安装于车体内。目前，固态激光雷达有光学相控阵（Optical Parametric Amplification，OPA）和 Flash 激光雷达两种主要类型。固态激光雷达具有数据采集速度快、分辨率高、对温度和振动适应性强等优点。通过光束控制，可以任意分布探测点（点云）。机械式激光雷达只能以恒定的速度旋转，不能进行精细的操作。

（3）混合式固态激光雷达（见图 2-24）：又称半固态激光雷达，如 MEMS 微振镜激光雷达。没有大体积旋转结构，采用固定激光光源，通过内部玻璃片旋转的方式改变激光的光束方向，实现多角度检测的需要；由于其内部又有部分小型的机械运动部件，这就让它既不属于传统的机械式激光雷达，又不属于单纯的固态激光雷达。它以嵌入式的方式安装在车内，体积小且成本低，系统运行起来更稳定，寿命长，点云分辨率比较均衡，扫描的速度也更快，可以呈现出的点云与机械式旋转激光雷达的点云基本是一致的。但是，它内部有机械结构，稳定性和准确度依然会受到影响，并且在相对颠簸的路况下也容易出现故障。

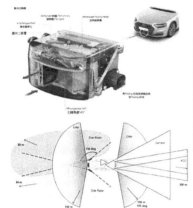

图 2-23　固态激光雷达

图 2-24　混合式固态激光雷达

根据激光雷达线数的多少，也可以将激光雷达分为单线激光雷达和多线激光雷达。其中，单线激光雷达采集 2D 数据，只能测量距离；多线激光雷达，如 4 线束、8 线束、16 线束、32 线束、64 线束、128 线束等，其细分可分为 2.5D 激光雷达及 3D 激光雷达，2.5D 激光雷达的垂直视野范围一般不超过 10°，3D 激光雷达可达到 30°甚至 40°以上。

4．激光雷达的工作原理

激光雷达多采用光飞行时间法（TOF），即通过发射和接收激光脉冲，计算激光脉冲遇到障碍物的折返时间，分析得出目标与设备的相对距离，并测量得到障碍物的轮廓，这些信息经过处理能够获得 3D 环境地图，且精度能够达到厘米级。

激光雷达具体的工作原理如图 2-25 所示。

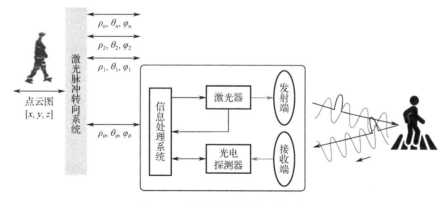

图 2-25　激光雷达具体的工作原理

（1）激光器产生并发射激光脉冲；
（2）激光脉冲打在被观察物体产生反射；
（3）反射的激光脉冲经过接收端镜头聚焦到光电探测器；

（4）接收器准确地测量激光脉冲从发射到被反射回的传播时间；

（5）结合激光器的高度、扫描角度、位置和发射方向，可以准确地计算出每一个光斑的坐标（x、y、z）；

（6）通过激光脉冲不断地扫描目标，可得到全部目标点数据，经过图像处理后，得到精确的三维立体图像。

2.1.4 毫米波雷达

1. 毫米波雷达的概念

毫米波是指波长为 1～10mm 的电磁波，毫米波的频带频率高于射频、低于可见光和红外线，相应的频率范围为 30～300GHz。毫米波雷达是通过发射和接收毫米波段的电磁波来测量车辆与车辆之间的距离、角度和相对速度的装置。

车载毫米波雷达的研究始于 20 世纪 60 年代，由于激光雷达的成本居高不下和数字信号处理技术的发展，毫米波雷达的研究一直得到重视，德国 ADC 公司最先研究出 76.5GHz 的 ASR100 雷达，采用机械扫描天线；日本以丰田为首的三家公司联合研制了世界公认的第一款相控阵雷达，能够对 7～150m 范围内的物体进行测试。

目前，世界各国对车载毫米波雷达分配的频段各有不同，主要有 24GHz、60GHz、77GHz、79GHz 几个频段。现阶段各国对毫米波在智能汽车上的应用以 24GHz 近距离雷达和 77GHz 远距离雷达组合的形式出现。如图 2-26 所示，24GHz 主要负责近距离探测，应用于盲点监测系统和后碰撞预警系统等；77GHz 主要负责远距离探测，应用于自适应巡航系统、自动紧急制动系统和前碰撞预警系统等。

图 2-26 毫米波在智能汽车上的应用

2. 毫米波雷达的结构

毫米波雷达的结构如图 2-27 所示，主要包括底背盖板、毫米波基础电路（MMIC）、主体压铸板、收/发天线阵列和雷达整流罩。其中，收/发天线阵列是汽车毫米波雷达有效运行的关键设计，其以高频印刷电路板的方式集成在基板上。收/发芯片通常使用一种特殊的半导体，如 SiGe 双极晶体管、CMOS 等。双极晶体管是早起比较广泛的毫米波雷达方案，但它占用大量集成电路板空间且成本较高。随着半导体技术的进步，CMOS 在数字电路中的应用越来越广泛，其成本相对较低。与双极晶体管相比，CMOS 可以在低电压下工作，降低了功耗，目前在毫米波雷达领域得到了更为广泛的应用。

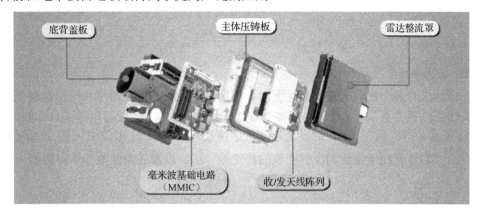

图 2-27　毫米波雷达的结构

3. 毫米波雷达的工作原理

车载毫米波雷达通过发射电磁波信号（毫米波波段）并接收回波信号来测定汽车车身周围的物理环境信息（如汽车与其他物体之间的相对距离、相对速度、角度、运动、运动方向等），然后根据所探知的信息进行目标追踪和识别分类，进而结合车身的动态信息进行数据融合，完成合理决策，减少事故发生率。

大多数现代汽车雷达基于调频连续波（FMCW）技术，并使用数字波束的形成来控制发射波的方向。FMCW 包括发射一个已知且稳定频率的信号，该信号由另一个频率上下变化的连续信号调制（常用的调频方式有三角波、锯齿波、编码调制或者噪频等）。当遇到障碍物体后，发射的电磁波被反射，产生与发射信号有一定频率差的回波，接收天线接收并调解回波后，雷达处理芯片对模拟信号进行数字采样，并进行响应的滤波，如图 2-28 所示，进一步使用快速傅里叶变换算法将信号转换到频域，寻找信号中的特定特征，如信号强度、频率变化等，获取目标的位置和速度等测量信息，并对目标进行编号和跟踪。

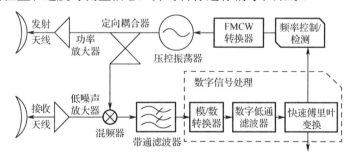

图 2-28　FMCW 毫米波雷达信号的收/发和数据处理过程

毫米波雷达主要用来测量距离、速度和方位角。如图 2-29 所示，发射信号与反射信号在某一时刻的频差即为混频输出的中频频率（f_b）。在三角波的上升沿与下降沿输出的中频频率分别为 f_{b+}、f_{b-}。f_b 的确定是测量距离（d）和速度（v）的关键。其中，距离和速度的分别为

$$d = \frac{f_{b+} + f_{b-}}{16 \times \Delta F \times f_m} \quad (2\text{-}1)$$

$$v = \frac{(f_{b-} - f_{b+}) \times c}{4 \times f_0} \quad (2\text{-}2)$$

其中，c 为光速。

由于雷达具有多个接收天线，目标反射到不同接收天线的信号幅度和相位都有差异，结合接收天线的位置关系，通过分析处理多个接收天线捕获的信号，就可以得到目标的方位角，如图 2-30 所示。方位角（α_{AZ}）通过毫米波雷达接收天线 RX1 与 RX2 之间的几何距离（d）和两根毫米波雷达天线所收到的反射回波的相位差（b），以及三角函数计算得到的。

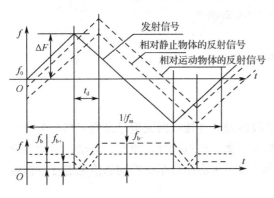

图 2-29　FMCW 发射及回波信号

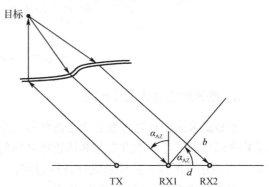

图 2-30　毫米波雷达方位角测量示意图

2.1.5　超声波雷达

1. 超声波雷达的概念

振动物体四周的空气会交替地产生压缩与膨胀，并且逐渐向外传播，从而形成一种机械波。当机械波的频率为 20Hz～20kHz 时，可被人耳听到，称为声波；而振动频率超过 20kHz 的机械波则称为超声波。超声波雷达利用超声波发生器产生超声波，然后通过接收探头接收障碍物反射的超声波，并根据超声波反射接收的时差计算出与障碍物的距离。

超声波雷达多用于自动泊车、倒车辅助、障碍物预警等系统，通常安装在汽车的前后保险杠上和汽车侧面，如图 2-31 所示为超声波雷达在汽车上的一种典型布置方式，在前后保险杠位置处各布置 4 个超声波雷达，在左右侧的前后端各布置 1 个。在自动泊车系统中，利用超声波雷达探测空置的位置。在倒车辅助系统中，车辆挂入倒挡后，位于前后保险杠位置的超声波雷达实时探测障碍物的位置，并通过声音或图像等方式发出提示，以弥补倒车时驾驶员视线的不足。有些带有盲点监测或并线辅助系统的车型在行车时也会开启超声波雷达，用于近距离障碍物的实时探测和预警，进一步在自动驾驶过程中联合其他系统对车辆进行控制，以提高行车的安全性。

项目二　智能驾驶感知技术

图 2-31　超声波雷达在车上的布置方式

2．超声波雷达的结构

超声波雷达由超声波发生器、接收器和控制器组成。其中，超声波发生器是核心部件。如图 2-32 所示为倒车时超声波雷达的工作示意图，由超声波发生器产生信号并向外发射，遇到障碍物后信号发生反射，反射的信号由接收器接收并传送给控制器处理，之后计算车辆与障碍物的距离。某型号模拟式超声波雷达内部的电路如图 2-33 所示。

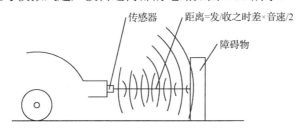

图 2-32　倒车时超声波雷达的工作示意图

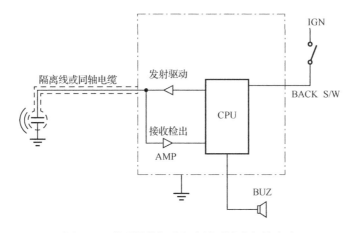

图 2-33　某型号模拟式超声波雷达内部的电路

3．超声波雷达的分类

按照超声波雷达工作时在水平方向和垂直方向探测角度范围的不同，可以将超声波雷达分为等方向性超声波雷达和异方向性超声波雷达。其中，等方向性超声波雷达工作时在水平方向和垂直方向的探测角度相同，如在两个方向上均探测120°的范围；异方向性超声波雷达工作时在水平方向和垂直方向的探测范围不同，如水平方向的探测范围为120°、垂直方向的探测范围为60°。等方向性超声波雷达因在垂直方向的探测范围较大，容易探测到地面而无法探测较远的距离，故车辆多使用异方向性超声波雷达。如图2-34所示为超声波雷达水平方向和垂直方向的探测范围。

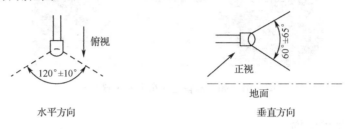

图2-34　超声波雷达水平方向和垂直方向的探测范围

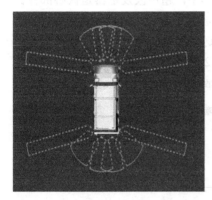

图2-35　一种典型的汽车超声波雷达传感器的配置

按照使用场景分类，可以将超声波雷达分为超声波驻车辅助（Ultrasonic Parking Assistant，UPA）传感器和自动泊车辅助（Automatic Parking Assistant，APA）传感器两种。UPA主要安装在汽车的前后保险杠上，探测距离一般为15~250cm，用于汽车前后障碍物的测距；APA主要安装在汽车的侧面，探测距离为30~500cm，用于汽车侧面障碍物的测距。如图2-35所示为一种典型的汽车超声波雷达传感器的配置，即前后共8个UPA雷达，左右侧共4个APA雷达。

按照工作频率分类，超声波雷达可分为40kHz、48kHz和50kHz三种。一般来说，工作频率越高，其探测精度也就越高，但其水平和垂直方向的探测角度范围会随工作频率的提高而减小，因此用于汽车测距的超声波雷达主要使用40kHz的超声波雷达。

按照超声波换能器工作的物理效应分类，超声波雷达可分为电动式、电磁式、磁致伸缩式、电压式等。其中，电压式最为常用。按照安装方式分类，超声波雷达可分为直射式和反射式。按结构分类，超声波雷达可分为直探头、斜探头、表面波探头、双探头、聚焦探头、水浸探头，以及其他专用探头。

4．超声波雷达的工作原理

1）超声波信号的产生原理

超声波信号的产生方式有两种，即电气方式和机械方式。其中，车载超声波雷达采用电气方式产生信号，如由压电式超声波发生器和磁致伸缩式超声波发生器产生。

（1）压电式超声波发生器利用压电晶体的谐振工作，它有两个压电晶片和一个共振板。当两极外加脉冲信号，其频率等于压电晶片的固有振荡频率时，压电晶片将会发生共振，并带动共振板振动，产生超声波。反之，如果两电极间未外加电压，当共振板接收到超声波时，压电晶片受迫振动，将机械能转换为电信号，成为超声波接收器。

（2）磁致伸缩式超声波发生器利用处于交变磁场中铁磁材料的机械尺寸交替变化时产生的机械振动，继而产生超声波。当铁磁材料作为接收器时，超声波作用在伸缩材料上，引起材料的伸缩，导致其内部磁场发生变化，根据所产生的感应电动势来判断接收信号的强弱。

2）超声波雷达的测距原理

超声波雷达的工作原理是通过超声波发生器向外发射超声波，控制器通过接收器接收到反射超声波时的时间差来测算距离。超声波属于声波，其传播速度和声音的传播速度一样（传播速度取决于传播的介质和温度）。通常将声音在15℃空气中的传播速度340m/s作为超声波距离计算中的速度值。发射点与障碍物表面之间的距离 s 可以根据计时器记录的时间 t 进行计算，即

$$s = (t \times 340) \div 2$$

超声波雷达在探测障碍物距离时是根据超声波发出和反射接收的时间差计算得出的，但当单个超声波雷达工作在图2-36所示的场景下时，超声波雷达探测到障碍物的距离为 d，仅从单个超声波雷达的返回值判断，无法判定障碍物是处于位置 A 还是 B，因此实际应用中需要参考多个超声波雷达的返回值做综合判断。

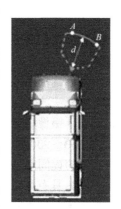

图2-36 超声波雷达探测物体距离

3）超声波雷达的主要性能指标

（1）工作频率：压电晶片的共振频率。当两端交流电压频率等于晶片的谐振频率时，雷达波的传输能量输出最大，灵敏度也最高。

（2）工作温度：超声波雷达的工作温度取决于应用的条件。诊断学超声波雷达功率小，工作温度相对较低，能长期工作而不发生故障。有些应用会产生大量的热量，需要对超声波雷达进行主动冷切。

（3）灵敏度：在超声波雷达的工作过程中，需要反复将机械能转变为电能，或将电能转变为机械能。其中，能量相互变化的程度用机电耦合系数表示，机电耦合系数越大，灵敏度就越高。灵敏度与晶片的制造有关。

2.1.6 典型车型案例分析

1. 环境感知传感器技术对比

不同类型的环境感知传感器具有各自的优点和缺点。表2-1所示为环境感知传感器的性能与成本对比。

表2-1 环境感知传感器的性能与成本对比

传感器指标	摄像头	激光雷达	毫米波雷达	超声波雷达
成本/美元	100～300	1000～30000	50～200	1～5
探测距离/m	5～200	80～200	30～200	5
探测角度	10°～120°	15°～360°	10°～90°	120°
精度	单目一般，多目优	优	良	一般

续表

传感器指标	摄像头	激光雷达	毫米波雷达	超声波雷达
分辨率	单目一般,多目优	优	良	一般
光照适应性	弱	强	强	强
天气适应性	弱	弱	强	一般
障碍物识别	强	一般	弱	弱
路标识别	是	否	否	否

摄像头能以较低的成本提供如形状、大小、距离等空间信息,以及对象的一系列动态信息,主要用于车道线识别、交通信号灯识别、障碍物检测与跟踪,以及驾驶人的状态检测。市面上出售的摄像机在比特率、帧速率(高达每秒数千帧)、传感器尺寸和光学参数方面提供了多种配置。然而,在智能驾驶场景中,摄像头有一些技术挑战。

(1) 相机需要搭配强大的感知能力,需要海量且复杂的场景训练模型。然而,不管场景多复杂,总会有它的局限性,总会出现长尾问题。

(2) 驾驶可能发生在白天、夜间、室内、黄昏或黎明。黑点、阴影、眩光、反射和其他效果使算法的实现变得复杂。扩展捕获光谱可以解决其中一些问题。远红外(波长为900~1400nm)摄像机在黑暗中,以及穿过灰尘和烟雾时,对行人和动物进行有效检测。近红外(波长为750~900nm)摄像机增强了可见光谱,在高动态范围的场景中具有更好的对比度,以及更好的夜间能见度。

(3) 具有高动态范围的场景在同一帧中包含黑暗和强光照明区域,如进入或退出隧道。常见传感器技术的单次动态范围为60~75dB,在极端情况下(曝光不足或曝光过度)会导致信息丢失。

激光雷达的方向性好、波束窄、无电磁干扰、距离及位置探测精度高。与机器视觉相比,激光雷达能解决图像模糊的问题。激光雷达技术可以跟踪目标,获得周围环境的深度信息,广泛用于障碍物检测、环境三维信息的获取、车距保持、车辆避障。同时,激光雷达是创建精确数字地图的好选择,因为它们的高精度测量距离在大多数情况下的平均误差只有几毫米,在更糟的情况下,误差会降低到0.1~0.5m。但是激光雷达有以下缺点需要考虑。

(1) 成本高,上万美元的造价足以令很多车厂望而却步。机械式激光雷达可以使激光束360°无死角扫描,精度最高,但是成本也最高,难以实现量产,目前主要用在无人车上面。固态激光雷达通过电子部件控制激光的发射角度,成本相对低,体积更小,稳定性比较差,目前也没有实现量产。混合式固态激光雷达为一种折中的方案,成本比较低。目前,华为推出的混合式固态激光雷达仅售200美元左右。

(2) 低垂直分辨率。在通常不到16层的低成本模型中,垂直分辨率(连续层之间的间隔)下降到2°。距离为100m时,垂直距离为1.7m。高端机型将垂直距离降低到0.2°~0.4°,但成本高得多。

(3) 稀疏度不密集。商用设备Velodyne HDL64的水平角分辨率为0.08°~0.35°、垂直角分辨率为0.42°。在50m的距离处,层与层之间0.3°的间隙相当于0.26m高的盲条。在低端设备(Velodyne VLP16)中,这个间隙会增加到1.5m,导致小目标不容易被发现。

(4) 对暗色和镜面反射物体的探测能力差。黑色汽车在激光雷达下可能不可见,因为它们结合了一个能吸收大部分辐射的颜色和一种不会将辐射散射回接收器的非朗伯材料。

（5）受天气条件影响。近红外激光束会受到雨和雾的影响，因为水滴会散射光，降低其工作范围，进而在云层前方产生虚假测量。

毫米波雷达最重要的两个优势是：成本低、独立于光照和天气条件。通常一辆车上配有10个以上的毫米波雷达，在其他传感器无法工作的恶劣条件下，远程毫米波雷达可以看到长达250m的信号。但其缺点也多，且对于智能驾驶场景都是致命的，具体如下：

（1）对目标反射率敏感。处理毫米波雷达的数据是一项棘手的任务，部分原因是不同材料的非均匀反射率。金属可以放大雷达信号，方便对车辆的检测，但会增加道路上废弃罐等小物体的表观尺寸，而木材等其他材料几乎是透明的。这可能会导致检测不存在的障碍物和未检测到实际障碍物的误报。

（2）分辨率和准确性。雷达非常精确地测量传感器与目标之间的距离和速度。然而，水平分辨率取决于发射光束的特性。数字波束形成系统中的原始角度分辨率为2°～5°，可以使用先进的处理技术将其提高到0.1°～1°。使用这种角度分辨率，很难在30m的距离上将行人与附近的汽车分开（作为独立目标检测）。在100m的距离内，不可能将相邻车道上的车辆分开，确定车辆是否在同一车道上，甚至不可能检测到道路上的车辆或桥梁。

超声波雷达的优势很明显，成本相当低，但劣势也很明显，具体如下：

（1）探测距离短。因为超声波的散射角比较大、波长比较长、对应的频率比较低，所以探测距离比较近，一般为3m左右。

（2）受天气环境条件影响。因为超声波不是光，对于雨雾天气、炎热天气、高速场景表现不是很好，所以超声波雷达广泛作为倒车和泊车雷达。

2．感知传感器的布置原则

通常，一辆智能驾驶汽车上的传感器的布置是功能、成本和性能的平衡。其中，功能指实现自动驾驶的技术（通常与无人驾驶等级对应）；成本为与传感器的使用相关的所有费用；性能主要考虑覆盖范围、冗余度和安装条件。

1）基于功能的布置原则

（1）0级无人驾驶为非自动驾驶，可能会在前后方布置毫米波雷达、视觉传感器、超声波雷达等传感器，主要用于碰撞提示，帮助驾驶员观察环境。

（2）2级无人驾驶又称部分自动化，通常会在前后方和四周布置毫米波雷达、视觉传感器、超声波雷达等传感器，在内部布置视觉传感器，以获取大范围内行驶路径上，以及车辆周围的障碍物信息，实现自适应巡航、自动泊车、自动换道等功能。

（3）3～5级无人驾驶车辆的传感器布置大致相同，主要区别在于传感器的数量、对数据的处理，以及驾驶行为决策的成熟度。通常会在前后方和四周布置激光雷达、毫米波雷达、视觉传感器、超声波雷达等传感器，在内部布置视觉传感器，以获取大范围内行驶路径上，以及车辆周围的障碍物信息，根据软件处理能力，实现有条件或全自动的无人驾驶。

2）基于性能的布置原则

（1）覆盖范围：要求车体360°均需覆盖，根据重要性，前方的探测距离要长于100m，后附的探测距离稍短（80m），左右侧的探测距离最短为20m。为了保证安全性，每个区域需要两个或两个以上的传感器覆盖，以便相互校验。

（2）冗余度：也可以划分为硬件冗余或软件冗余。在图 2-37 中，前方的障碍物有 4 类传感器覆盖，这样很大程度上保证了前方障碍物的检测不会漏检或者虚警，这属于硬件冗余。再比如车道线检测，现阶段大量的对车道线的检测均基于视觉，对它的冗余则遵循 3 选 2，或少数服从多数的选择。通过多支算法来保证识别的正确性。

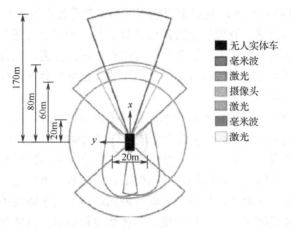

图 2-37　一种典型的传感器全覆盖、多冗余配置示意图

除了保证覆盖范围和冗余度，实际的安装条件也是重要的考虑因素。

（1）将激光雷达放置在高处，增大扫描的面积。

（2）正向毫米波雷达一般布置在车里的中轴线上，外露或隐藏在保险杠内部。雷达波束的中心平面要求与路面基本平行，考虑雷达系统的误差、结构安装误差和车辆的载荷变化后，需保证与路面夹角的最大偏差不超过 5°。

（3）侧向毫米波雷达在车内四周呈左右对称布置，前侧向毫米波雷达与车辆行驶方向成 45°夹角，后侧向毫米波雷达与车辆的行驶方向成 30°夹角，雷达波束的中心平面与路面基本平行，角度的最大偏差需控制在 5°以内。

（4）雷达大多数情况都是隐藏布置的，采用某些不合适的表面覆盖材料会屏蔽信号或因其信号畸变，导致雷达失效或灵敏度降低，如对于毫米波雷达，覆盖材料优先选用 PC、PP、ABS、TPO 等电解质传导系数小的材料，尽量避免料厚突变或结构复杂的情况，且厚度最好是雷达半波长的整数倍，以减少对雷达波的扭曲和衰减。

3．案例分析

奥迪 A8 配置了高端的驾驶辅助技术，是全球首款搭载 L3 级别自动驾驶技术的量产车辆，其传感器的布置如图 2-38 所示。

奥迪基本上为 A8 建立了一个感官系统，让它"看到"并决定如何应对障碍物。在前部，红外夜视摄像头应用于夜间驾驶过程中、挡风玻璃顶部的单目摄像头提供前方道路的整体图像；4 个环视摄像头安装在前后视镜下和侧视镜下。它们的数据汇编成汽车及其环境的全方位图像。

A8 的周边也有超声波雷达，可以提供用于描述图像的数据。一个远程雷达安装在汽车前部，而 4 个超声波雷达在角落发射信号并收集信息。安装在汽车周边的 12 个超声波传感器阵列处理近距离信息。一个新的单激光扫描仪安装在汽车前部。它结合了激光和镜子，在几毫秒内扫过 145°的视野，记录了大约 80m 外的障碍物。即使在明亮的阳光、雾和雨下，扫描仪也能读取信息。与其他传感器相结合，A8 的驾驶硬件可以生成汽车周围环境的详细图像。

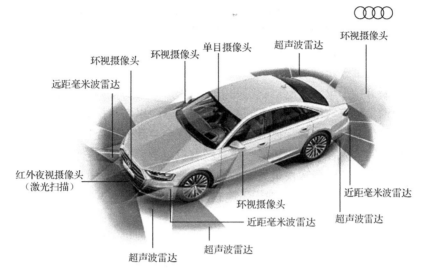

图 2-38　奥迪 A8 传感器的布置

在该感知传感器系统中，首先，将来自所有数据采集设备的信息混合在一起，并检查其准确性。其次，与基于云的学习领域共享，并与其他汽车的数据相结合。最后，在 A8 自行驾驶时重新使用。该感知传感器系统的布置遵循了冗余的原则，但当一个或多个数据流丢失时，它可以继续引导汽车行驶。

任务 2.2　感知融合技术

2.2.1　多传感器融合概述

1. 多传感器融合的概念

一般来说，传感器融合就是将多个传感器获取的数据、信息集中在一起综合分析，以便更加准确、可靠地描述外界环境，从而提高系统决策的正确性。

2. 多传感器融合的必要性

传感器各有优劣，难以互相替代。各种传感器在使用方面存在如下限制。
（1）激光雷达：受大雨、浓烟、浓雾等恶劣天气影响。
（2）摄像头：光照条件不好，或光照过强的时候性能一般。
（3）毫米波雷达：分辨率不够高，分类不好。
（4）高精度地图：存在时效性问题。

(5) 超声波雷达：距离近。
(6) IMU：无法辨识车外信息。
(7) V2X：尚未得到广泛应用。

要实现自动驾驶，需要多个传感器相互配合，共同构成汽车的感知系统。不同的传感器的原理和功能各不相同，它们可以在不同的使用场景中发挥各自的优势。多个同类或不同类的传感器分别获得不同的信息，这些信息之间可能相互补充，也可能存在冗余和矛盾，而控制中心最终只能下达唯一正确的指令，这就要求控制中心必须对多个传感器所得到的信息进行融合，综合判断。由于单一传感器获得的信息有限，且还要受到自身品质和性能的影响，因此智能汽车上通常配有数量众多的不同类型的传感器，以满足探测和数据采集的需要。若对各传感器采集的信息进行单独、孤立的处理，不仅会导致信息处理工作量的增加，而且割断了各传感器信息间的内在联系，丢失了信息经有机组合后可能蕴含的有关环境特征，造成信息资源的浪费，甚至可能导致决策失误。为了解决上述问题，人们提出了多传感器融合技术，如图 2-39 所示为多传感器协同进行环境感知。

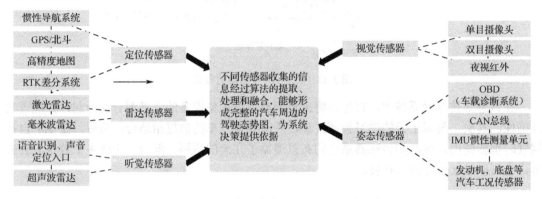

图 2-39　多传感器协同进行环境感知

3．多传感器融合的优势

多传感器融合的优势主要包括如下 4 个方面。

（1）提高系统感知的准确度。多个（种）传感器联合互补，可避免单一传感器的局限性，最大限度发挥各个（种）传感器的优势。

（2）增加系统的感知维度，提高系统的可靠性和鲁棒性。多传感器融合可带来一定的信息冗余度，即使某一个传感器出现故障，系统仍可在一定范围内继续正常工作。

（3）增强环境适应能力。应用多传感器融合技术采集的信息具有明显的特征互补性，对空间和时间的覆盖范围更广，弥补了单一传感器对空间分辨率和环境语义的不确定性。

（4）有效减少成本。融合可以实现多个价格低廉的传感器代替价格昂贵的传感器设备，在保证性能的基础上又可以降低成本预算。

4．多传感器融合技术的挑战

多传感器融合需要解决以下几个关键问题。

（1）数据对准：在对不同传感器的信息进行融合时，必须将它们变换到同一时空框架下，且由于时空配准导致的舍入误差也应加以补偿。

（2）数据不确定性：传感器工作环境的不确定性会导致观测数据中包含噪声成分，在融合过程中要尽量降低这些信息的不确定性。

（3）数据关联：应解决单传感器时间上的关联问题，以及多传感器空间域上的关联问题，从而能够确定数据来源于同一目标源。

（4）数据不完整性及不一致性：需要对不完整数据和不一致数据进行有效的筛选、处理和融合。

5. 多传感器融合对车载系统的要求

多传感器融合对车载系统的要求主要包括以下两个方面。

（1）统一的同步时钟：保证传感器信息时间的一致性和正确性。

（2）准确的多传感器标定：保证相同时间下不同传感器信息空间的一致性。

2.2.2　多传感器融合的基础理论

1. 多传感器融合的体系结构

根据传感器信息在不同信息层次上的融合，可以将多传感器信息融合划分为 Low-level 融合、High-level 融合和混合融合。其中，Low-level 融合包括数据级融合和特征级融合，是一种集中式融合；High-level 融合是一种决策级融合，可以是集中式融合或者分布式融合；混合融合，多种 Low-level 和 High-level 融合结构组合而成。

1）Low-level 融合

Low-level 融合是一种较低信息层次上的融合，是一种集中式融合。如图 2-40 所示，集中式融合将各传感器获得的原始数据直接送到数据融合中心进行数据对准、数据关联、预测等。在传感器端不需要进行任何处理，可以实现实时融合。融合精度高、算法灵活，但对处理器要求高，缺乏底层传感器间的信息交流，可靠性较低。

（1）数据级融合又称为像素级融合，是最低层次的融合，如图 2-41 所示，其首先直接对传感器观测的数据进行融合处理，其次基于融合结果进行特征提取和特征识别，最后判决输出。根据融合内容，数据级融合又可以分为图像级融合、目标级融合和信号级融合。其中，图像级融合以视觉为主体，将雷达输出的信息进行图像特征转化，与视觉系统输出进行融合；目标级融合对视觉和雷达的输出进行可信度加权后融合输出；信号级融合融合视觉传感器和雷达传感器 ECU 传出的数据源。数据损失小、可靠性高，但计算量大。

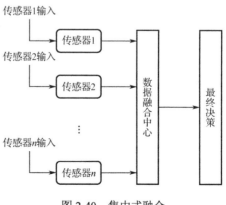

图 2-40　集中式融合

（2）特征级融合指在提取数据的特征向量之后融合，如图 2-42 所示。特征向量用来体现所监测物理量的属性,特征信息是图像中的目标或特别区域,如边缘、人物、建筑或车辆等信息。根据融合内容,特征级融合又分为目标状态信息融合和目标特性融合。其中,目标状态信息融合先进行数据配准,以实现对状态和参数的相关估计,适用于目标追踪;目标特性融合借用传统模式识别技术,在特征预处理的前提下进行分类组合。

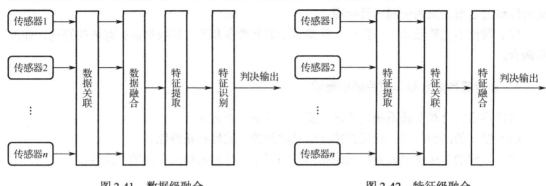

图 2-41　数据级融合　　　　　　　　图 2-42　特征级融合

2）High-level 融合

High-level 融合是一种较高语义层次上的融合,可以是分布式融合,也可以是集中式融合。如图 2-43 所示,分布式融合在独立的节点处都设置了相应的处理单元,在对各个传感器所获得的原始数据进行局部处理的基础上,将结果输入数据融合中心,进行智能优化、组合、推理,获得最终的结果。该结构计算速度快、延续性好,可靠性高。

集中式融合以认知为基础,根据不同种类的传感器对同一目标观测的原始数据进行特征提取、分类、判别,以及简单的逻辑运算,然后根据应用需求进行较高级的决策,获得综合推断结果,是一种高层次的融合,如图 2-44 所示。

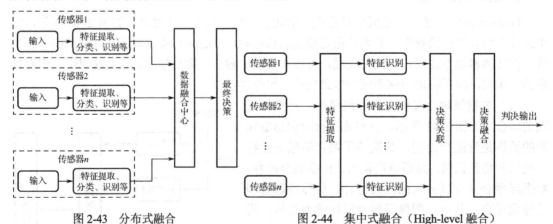

图 2-43　分布式融合　　　　　　　　图 2-44　集中式融合（High-level 融合）

3）混合式融合

混合式融合由多种 Low-Level 和 High-Level 融合组合而成,如图 2-45 所示。部分传感器采用集中式融合方式,其余的传感器采用分布式融合方式。兼有集中式和分布式整合的优点,可根据不同需要灵活且合理地完成信息处理工作。

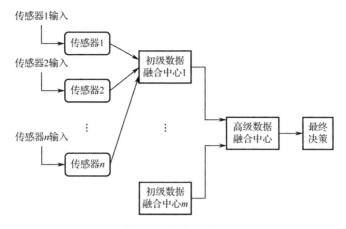

图 2-45 混合式融合

2. 多传感器融合算法

多传感器融合技术在硬件方面的实现并不困难,这是因为传感器标定技术已经较为成熟,其实现的关键问题在于足够优化的算法上。多传感器融合常用的算法如表 2-2 所示。

表 2-2 多传感器融合常用的算法

算 法	运行环境	信息类型	信息表示	不确定性	融合技术	适用范围
综合平均	动态	冗余	原始读数值	—	加权平均	低层融合
贝叶斯估计	静态	冗余	概率分布	高斯噪声	贝叶斯估计	高层融合
D-S 证据推理	静态	冗余互补	命题	—	逻辑推理	高层融合
模糊逻辑	静态	冗余互补	命题	隶属度	逻辑推理	高层融合
神经网络	动、静态	冗余互补	神经元输入	学习误差	神经元网络	低/高层
专家系统	静态	冗余互补	命题	置信因子	逻辑推理	高层融合
卡尔曼滤波	动态	冗余	概率分布	高斯噪声	系统模型滤波	低层融合

3. 多传感器前融合技术

前融合技术是指在原始数据层面,首先将所有传感器的数据信息进行直接融合,其次再根据融合后的数据信息实现感知功能,最后输出一个结果层的探测目标,可如图 2-46 所示。融合信息包含 RGB 信息、纹理特征和三维信息等,可有效提高感知精度。

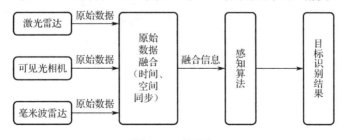

图 2-46 前融合

4. 多传感器后融合技术

在多传感器后融合结构中，每个传感器都独立地输出原始数据信息，在对每个传感器的数据信息进行处理后，再将最后的识别结果进行融合。例如，如图 2-47 所示，激光雷达基于点云数据生成探测目标列表，最后再将探测结果按适当算法加以融合。

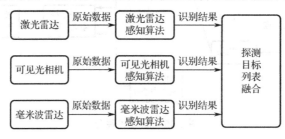

图 2-47　后融合

2.2.3　多传感器融合的方案

1. 激光雷达与视觉传感器融合

如图 2-48 所示，激光雷达和视觉传感器融合是一个经典方案。在无人驾驶应用中，视觉传感器价格便宜，但是受环境光影像较大，可靠性相对较低；激光雷达探测距离远，对物体的运动判断精准，可靠性高，但价格高。视觉传感器可进行车道线检测、障碍物检测和交通标志的识别；激光雷达可进行路沿检测、动态和静态物体识别、定位和地图创建。对于动态的物体，视觉传感器能判断出前后两帧中物体或行人是否为同一物体或行人，而激光雷达则得到信息后测算前后两帧间隔内的运动速度和运动位移。

视觉传感器和激光雷达分别对物体识别后进行标定。对于安全性要求 100% 的无人驾驶汽车，激光雷达和视觉传感器融合将是未来互补的方案。

图 2-48　激光雷达与视觉传感器融合

2. 激光雷达与毫米波雷达融合

激光雷达和毫米波雷达融合是新的流行方案，如图 2-49 所示。毫米波雷达已经成为 ADAS 的核心传感器，它具有体积小、质量轻和空间分辨率高的特点，而且穿透雾、烟、灰尘的能力强,弥补了激光雷达的不足。但毫米波雷达受制于波长,探测距离有限,也无法感知行人,并且对周边所有的障碍物无法进行精准建模,这恰恰是激光雷达的强项。激光雷达和毫米波雷达不仅可以在性能上实现互补,还可以大大降低使用成本,为无人驾驶的开发提供了一个新的选择。

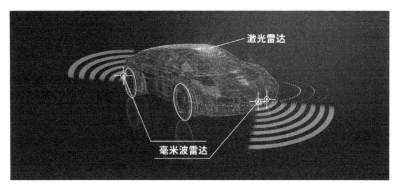

图 2-49　激光雷达与毫米波雷达融合

3．视觉传感器与毫米波雷达融合

将视觉传感器和毫米波雷达进行融合（见图 2-50）,相互配合共同构成智能网联汽车的感知系统,取长补短,实现更稳定、可靠的 ADAS 功能。视觉传感器与毫米波雷达融合具有以下优势。

（1）可靠性：目标真实,可信度提高。

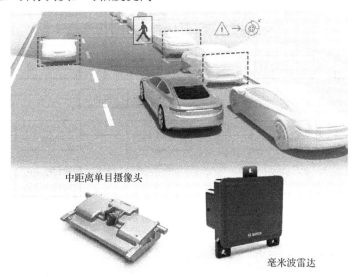

图 2-50　视觉传感器与毫米波雷达融合

（2）互补性：全天候应用与远距离提前预警。

（3）高精度：大视场角、全距离条件下的高性能定位。

（4）识别能力强：能够识别各种复杂对象。

在智能驾驶场景下,视觉传感器与毫米波雷达的数据融合大致有 3 种策略：图像级、目标级和信号级。其中,图像级融合以视觉传感器为主体,将毫米波雷达输出的整体信息进行图像特征转化,然后与视觉系统的图像输出进行融合;目标级融合对视觉传感器和毫米波雷达的输出进行综合可信度加权,配合精度标定信息进行自适应的搜索匹配后融合输出;信号级融合对视觉传感器和毫米波雷达传出的数据源进行融合。信号级融合的数据损失最小,可靠性最高,但需要大量的运算。

2.2.4 Apollo 感知技术

1. Apollo 视觉感知能力

摄像头作为无人驾驶系统中最重要的传感器之一,因为其信息丰富、观测距离远等特点,在障碍物检测和红绿灯检测等方面发挥着不可替代的作用,是对激光雷达感知结果的重要补充。但摄像头有着容易受环境影响、缺乏深度信息等缺点,给无人驾驶系统中的视觉感知算法带来了巨大的挑战。因此,如何建立一套高精确率和高稳定性的视觉感知算法,是无人车感知模块的核心问题。

视觉感知算法在 Apollo 平台上主要有 3 个应用场景,分别是红绿灯检测、车道线检测、摄像头障碍物检测,如图 2-51 所示。

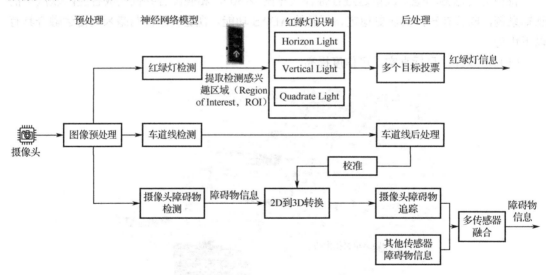

图 2-51 Apollo 视觉感知能力

2. Apollo 激光雷达感知能力

常用的感知传感器包括激光雷达、摄像头、毫米波雷达等,因为激光雷达器具备准确的障碍物定位能力等优点,Apollo 目前采取以其为主的自动驾驶感知方案。如图 2-52 所示,激光雷达感知模块接收来自激光雷达驱动的点云信息,利用这些点云信息进行障碍物的检测与跟踪,得到的结果会被输出到感知融合模块进行下一步处理。

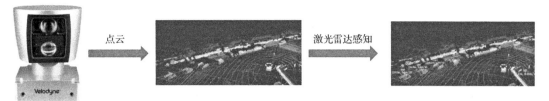

图 2-52　Apollo 激光雷达感知能力

如图 2-53 所示,激光雷达感知模块接收到点云数据之后,首先通过高精度地图 ROI 过滤器过滤 ROI 之外的点云,去除背景对象,如路边建筑物、树木等,其次通过障碍物检测深度学习模型对过滤后的点云数据进行 3D 障碍物的检测和分类,然后对得到的障碍物进行跟踪,最后得到障碍物的形状、位置、类别、速度等信息。

图 2-53　Apollo 激光雷达障碍物感知方法

3. Apollo 感知融合能力

在 Apollo 感知模块里,多传感器融合是一个重要环节,并且也是感知的最后环节。在感知模块里,不同的传感器各有各的优缺点,而 Apollo 感知模块则将各个传感器的优点结合起来,在目标级别上进行融合。图 2-54 表示了摄像头(Camera)、毫米波雷达(Radar)、激光雷达(Lidar)传感器在不同任务和不同条件下的性能。

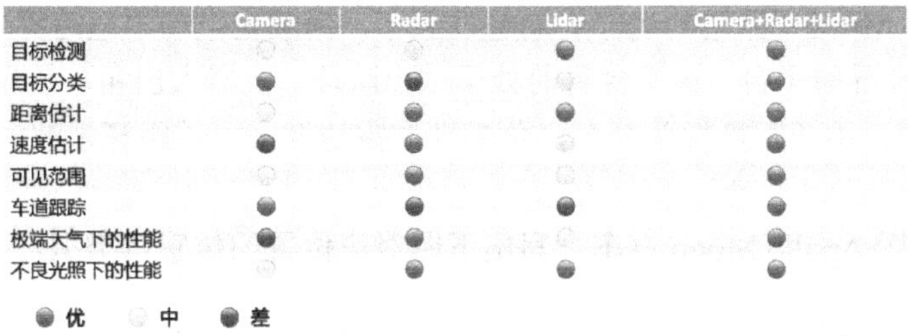

图 2-54　各传感器在不同任务和不同条件下的性能

(1)摄像头:对于分类任务尤其准确。
(2)毫米波雷达:在穿透性、距离估计和极端天气抗干扰性方面具有卓越的性能。
(3)激光雷达:擅长目标检测任务。

有效将 3 种传感器进行融合感知,就能在各种情况下达到优良的性能。Apollo 感知融合模块支持对摄像头、毫米波雷达和激光雷达感知的结果进行目标级融合。通过对各传感器检测算法输出的障碍物分析,结合每个障碍物的传感器来源、位置、形状、速度、类别等信息,以及历史目标跟踪的信息,过滤掉一些检测不准确的障碍物。同时,感知融合模块根据各个传感器的优缺点,调整障碍物的类别、位置、形状、速度等属性,最终融合输出,得到当前帧的结果。

参考文献

[1] 程增木，康杰. 智能网联汽车技术概论[M]. 北京：机械工业出版社，2021.

[2] 王建，徐国艳，陈竞设，等. 自动驾驶技术概论[M]. 北京：清华大学出版社，2019.

[3] 阮观强，张振东. 汽车电器与电子控制技术[M]. 北京：机械工业出版社，2021.

[4] 向滨宏. 基于汽车雷达和摄像头信息融合的目标检测方法研究[D]. 重庆：重庆大学，2017.

[5] 胡铟，杨静宇. 基于单目视觉的路面车辆检测及跟踪方法综述[J]. 公路交通科技，2007(12): 127-131.

[6] 崔胜民. 智能网联汽车技术[M]. 北京：机械工业出版社，2021.

[7] 程增木，康杰. 智能网联汽车技术概论[M]. 北京：机械工业出版社，2021.

[8] 崔胜民，卞合善. 智能网联汽车环境感知技术[M]. 北京：人民邮电出版社，2020.

[9] 李妙然，邹德伟. 智能网联汽车技术概论[M]. 北京：机械工业出版社，2019.

学做练习

方案1：案例练习类

百度和 ARCFOX 品牌合作，在未来三年内生产 1000 辆自动驾驶电动汽车（EV）用作出租车，可实现 L4 自动驾驶，售价 48 万元，仅为 L4 自动驾驶汽车平均成本的三分之一。阿波罗月球（Apollo Moon）计划的运行周期超过五年，搭载全电动中型跨界 SUV Arcfoxα-T，使用 ANP Robotaxi 导航平台，该平台目前处于试点阶段。机器人出租车使用各种传感器、包括环视摄像头 4 个，中长距摄像头 8 个，角毫米波雷达 8 个，长距毫米波雷达 1 个，超声波雷达 12 个。

1. 请分析下图 Apollo Moon 汽车，写出下图对应位置的传感器类型。

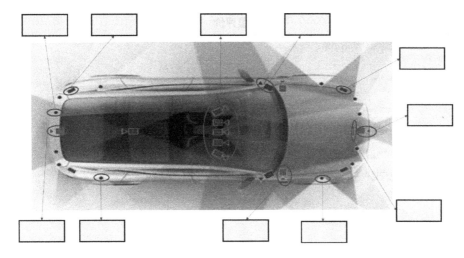

2．基于传感器的布置原则，你如何评价 Apollo Moon 的传感器布置？

方案 2：任务实施类

任务实施

任务步骤	任务要点	实施记录
任务准备	1．更换实训服，摘掉首饰，长发挽起并固定于脑后 2．严禁非专业人员或无教师在场的情况下私自对部件进行操作 3．总成拆装需要至少两人配合完成，不可一人单独作业	是否完成：是□　否□
工具准备	联网计算机，纸笔，特殊工具	是否正常：是□　否□ 特殊工具清单：
检查实训车辆	1．确认实训车辆驻车制动处于锁止状态 2．确认实训车辆点火开关处于 lock 位置，操作另有要求除外 3．检查车辆外观 4．记录车联 VIN	是否正常：是□　否□ 是否正常：是□　否□ 是否正常：是□　否□ VIN：＿＿＿＿＿＿＿＿＿
认知环境感知传感器	在实训车辆上查找环境感知传感器，并将数量、位置、名称做记录。 类型 1：　　　　数量：　　　　位置： 类型 2：　　　　数量：　　　　位置： 类型 3：　　　　数量：　　　　位置： 类型 4：　　　　数量：　　　　位置：	

质量评价

任务总结	对环境感知传感器认知的小结: 工作实施情况反思:				
质量评价	评分项目	知识能力（25 分）	实践能力（25 分）	职业素养（25 分）	工作规范 6S（25 分）	总评
	自我评分					
	小组评分					
	教师评分					
	合计					

 巩固与提高

一、填空

1. 视觉传感器主要由_____、镜头、_____、_____、图像处理器、图像存储器等组成，其主要功能是获取足够的机器视觉系统要处理的原始图像。

2. 车载视觉传感器按照芯片类型主要分为_____和_____两大类。

3. 车载视觉传感器按照镜头数目主要分为_____、双目摄像头，_____和_____。

4. 激光雷达根据有无机械旋转部件，可分为机械式激光雷达和_____激光雷达，或介于二者之间的_____激光雷达。

5. 现阶段毫米波在智能汽车上的应用以_____近距离雷达和_____远距离雷达组合的形式出现。

6. 超声波雷达多用于_____、_____、障碍物预警等系统。

7. 根据传感器信息在不同信息层次上的融合，可以将多传感器信息融合划分为_____、High-level 融合和_____融合。

二、选择

1. 获得点云数据的传感器是（　　）。
   A. 视觉传感器　　　B. 激光雷达　　　C. 毫米波雷达　　　D. 超声波雷达

2. 天气适应性较强的传感器是（　　）。
   A．视觉传感器　　　B．激光雷达　　　C．毫米波雷达　　　D．超声波雷达
3. 可以识别路标标志的传感器是（　　）。
   A．视觉传感器　　　B．激光雷达　　　C．毫米波雷达　　　D．超声波雷达
4. 在基于性能的布置原则中，覆盖范围要求车体 360°均需覆盖，根据重要性，前方的探测距离要长于（　　）m，后附的探测距离稍短（　　）m。
   A．100　100　　　　B．80　80　　　　C．80　100　　　　D．100　80

三、简答题

1. 为什么要进行多传感器融合？
2. 多传感器融合的结构体系包括哪些？
3. 多传感器融合的方案包括哪些？
4. 各传感器在不同任务和不同条件下的性能如何？
5. Apollo 的视觉感知模块主要检测哪些目标？

项目三
智能驾驶定位技术与高精度地图

  导　言

　　人类约 80% 的活动信息与地理位置有关。为此，整合地图、导航、互联网、大数据、云计算、人工智能等在内的地理信息技术正在影响着社会。例如，对智能驾驶来说，能够真正让其落地的门槛就是车道级地图，没有这一地图做基石，智能驾驶只能是"空中楼阁，镜中水月"。

　　车道级地图能够帮助智能驾驶系统准确判断设计的运行区域，决定智能驾驶功能适时实现交接。在相对定位方案失效的情况下，如车道线不规则、车道线短暂覆盖、道路无明显标志物等，车道级定位依然能够根据准确的卫星定位与高精度的地图数据，开展智能驾驶功能决策。此外，通过高精度定位和授时服务，可以获得车与车、车与人、车与路侧单元等各类信息交互的统一时空体系。这意味着，智能驾驶系统将不受视线遮挡、恶劣气候等因素干扰，在紧急制动预警、前向碰撞预警等安全功能中减少误报、漏报，保障车主和行人等交通参与方的安全。

  学习目标

1. 知识目标

（1）了解定位的概念和四大全球卫星定位系统。
（2）了解不同定位的构成、用途和特点。
（3）理解不同定位的工作原理。

2. 技能目标

（1）了解卫星定位的技术特点。
（2）理解定位融合技术。
（3）理解高精度地图的特点。

3. 素质目标

（1）培养学生职业素养。

（2）培养学生独立思考和分析问题的能力。

（3）提高团队协作意识。

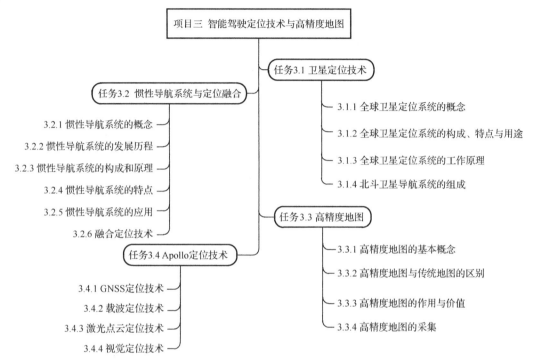

任务 3.1　卫星定位技术

3.1.1　全球卫星定位系统的概念

全球导航卫星系统（GNSS），又称全球卫星定位系统，泛指所有的卫星导航系统，是指以人造地球卫星为发射平台，向地球表面播发经过编码、调制、含有时间及空间信息的导航信号，为用户提供连续、实时的定位、导航与定时等服务，具有覆盖广、全天候和精度高等特点的卫星导航系统。全球卫星定位系统作为空间新兴技术的代表，是国家综合实力的重要体现，具有极其重要的战略意义。

全球卫星定位系统包括美国的全球定位系统（GPS）、俄罗斯的格洛纳斯（GLONASS）卫星导航系统、欧洲的伽利略（GALILEO）卫星导航系统和北斗卫星导航系统（BDS），以及印度、日本和尼日利亚等国建立的卫星导航系统。这些系统一共发射了上百颗卫星，为全球用户提供高质量的定位、导航和授时服务。

1. 美国的全球定位系统（GPS）

全球卫星定位系统中比较成熟的系统是美国的全球定位系统，世界上大部分用户都在使用全球定位系统。全球定位系统是在美国海军卫星导航系统的基础上发展起来的无线电导航定位系统，具有全能性、全球性、全天候、连续性和实时性的导航、定位与定时功能，能为用户提供精密的三维坐标、速度和时间。现由24颗卫星组成，分布在6条交点互隔60°的轨道面上，精度约为10m，军民两用，目前正在试验第二代卫星系统。

2. 俄罗斯的格洛纳斯（GLONASS）卫星导航系统

格洛纳斯卫星导航系统是继全球定位系统后的第二个全球卫星定位系统。从1976年开始，1995年整个系统建成运行，随着苏联解体，格洛纳斯卫星导航系统也无以为继。2001年8月，俄罗斯开始恢复并进行格洛纳斯卫星导航系统的现代化建设工作，与目前全球卫星定位系统的定位精度相当，实现与全球卫星定位系统/伽利略卫星导航系统在L1（1575.42MHz）频点上的兼容和互用。格洛纳斯卫星导航系统现由24颗卫星组成，精度在10m左右，军民两用，2009年年底其服务范围拓展到全球。

3. 欧洲的伽利略（GALILEO）卫星导航系统

伽利略卫星导航系统是由欧盟研制和建立的全球卫星定位系统。该计划于1999年2月由欧洲委员会公布，并和欧洲航天局共同负责。2005年首颗试验卫星成功发射，于2008年开通定位服务。卫星轨道高度为23616km，位于3个倾角为56°的轨道平面内。至2020年，完成了30颗卫星星座的构建，其中27颗工作星、3颗备份星。投入使用后，其与全球卫星定位系统在L1（1575.42MHz）和L5（1176.45MHz）频点上实现兼容与互用。

4. 我国的北斗卫星导航系统

北斗卫星导航系统是我国自主研发、独立运行的全球卫星定位系统，该系统分为三代，即北斗一代、北斗二代和北斗三代。20世纪80年代，我国决定建设北斗系统，2000年"北斗一号"卫星导航系统建成，该系统由2颗地球同步轨道卫星、地面控制部分和用户终端三部分组成。"北斗二号"卫星导航系统又称为北斗区域系统，由5颗地球静止轨道卫星、3颗倾斜地球同步轨道卫星和4颗中地球轨道卫星构成，在2012年年底投入区域服务。"北斗三号"卫星导航系统又称为北斗全球系统，整个系统由24颗中地球轨道卫星、3颗地球同步轨道卫星和3颗倾斜地球同步轨道卫星组成，提供全球定位、导航、授时，以及位置报告、短报文和星基增强服务。2020年，北斗卫星导航系统向全球提供服务，由5颗静止轨道卫星和30颗非静止轨道卫星组成，定位精度为10m。2012年12月27日，北斗卫星导航系统的空间信号接口控制文件正式版正式公布，北斗导航业务正式对亚太地区提供无源定位、导航和授时服务。

3.1.2 全球卫星定位系统的构成、特点与用途

1. 全球卫星定位系统的构成

1）地面控制部分

如图 3-1 所示,全球卫星定位系统的地面控制部分由主控站(负责管理、协调整个地面控制系统的工作)、注入站(在主控站的控制下,向卫星注入导航电文)、监测站(数据自动收集中心)组成。其中,监测站连续接收 GPS 卫星信号,不断积累数据;主控站根据监控站发来的数据进行系统运行管理与控制,编写导航电文;注入站卫星发送导航电文,对卫星进行控制管理。

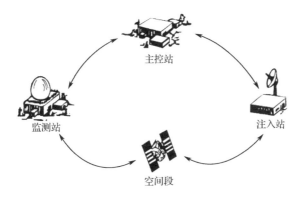

图 3-1 全球卫星定位系统的组成

2）空间部分

由 24 颗卫星组成,分布在 6 个轨道平面上,这些卫星在空中连续发送带有时间和位置信息的无线电信号,供 GPS 接收机接收。全球卫星定位系统的空间部分如图 3-2 所示。

3）用户装置部分

全球卫星定位系统的用户装置部分如图 3-3 所示,主要由 GPS 接收机和卫星天线组成,作用是从卫星收到信号并利用传来的信息计算用户的三维位置及时间。

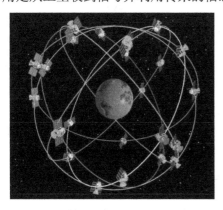

图 3-2 全球卫星定位系统的空间部分

图 3-3 全球卫星定位系统的用户装置部分

2. 全球卫星定位系统的特点

1) 优点

全天候，全球覆盖，三维定速、定时精度高，快速省时，效率高，应用广泛，功能多。

2) 缺点

由于全球卫星定位系统是通过无线电发射信号的，所以其包括了无线电的所有缺点。会受到很多信号的影响，如 GPS 信号会受到墙体等的阻碍与反射，不能直接进行室内定位。

卫星定位系统中有很多误差，如空间卫星产生的卫星时钟误差和星历误差；信号传播产生的电离层传播延时、对流层传播延时、多路径效应误差；接收机产生的接收机噪声；地球自转；系统误差。

3. 全球卫星定位系统的用途

1) 陆地应用

主要包括车辆导航、应急反应、大气物理观测、地球物理资源勘探、工程测量、变形监测、地壳运动监测、市政规划控制等。

2) 海洋应用

主要包括远洋船最佳航程航线测定、船只实时调度与导航、海洋救援、海洋探宝、水文地质测量，以及海洋平台定位、海平面升降监测等。

3) 航空航天应用

主要包括飞机导航、航空遥感姿态控制、低轨卫星定轨、导弹制导、航空救援和载人航天器防护探测等。

3.1.3 全球卫星定位系统的工作原理

以美国的全球定位系统为例，24 颗 GPS 卫星在离地面 12000km 的高空上，以 12h 的周期环绕地球运行，任意时刻，在地面上的任意一点都可以同时观测到 4 颗以上的卫星。

由于卫星的位置精确可知，在 GPS 观测中，我们可得到卫星到接收机的距离。利用三维坐标中的距离公式，利用 3 颗卫星，就可以组成 3 个方程式，解出观测点的位置（X, Y, Z）。考虑到卫星时钟与接收机时钟之间的误差，实际上有 4 个未知数，即 X、Y、Z 和时钟差，因而需要引入第 4 颗卫星，形成 4 个方程式进行求解，从而得到观测点的经度、纬度和高程。

事实上，接收机往往可以锁住 4 颗以上的卫星。这时，接收机可按卫星的星座分布分成若干组，每组 4 颗卫星，然后通过算法挑选出误差最小的一组用作定位，从而提高精度。

由于卫星运行轨道、卫星时钟存在误差，大气对流层、电离层对信号的影响，以及人为的选择可用性（Selective Availability，SA）政策，使得民用 GPS 的定位精度只有 100m。为提高定位精度，普遍采用差分 GPS（DGPS）技术，建立基准站（差分台）进行 GPS 观测，利用已知基准站的精确坐标，与观测值进行比较，从而得出修正值，并对外发布。接收机收到该修正值后，与自身的观测值进行比较，消去大部分误差，得到一个比较准确的位置。实验表明，利用 DGPS 技术，定位精度可提高到 5m。全球卫星定位系统的工作原理如图 3-4 所示。

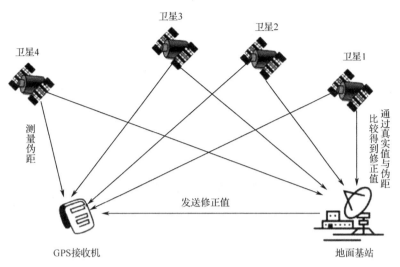

图 3-4　全球卫星定位系统的工作原理

3.1.4　北斗卫星导航系统的组成

北斗卫星导航系统（BDS）是我国自行研制的全球卫星定位系统。北斗卫星导航系统（简称北斗系统）的服务区为我国及周边国家，已广泛应用于船舶运输、公路运输、铁路运输、海上作业、渔业生产、水文预报、森林防火、环境监测等行业，以及军事、公安、海关等有特殊指挥调度要求的单位。北斗卫星导航系统的覆盖范围为东经 70°～140°、北纬 5°～55°，在地球赤道面上配备了两颗地球同步卫星，赤道角约为 60°。

与其他全球卫星定位系统相比，北斗系统有以下特点：第一，系统空间段采用三种轨道卫星组成的混合星座，其高轨卫星更多，抗遮挡能力强，尤其低纬度地区的性能特点更为明显；第二，北斗系统提供多个频点的导航信号，能够通过多频信号组合使用的方式提高服务精度；第三，北斗系统创新融合了导航与通信能力，具有实时导航、快速定位、精确授时、位置报告和短报文通信服务五大功能，如北斗系统的用户终端最多每小时可容纳 54 万用户，具有双向的消息通信功能，用户可一次发送 40～60 个汉字的短消息信息，具有精确的定时功能，可以为用户提供 20～100ns 的时间同步精度。

北斗系统由空间段、地面段和用户段 3 部分组成，具体构成如下。

1）空间段

北斗系统的空间段由 35 颗卫星组成。其中，地球静止轨道卫星 5 颗、中地轨道卫星 27 颗、倾斜同步轨道卫星 3 颗。5 颗地球静止轨道卫星的固定位置为东经 58.75°、80°、110.5°、140°和 160°；中地轨道卫星运行在 3 个轨道平面上，轨道平面均匀分布（120°）。

2）地面段

北斗系统的地面段由主控站、注入站和监测站组成。其中，主控站用于系统运行管理和控制，接收来自监测站的数据，并对其进行处理，生成卫星导航信息和差分完整性信息，然后将信息传送到注入站；注入站用于向卫星发送信号、控制和管理卫星，在接收到主控站调度后，向卫星发送卫星导航信息和差分完整性信息；监测站用于接收卫星信号并将其发送到主控站进行卫星监测，以确定卫星轨道，并为时间同步提供观测。

3）用户段

用户段包括北斗用户终端和与其他卫星导航系统兼容的终端。接收器需要捕捉和跟踪卫星的信号，并根据数据以一定的方式进行定位计算，最终获得用户的纬度、经度、海拔、速度、时间等信息。北斗系统可以为世界用户提供全天候、高精度、高可靠性的定位、导航和定时服务，具有短消息通信能力。

任务 3.2　惯性导航系统与定位融合

3.2.1　惯性导航系统的概念

惯性导航系统（Inertial Navigation System，INS）是一种利用惯性敏感器件、基准方向及最初的位置信息来确定运载体在惯性空间中的位置、方向与速度的自主式导航系统，也简称为惯导，其工作环境不仅包括空中、地面，还可以在水下。

3.2.2　惯性导航系统的发展历程

第一代惯性导航技术指 1930 年以前的惯性技术，其奠定了整个惯性导航发展的基础。牛顿三大定律成为惯性导航的理论基础。

第二代惯性导航技术开始于 20 世纪 40 年代火箭发展的初期，其研究内容从惯性仪表技术发展扩大到惯性导航系统的应用。

20 世纪 70 年代初期，第三代惯性导航技术发展阶段出现了一些新型陀螺、加速度计和相应的惯性导航系统，其研究目标是进一步提高惯性导航系统的性能，并通过多种技术途径推广和应用惯性技术。

当前，惯性导航技术正处于第四代发展阶段，其目标是实现高精度、高可靠性、低成本、小型化、数字化、应用领域更加广泛的导航系统。例如，随着量子传感技术的迅速发展，在惯性导航技术中，利用原子的核磁共振特性构造的微小型核磁共振陀螺惯性测量装置具有高精度、小体积、纯固态、对加速度不敏感等优势，成为新一代陀螺仪的研究热点方向之一。

3.2.3　惯性导航系统的构成和原理

1. 惯性导航系统的构成

惯性导航系统是利用惯性测量单元（Inertial Measurement Unit，IMU）的角度和加速度信息计算载体相对位置的一种导航系统。惯性测量单元利用陀螺仪或加速度传感器等惯性传感器的参考方向和初始位置信息来确定载体的位置，如图3-5所示。惯性导航技术涉及力学、控制理论、计算机技术、测试技术、精密机械技术等，是一门综合性很强的应用技术。

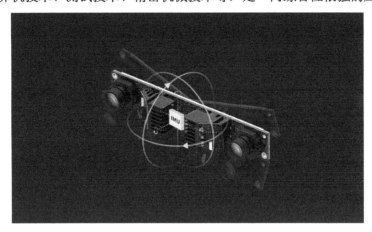

图3-5 惯性测量单元

典型的六轴惯性测量单元由6个传感器组成，这些传感器排列在3个正交轴上，每根轴上都有一个加速度传感器和一个陀螺仪。其中，加速度传感器可以测量载体的瞬时加速度信息，从而计算获得载体的瞬时速度和位置；陀螺仪可以测量瞬时角速率或角位置信息，提供各轴（及其上的加速度计）在各时刻的方向。

基于上述过程，空间载体的瞬时运动参数（包括直线运动和角运动参数）可以由惯性测量单元测量得到。惯性导航系统可以利用这些测量值计算载体的空间位置和速度，并且通过惯性测量单元提供的三轴角速度数据，估计车辆的姿态，如侧倾、俯仰和航向等。

1）陀螺仪

如图3-6所示，陀螺仪是用高速回转体的动量矩敏感壳体相对惯性空间绕正交于自转轴的一个或二个轴的角运动检测装置，其主要部分是一个对旋转轴以极高角速度旋转的转子，转子装在一个支架内。利用其他原理制成的角运动检测装置起同样功能的也称陀螺仪，陀螺仪被广泛用于航空和航海领域。

2）加速度传感器

如图3-7所示，加速度传感器是用来将加速度这一物理信号转变成便于测量的电信号的仪器，一般可分为压电式加速度传感器、压阻式加速度传感器、电容式加速度传感器和伺服式加速度传感器。

工业现场的测振传感器主要是压电式加速度传感器，其工作原理是：利用压电敏感元器件的压电效应得到与振动或者压力成正比的电荷量或者电压量。例如，工业现场中的IEPE型压电式加速度传感器及内置的IC电路压电式加速度传感器，它们输出与振动量成正比的电压信号。差容式力平衡加速度传感器将被测的加速度（物理信号）转换为电容器电容量的变化，实现这种功能的方法有变间隙、变面积、变介电常量。差容式力平衡加速度传感器利用的是变间隙的方法并且利用差动式的结构，结构简单，动态响应好，能实现无接触式测量，灵敏度好，分辨率强，能测量0.01μm甚至更微小的位移。但由于本身的电容量一般很小，仅几皮法至几百皮法，其容抗可高达几兆欧姆至几百兆欧姆，所以对绝缘电阻的要求较高，并且寄生电容（引线电容以及仪器中各元器件与极板间的电容等）不可忽视。近年来，由于广泛应用集成电路，使电子线路紧靠传感器的极板、寄生电容、非线性等缺点不断得到克服。

图3-6　陀螺仪

图3-7　加速度传感器

2．惯性导航的原理

惯性导航技术的基本工作原理是：以牛顿力学定律为基础，通过测量载体在惯性参考系中的加速度，将加速度对时间进行积分，且将得到的速度和位置变换到导航坐标系中，这样就能够得到导航坐标系中的速度、偏航角和位置等信息。

惯性导航系统是一种不依托于外在参考系的自主式导航系统，其使用陀螺仪测量物体的角速度，一方面通过四元数角度计算形成自主的导航坐标系，另一方面通过计算得到物体的航向和姿态角。在自主形成的导航坐标系中，加速度传感器首先测量物体的加速度，然后通过对加速度的一次积分和二次积分得到物体在该坐标系中的速度与位置。

在实际应用中，由GPS或其他外界系统给出物体当前准确的初始位置及速度，惯性导航系统可以实时从陀螺仪和加速度传感器中计算出物体的速度和位置，从而不断更新物体的当前位置和速度。在给定初始位置和速度的情况下，惯性导航系统的优势在于不依靠外部参照就可以实现自主导航。惯性导航系统具体的计算过程包括计算惯性速率和计算惯性位置两个过程。惯性导航系统首先通过陀螺仪和加速度传感器记录系统当前的角速度和线加速度，其次以初始速度作为初始条件对惯性加速度进行积分从而得到系统的惯性速率，最后惯性导航系统以初始位置作为初始条件对惯性速率进行积分得到惯性位置。

与其他常见的导航系统（天文导航、卫星导航、无线电导航等）相比，惯性导航系统是唯一一个具有自主导航能力的系统，其特性在于既不需要向外界辐射信号，也不需要连续接收外部信号。该特性使得惯性导航系统不仅隐蔽性好，而且在复杂的电磁环境和外界干扰下仍能正常工作，精确定位。

3.2.4　惯性导航系统的特点

1．惯性导航系统的主要优点

（1）完全依靠运动载体自主完成导航任务，不依赖任何外部输入信息，也不向外输出信息,具备极高的抗干扰性和隐蔽性。

(2)不受气象条件限制,可全天候、全天时、全地理工作;不需要特定的时间或者地理因素,随时随地都可以运行。

(3)提供的参数多,如全球定位系统只能给出位置、方向和速度信息,但是惯性导航系统同时还能提供姿态和航向信息。

(4)导航信息的更新速率快,短期精度和稳定性好。目前,常见的全球定位系统的更新速率为每秒1次,但是惯性导航系统可以达到每秒几百次甚至更快的更新速率。

2. 惯性导航系统的主要缺点

(1)导航误差随时间发散,由于导航信息是经过积分运算生成的,所以定位误差会随着时间的推移而增大,长期积累会导致精度差。

(2)每次使用之前需较长的初始对准时间。惯性导航系统需要初始对准,并且对准复杂,对准时间较长。

(3)不能给出时间信息。

(4)精准的惯性导航系统价格昂贵,通常在几十到几百万之间。

3.2.5 惯性导航系统的应用

惯性导航产业最早起步于军用,随着电子技术的发展和商业价值的挖掘,惯性导航技术的应用扩展到车辆导航、轨道交通、隧道、消防定位、室内定位等民用领域,甚至在无人机、智能驾驶、便携式定位终端(如智能手机、儿童/老人定位追踪器等)中也被广泛应用。图 3-8 为惯性导航技术在无人机上的应用。

图 3-8 惯性导航技术在无人机上的应用

惯性导航系统为运动载体提供位置、速度、姿态(航向角、俯仰角、横滚角)等信息,不同应用领域对惯性元器件的性能和惯性导航精度的要求各不相同。

从精度方面来看,航空航天、轨道交通领域对即时定位精度要求高,且要求连续工作时间长;从系统寿命来看,卫星、空间站等航天器对精度的要求最高,因其发射升空后不可更换或维修;对于涉及军事应用等的领域,对可靠性要求较高;对于民用领域,如车辆导航、室内定位、无人机、智能驾驶等应用,对惯性导航系统的性价比要求高。

总体来说，由于惯性导航系统的误差累积性和对初始校准的前提要求，一般不能单独使用惯性导航系统，只能将其作为其他主定位导航技术（如 GNSS 定位、UWB 定位、WLAN 定位、地磁定位等）的辅助，如车辆在 GPS 导航过程中，在失去 GPS 信号的情况下能够利用自带的加速度传感器和陀螺仪进行惯性导航。因此，需要结合具体的行业应用需求，有针对性地对惯性导航系统中的主要元器件和导航算法进行选择。

3.2.6 融合定位技术

智能驾驶技术的核心内容包括 4 个模块：定位模块、感知模块、决策模块、执行模块。其中，定位模块作为所有模块的基础，是十分重要的。而惯性导航技术在智能驾驶技术的定位模块中具有十分重要的作用，它的主要目的是确定车辆所处的绝对位置。在智能驾驶技术中，高精度地图、全球卫星定位系统和惯性导航系统是相互配合、相辅相成的，它们共同确定车辆的绝对位置。全球卫星定位系统依赖卫星信号可以提供全局的定位信息，惯性导航系统不依赖外界信息提供相对的局部信息。将全球卫星定位系统和惯性导航系统的联合信息与本地的高精度地图进行比对，即可得到当前车辆在该高精度地图中的绝对位置，从而为后续的感知模块、决策模块和执行模块提供数据基础。

由于惯性导航系统的数据更新速率快，导航信息延时低，系统稳定，不易受到干扰，所以其可以向智能驾驶系统中的数据中心不断提供准确的车辆信息及速度信息，从而对数据进行更好的宏观调控。惯性导航技术在智能驾驶系统中主要有 3 个关键作用，具体如下。

1. 辅助全球卫星定位系统进行高精度定位

惯性导航系统利用安装在载体上的惯性元器件敏感载体的运动，输出载体的姿态和位置信息，具有很强的自主性、保密性和灵活性。机动性强，具备多功能参数输出，但导航精度随时变化，不能长时间单独工作，必须连续校准。全球卫星定位系统由于需要接收足够数量卫星发送的数据才能够实现定位，受各种物理、电磁信号等的遮挡影响比较大。从全球卫星定位系统和惯性导航系统的优缺点来看，两者具有很强的互补性。在短时间内，惯性导航系统的误差比全球卫星定位系统的误差小；但长时间使用时，必须通过全球卫星定位系统离散的测量值进行修正，通过抓取系统漂移量，达到快速估计状态参数与收敛的目的。

在复杂的城市环境中，由于受地面高层建筑物的遮挡，卫星发出的信号无法覆盖全部地方。在一些全球卫星定位系统信号丢失或者很弱的情况（如隧道、高架桥、地下车库等）下，惯性导航系统可以及时启用，不依赖外界信息，暂时充当车辆的"眼睛"，使用自身携带的运动传感器和运动方程解算出真实的位置与速度信息，弥补全球卫星定位系统信号丢失造成的影响。在实际应用中，将全球卫星定位系统和惯性导航系统联合进行高精度定位，使智能驾驶可以适应复杂的外在环境。"GNSS+INS"方案是一种最常用的组合方案。全球定位系统虽然可以提供精准的绝对定位信息，但在局部区域，当卫星信号丢失或者微弱时会导致定位信息延迟，造成车辆失控；惯性导航系统虽然可以不依托外在信息，无惧极端环境提供稳定的位置和速度信息，但长期系统具有累计误差。将全球定位系统和惯性导航系统提供的定位信息进行融合形成组合惯导系统，可以发挥两种导航系统的优势，提高车辆导航系统的健壮性。

2. 配合激光雷达进行定位

组合惯导系统为激光雷达的位置和脉冲发射的姿态提供高精度信息，帮助建立激光雷达云点的三维坐标系。在实际应用中，智能驾驶系统首先通过全球卫星定位系统得到车辆的初始位置，通过惯性导航系统和车辆的编码器得到车辆的初始位置。其次，对激光雷达实时扫描单次的点云数据（包括其几何信息和语义信息）进行特征提取，并结合车辆的初始位置进行空间变化，获取基于全局坐标系下的矢量，使激光雷达的点云信息更加丰富，进而获得更加准确的定位信息。

3. 辅助主动巡航控制系统（ACC）预测路径

惯性导航系统与主动巡航控制系统联合预测路径并将该路径连接到障碍物的检测上，实现主动的车距控制。特别地，惯性导航装置还能在坡道上做到对车辆的姿态控制，该装置让低重力传感器利用向下的重力方向来确定倾斜度，使正在上坡的车辆不会向后滑动，进一步提高智能驾驶车辆爬坡的稳定性。

综上所述，在智能驾驶系统中，惯性导航系统是定位模块进行信息融合的核心。惯性导航系统不仅可以提供高频词的测量信息，而且可以将各类传感器（如激光雷达、视觉传感器等）的信息进行有效融合，不断为后续的决策模块和执行模块提供精准可靠的车辆位置、速度与姿态信息。以百度阿波罗的多传感器融合定位架构为例，惯性导航系统处于定位模块的中心位置，模块将惯性导航系统、全球卫星定位系统、Lidar 等的定位信息进行融合，通过惯性导航系统计算修正后输出 6 个自由度的位置信息。

任务 3.3　高精度地图

3.3.1　高精度地图的基本概念

高精度地图，通俗来讲，就是精度更高、数据维度更多的电子地图。其中，精度更高体现在精确到厘米级别；数据维度更多体现在其包括了除道路信息外的与交通相关的周围静态信息。

高精度地图将大量的行车辅助信息存储为结构化的数据，这些信息可以分为两类：第一类是道路数据，如车道线的位置、类型、宽度、坡度和曲率等车道信息；第二类是车道周边的固定对象信息，如交通标志、交通信号灯等信息，车道限高、下水道口、障碍物及其他道路细节，还包括高架物体、防护栏、数目、道路边缘类型、路边地标等基础设施信息。高精度地图的对象模型元素如图 3-9 所示。

以上这些信息都有地理编码，导航系统可以准确定位地形、物体和道路轮廓，从而引导车辆行驶。其中，最重要的是对路网精确的三维表征（厘米级精度），如路面的几何结构、道路标示线的位置、周边道路环境的点云模型等。有了这些高精度的三维表征，智能驾驶系统可以通过比对车载的 GPS、IMU、Lidar 或摄像头的数据精确确认自己当前的位置。另外，高精度地图中包含有丰富的语义信息，如交通信号灯的位置和类型、道路标示线的类型，以及哪些路面可以行驶等。

图 3-9　高精度地图的对象模型元素

3.3.2　高精度地图与传统地图的区别

高精度地图,从字面意义上理解,很容易被误解为其是相对于普通导航电子地图精度更高的一种地图。但实际上,两者有完全不同层面的意义。

(1)精度:一般电子地图的精度在米级别,而高精度地图的精度在厘米级别(Google、Here 等高精度地图的精度为 10~20cm 级别)。

(2)数据维度:传统的电子地图数据只记录道路级别的数据,如道路形状、坡度、曲率、铺设、方向等,而高精度地图不仅增加了与车道属性相关的数据(车道线类型、车道宽度等),更有诸如高架物体、防护栏、树、道路边缘类型、路边地标等大量目标数据。高精度地图能够明确区分车道线的类型和路边地标等细节。

(3)作用和功能:传统地图起的是辅助驾驶的导航功能,本质上与传统经验化的纸质地图是类似的,而高精度地图通过"高精度、高动态、多维度"数据起的是为智能驾驶系统提供自变量和目标函数的功能。高精度地图相比传统地图有更高的重要性。

(4)使用对象:普通的导航电子地图是面向驾驶员的,提供的是供驾驶员使用的地图数据,而高精度地图是面向机器的,提供的是供智能驾驶汽车使用的地图数据。

(5)数据的实时性:高精度地图对数据的实时性要求更高。根据博世在 2007 年提出的定义,无人驾驶时代所需的局部动态地图(Local Dynamic Map)根据更新频率划分,可将所有数据划分为四类,即永久静态数据(更新频率约为 1 个月)、半永久静态数据(频率为 1 小时)、半动态数据(频率为1分钟)、动态数据(频率为1秒)。传统的导航地图可能只需要前两者,而高精度地图为了应对各类突发状况,保证智能驾驶的安全实现需要更多的半动态数据和动态数据,这大大提升了对数据实时性的要求。

无论是动态化,还是精度和丰富度,最终目的都是保证智能驾驶的安全与高效率。动态化保证了智能驾驶能够及时应对突发状况，选择最优的路径行驶；高精度确保了机器自动行驶的可行性，保证了智能驾驶的顺利实现。高丰富度与机器的更多逻辑规则相结合，进一步提升了智能驾驶的安全性。高精度地图与传统地图的信息对比如图3-10所示。

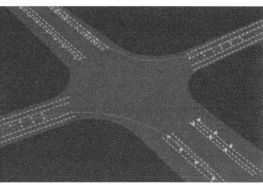

图3-10　高精度地图与传统地图的信息对比

3.3.3　高精度地图的作用与价值

1. 高精度地图的作用

（1）地图匹配：由于存在各种定位误差，电子地图坐标上的移动车辆与周围的物体并不能保持正确的位置关系。利用高精度地图匹配则可以将车辆的位置精准地定位在车道上，从而提高车辆的定位精度。高精度地图在地图匹配上更多地依靠其先验信息。传统地图的匹配依赖于GPS的定位，定位的准确性取决于GPS的精度、信号强弱，以及定位传感器的误差。高精度地图相对于传统地图有着更多维度的数据，如道路形状、坡度、曲率、航向、横坡角等。通过更高维数的数据，结合高效率的匹配算法，高精度地图能够实现更高尺度的定位与匹配。

（2）辅助环境感知：对传感器无法探测的部分进行补充，进行实时状况的监测及外部信息的反馈。传感器作为无人驾驶的眼睛，有其局限性，如易受恶劣天气的影响，此时可以使用高精度地图来获取当前位置精准的交通状况。

（3）路径规划：对于提前规划好的最优路径，由于实时更新的交通信息，最优路径也会随时发生变化。此时高精度地图在云计算的辅助下，能有效地为无人车提供最新的路况，帮助无人车重新制定最优路径。高精度地图的规划能力下沉到了道路和车道级别。传统导航地图的路径规划功能往往基于最短路径算法，结合路况为驾驶员给出最快捷/短的路径。但高精度地图的路径规划是为机器服务的。机器无法完成联想、解读等步骤，给出的路径规划必须是机器能够理解的。在这种意义上，传统的特征地图难以胜任，相对来说，高精度的矢量地图才能够完成这一点。矢量地图是在特征地图的基础之上进一步抽象、处理和标注，抽出路网信息、道路属性信息、道路几何信息，以及标识物等抽象信息的地图。它的容量小于特征地图，并能够通过路网信息完成点到点的精准路径规划，这是高精度地图使能的一大路径。

2. 高精度地图的价值

1）高精度地图是智能驾驶的"千里眼"

摄像头、激光雷达、视觉传感器所监测到的范围是有限的。摄像头根据不同的俯角看到的距离为 60~150m，激光雷达所看到的范围为 40~80m，而安装了高精度地图的智能驾驶汽车，相当于具备了一双"千里眼"，不但可帮助智能驾驶汽车提前知晓位置信息，还能精确规划行驶路线。

2）高精度地图是智能驾驶的"透视镜"

雨天，开车上北五环，车上安装的任何一个传感器，包括最好的摄像头其实都很难准确地将北五环的每一条车道线看清楚。这个时候高精度地图就起到了一个"透视镜"的作用。在高精度地图上，摄像头看不清的地方，或者雷达检测不到的地方，高精度地图能及时反馈数据，起到一个"透视镜"的作用。

3）高精度地图是智能驾驶的"安全员"

高精度地图可以精确自动识别交通标志、地面标志、车道线、信号灯等上百种目标，以及道路坡度和曲率等准确的数据信息。车辆可依照高精度地图已知的道路信息，提前做出准确判断和决策，且不受阴雨等天气影响，减少车祸的发生，为实现智能驾驶保驾护航。

3.3.4 高精度地图的采集

1. 高精度地图的采集原理

高精度地图有着与传统地图不同的采集原理和数据存储结构。传统地图多依靠拓扑结构和传统数据库存储，将各类现实中的元素作为地图中的对象堆砌于地图上，而将道路存储为路径。在高精度地图时代，为了提升存储效率和机器的可读性，地图在存储时被分为了矢量和对象层。

高精度地图的数据采集包括实地采集、处理和后续更新 3 部分。

（1）实地采集：高精度地图制作的第一步，往往通过采集车的实地采集完成。采集的核心设备为激光雷达，通过激光的反射形成环境点云从而完成对环境各对象的识别。

（2）处理：包括人工处理、深度学习的感知算法（图像识别）等，获取的信息如图 3-11 所示。一般来说，采集的设备越精密，采集的数据越完整，需要算法去降低的不确定性就越低。而采集的数据越不完整，越需要算法弥补数据的缺陷，当然也会有更大的误差。

（3）后续更新：主要针对道路的修改和突发路况。这一方面有较多的处理方式，如众包、与政府的实时路况处理部门合作等。图 3-12 描述了一种基于智能网联交通系统的地图更新模式。

项目三 智能驾驶定位技术与高精度地图

图 3-11 高精度地图综合数据内容的采集

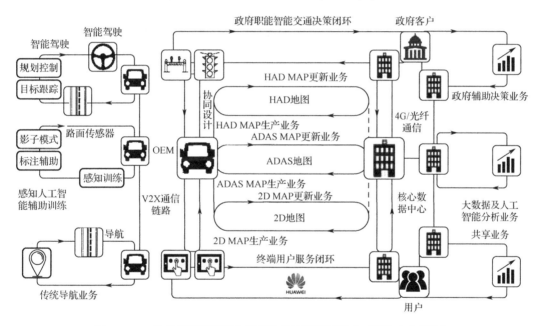

图 3-12 一种基于智能网联交通系统的地图更新模式（图片来自华为）

2．高精度地图的采集设备

高精地图采集数据时所需要的设备包括以下几种。

（1）激光雷达：激光雷达首先向目标物体发出一束激光，然后根据接收-反射的时间间隔确定目标物体的实际距离。根据距离及激光发射的角度，通过简单的几何变换计算出物体的位置信息。汽车周围环境的结构化存储通过环境点云实现。激光雷达通过测量光脉冲的飞行时间来判断距离，在测量过程中，激光雷达需要产生汽车周围的环境点云，这一过程通过采样完成。一种典型的采样方式是短时间内在单个发射器和接收器上发射较多的激光脉冲，如在 1s 内发射万级到十万级的激光脉冲。脉冲发射后，接触到需要被测量的物体并反射回接收器上。每次反射和接收都可以获得一个点的具体地理坐标。当发射和反射这一行为进行的足够多时，便可以形成环境点云，从而将汽车周围的环境量化。

（2）摄像头：通过车载摄像头，可以捕捉到路面机器周围交通环境的静态信息，通过对图片中关键交通标志、路面周围关键信息的提取完成对地图的初步绘制。车载摄像头是高精度地图信息采集的关键设备，其主要通过图像识别和处理原理进行。

（3）惯性测量单元：用于测量物体三轴姿态角（或角速率）及加速度的装置。一般情况下，一个惯性测量单元包含 3 个单轴的加速度传感器和 3 个单轴的陀螺仪。加速度传感器检测物体在载体坐标系中独立三轴的加速度信号，而陀螺仪检测载体相对导航坐标系的角速度信号，测量物体在三维空间中的角速度和加速度，并以此计算出物体的姿态。

（4）全球定位系统：全球定位系统接收机的任务是确定 4 颗或者更多卫星的位置，并计算出接收机与每颗卫星之间的距离，然后利用这些信息使用三维空间的三边测量法计算出自己的位置。要使用距离信息进行定位，接收机还必须知道卫星的确切位置。全球定位系统接收机存储有星历，其作用是高速接收每颗卫星在各个时刻的位置。在大城市中，由于高大建筑物的阻拦，全球定位系统的多路径发射问题比较明显，这样得到的全球定位系统定位信息容易产生几十厘米到几米的误差，因此仅依靠全球定位系统并不能实现精准定位。

（5）轮测距器：通过轮测距器可以推算无人车的位置。在汽车的前轮处通常安装了轮测距器，其会分别记录左轮与右轮的总转数。通过分析每个时间段左右轮的转数，我们可以推算出车辆向前行驶的距离，以及向左、向右转了多少度。

（6）高精度地图采集车：高精度地图采集车的装备较为复杂，包括以上提到的多种传感器进行道路和静态交通环境数据的采集。百度的高精度地图采集车如图 3-13 所示，其传感器配置情况如下。

图 3-13 百度的高精度地图采集车

① 最顶部的 32 线激光雷达、3 个 360°的全景摄像头、1 个前置的工业摄像头、1 个包

含惯性测量单元【测量物体三轴姿态角（或角速率）和加速度的装置】和 GPS 装置的组合式导航系统，以及 1 个 GPS 天线。

② 从具体分工来看，激光雷达负责采集点云数据，摄像头负责采集图片，天线负责接收卫星定位信号，导航系统负责采集 GPS 轨迹。

3. 高精度地图的采集过程

高精度地图的采集过程包括采集，自动融合、识别，人工验证、发布等环节。

（1）采集：高精度地图采集员驾驶采集车以 60～80km/h 的速度行驶，每天至少采集 150km 的高精度地图数据。在车内的副驾驶位置，放有负责控制采集设备的计算机系统，用于让采集员实时监控采集情况。在采集过程中，采集员不仅要不断确认采集设备是否工作正常，而且需要根据天气和环境情况选择不同的摄像头参数。

（2）自动融合、识别：这一环节将不同传感器采集到的数据进行融合，即将 GPS、点云、图像等数据叠加在一起，进行道路标线、路沿、路牌、交通标志等道路元素的识别。对于在同一条道路上下行双向采集带来的重复数据，也会在这一环节进行自动整合与删除。

（3）人工验证、发布：这一环节由人工完成。自动化处理的数据还不能达到百分百的准确，需要人工进行最后一步的确认和完善。目前，百度每位员工每天修正的数据量为 30～50km。对于修正后的数据，需要上传到云端，最终形成的高精度地图也通过云平台进行分发。

任务 3.4　Apollo 定位技术

百度 Apollo 智能驾驶平台的硬件配置如图 3-14 所示，包括感知、决策、控制三大模块。

图 3-14　百度 Apollo 自动驾驶平台硬件配置

以上所有的传感器大部分都可以用作定位使用。其中，激光雷达可以结合高精度地图实现特征匹配定位；摄像头可以结合高精度地图进行特征匹配从而实现定位；通过 GPS 实现定位；通过惯性测量单元实现定位；通过"GPS+IMU"组合实现定位；通过"GPS+IMU+Lidar+Radar"组合也可以实现定位。百度 Apollo 智能驾驶平台采用的定位模式是以 IMU+实时动态（Real Time Kinematil，RTK）GPS 为主、其他定位方法为辅的定位模式。

智能驾驶中，在不同的传感器配置下，都需要做到定位的准确性。下面介绍在百度无人车系统中使用的定位技术，即 GNSS 定位技术、载波定位技术、激光点云定位技术和视觉定位技术。

3.4.1　GNSS 定位技术

GNSS 定位技术的原理是测距，3 颗卫星可以交会两点，舍弃外部的空间点就可以得到自己测绘的点。但是一般情况下，由于时钟差，一般需要 4 颗卫星去做误差剔除。GNSS 定位其实是单点定位，没有用到基站，它的精度一般是 5~10m。为了能够得到更精准的定位精度，因此引入了一些更好的方式，如载波定位技术。

GNSS 定位技术在无人车中的作用如下：GPS 授时、制作高精度地图实时动态在线定位（作为定位的一个模块使用）。

GNSS 的问题是：很容易受到电磁环境的干扰；对于比较差的环境，如城市的高楼、峡谷、林荫路，对 GNSS 的影响都很大。

3.4.2　载波定位技术

载波定位技术具体分为两类，即实时动态定位技术和精密单点定位（Precise Point Positioning，PPP）技术。它们都是为了确定载波的整周数，消除噪声，达到更精准的定位。

（1）RTK 定位技术的工作原理：卫星将观测数据发送给基站和车端的移动站。基站根据多个卫星的时钟差计算出误差项，然后将误差项传递给车端，车端用这个误差项消除观测误差，得到精准的位置。RTK 定位技术的问题是硬件成本高，需要建基站、4G 或 5G 的通信链路，以及需要基站传输数据。

（2）PPP 技术的工作原理：可以简单理解为一个很强的单点，它有很多种基础基站的建设，这些基站通过卫星数据计算出误差项，并在基站中将这些误差项做分离处理，之后再传递给卫星。由于卫星已经做了误差的消除，所以再去对车端进行定位，此时就可以得到一个非常高精度的定位信息。

RTK 定位技术和 PPP 技术的主要区别如下表 3-1 所示。

表 3-1　RTK 定位技术和 PPP 技术的主要区别

	量级/m	RTK 定位技术	PPP 技术
卫星轨道误差	2.1	站间单差	IGS 精密轨道
卫星钟差	2.1	站间单差	IGS 精密钟差
电离层	4.0	站间单差	双频消除或模型校正
对流层	0.7	站间单差	模型校正+设参估计
多径	—	—	—

3.4.3 激光点云定位技术

百度的激光点云定位系统如图 3-15 所示。

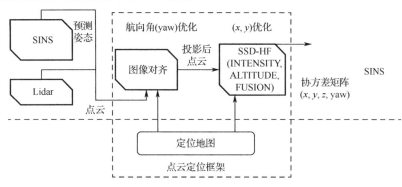

图 3-15 百度的激光点云定位系统

百度的激光点云定位系统包括两个模块：图像对齐和 SSD-HF。其中，图像对齐模块主要用于航向角的优化。点云定位里面会输出 4 个维度的信息，即 x、y、z 和 yaw（航向角）。首先做航向角的优化，然后 SSD-HF 做 (x, y) 优化，z 则由定位地图提供。定位地图是数据的一种存储方式。激光点云定位系统的输入还包括预测姿态和实时点云数据，输出信息将会通过融合进行更加精确的定位。

3.4.4 视觉定位技术

视觉定位的输出也是 x、y、z 和 yaw，即位置和朝向信息。视觉定位通过摄像头识别图像中具有语义信息的稳定特征并与地图做匹配，从而得到位置和朝向信息。视觉定位的流程如图 3-16 所示。

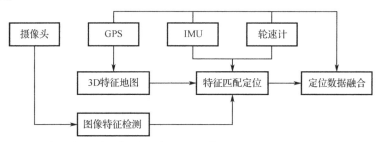

- 基于视觉的全局定位算法基础离线生成3D特征地图
- 图像特征检测及特征匹配定位是定位算法的核心，IMU和轮速计信息在这个环节用于估计车辆的运动
- 定位数据融合可以将摄像头、GPS、IMU、轮速计等数据整合优化

图 3-16 视觉定位的流程

视觉定位的流程主要包含 3 个部分：一是 3D 特征地图的离线生成；二是图像特征的检测；三是数据的整合输出。首先，摄像头进行图像特征的检测，主要进行车道线和杆状物的检测。其次，通过 GPS 给出的初始位置，基于初始位置对 3D 地图和摄像头检测到的信息进

行特征匹配，用 IMU 和轮速计去做姿态的预测，给出一个不错的姿势。最后，将结果输出给融合模块，融合模块将 GPS、摄像头和 IMU 数据整合，优化定位结果并高频输出。

Apollo 使用基于 IMU、GPS、激光雷达和高精度地图的多传感器融合定位系统。这种融合方法利用了不同传感器的互补优势，提高了系统的稳定性和准确性。这些传感器同时支持 GNSS 定位和 Lidar 定位。其中，GNSS 定位输出位置和速度信息，Lidar 定位输出位置和行进方向信息。

参考文献

[1] 李妙然，邹德伟. 智能网联汽车技术概论[M]. 北京：机械工业出版社，2019.

[2] 甄先通，黄坚，王亮，等. 自动驾驶汽车环境感知[M]. 北京：清华大学出版社，2020.

[3] 荀悦宬，邓志坚，黄成梁，等. 基于无人驾驶的点云数据处理与校园高精度地图应用[J]. 数字技术与应用，2021, 39(12): 29-32.DOI:10.19695/j.cnki.cn12-1369.2021.12.10.

[4] 沈晨，王敬平，马冬冬，等. 高精度地图在智能导航中的研究及应用[J].电子技术与软件工程，2021(17): 177-178.

[5] 张建. 浅析卫星定位车载终端使用中的问题[J]. 工业计量，2021, 31(06):75-77.DOI:10.13228/j.boyuan.issn1002-1183.2021.0138.

[6] 火元亨. 基于惯性导航和 UWB 定位的室内无人车导航技术研究[D]. 哈尔滨：哈尔滨工业大学，2021. DOI:10.27061/d.cnki.ghgdu.2021.002369.

方案：任务实施类

任务实施

任务步骤	任务要点	实施记录
任务准备	1. 更换实训服，摘掉首饰，长发挽起并固定于脑后 2. 严禁非专业人员或无教师在场的情况下私自对部件进行操作 3. 总成拆装需要至少两人配合完成，不可一人单独作业	是否完成：是□ 否□
工具准备	联网计算机，纸笔，特殊工具	是否正常：是□ 否□ 特殊工具清单：
检查实训车辆	1. 确认实训车辆驻车制动处于锁止状态 2. 确认实训车辆点火开关处于 lock 位置，操作另有要求除外 3. 检查车辆外观 4. 记录车联 VIN	是否正常：是□ 否□ 是否正常：是□ 否□ 是否正常：是□ 否□ VIN：

续表

任务步骤	任务要点	实施记录
智能车定位模块识别	在实训车辆上查找用于智能车定位的模块,并将数量、位置、名称做记录。 类型1:　　　　　数量:　　　　　位置: 类型2:　　　　　数量:　　　　　位置:	

质量评价

	评分项目	知识能力(25分)	实践能力(25分)	职业素养(25分)	工作规范6S(25分)	总评
任务总结	对定位模块认知的小结: 工作实施情况反思:					
质量评价	自我评分					
	小组评分					
	教师评分					
	合计					

一、填空

1. 智能网联汽车的定位技术主要包括_____、_____和_____。
2. 四大全球卫星导航系统指的是_____、_____、_____和_____。
3. 惯性导航系统（INS）是利用_____和_____来计算载体的相对位置的一种导航系统。
4. 高精度地图，通俗来讲，就是精度更高、数据维度更多的电子地图。其中，精度更高体现在精确到_____，数据维度更多体现在其包括了除道路信息外的与交通相关的周围静态信息。

二、选择

1. 哪种定位技术会受到电波、高楼、墙体等的阻碍（　　）。
   A．卫星定位　　B．惯性导航　　C．高精度地图　　D．融合定位
2. 完全依靠运动载体自主完成导航任务，不依赖任何外部输入信息，也不向外输出信息的定位系统是（　　）。
   A．卫星定位　　B．惯性导航　　C．高精度地图　　D．融合定位
3. 不但可帮助自动驾驶汽车提前知晓位置信息，还能精确规划行驶路线的是（　　）。
   A．卫星定位　　B．惯性导航　　C．高精度地图　　D．融合定位

三、简答题

1. 高精度地图和普通地图有什么区别？
2. 高精度地图在智能网联汽车领域具有什么作用？
3. 全球的卫星定位系统有哪些？
4. 惯性导航系统的工作原理是什么？
5. 卫星定位的测量原理是什么？

项目四
智能驾驶底盘线控技术

 导 言

线控技术（By-Wire）最初应用于飞机中。在飞机操作控制装置中，线控技术是一种将飞行员操纵指令转变为电信号输送至控制器，由控制器控制飞行的控制技术。现在，将线控技术与汽车电子相结合，也就是常说的车辆线控技术（X-By-Wire）广泛应用于无人驾驶车辆和先进驾驶辅助系统（Advanced Driver Assistance System，ADAS），如 Steer-By-Wire、Brake-By-Wire、Shift-By-Wire 等。

1. 知识目标

（1）了解汽车线控技术的含义和分类。
（2）理解汽车线控技术的结构。
（3）掌握汽车线控技术的工作原理及用途。

2. 技能目标

（1）了解汽车线控技术的技术特点。
（2）理解汽车线控技术与传统技术的区别。
（3）掌握汽车线控技术的应用场景。

3. 素质目标

（1）培养学生职业素养。
（2）培养学生独立思考和分析问题的能力。
（3）提高团队协作意识。

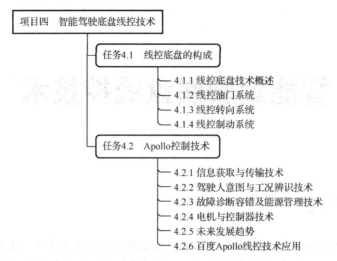

任务 4.1 线控底盘的构成

4.1.1 线控底盘技术概述

1. 基本定义

车辆线控技术是一种用电子信号代替由机械、液压或气动系统等形式的连接，如换挡连杆、油门拉线、转向器传动机构等，不需要依赖驾驶员施加的力或力矩输入的控制技术。线控底盘系统是应用车辆线控技术的汽车底盘系统。

2. 线控底盘的分类

线控底盘系统主要有五大系统，分别为线控油门系统、线控转向系统、线控制动系统、线控换挡系统、线控悬挂系统，如图 4-1 所示。其中，线控油门系统、线控转向系统、线控制动系统在自动驾驶领域尤其重要。

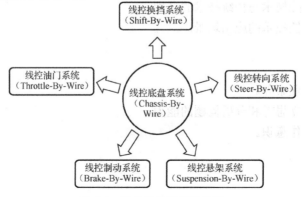

图 4-1 线控底盘系统的分类

4.1.2 线控油门系统

1. 线控油门的概念

线控油门（Throttle-By-Wire，TBW），即以电信号的形式控制车辆节气门的一种电子控制技术。

线控油门通过用导线代替拉索或者拉杆，由加速踏板上的位置传感器将电信号输入电子控制单元（Electronic Control Unit，ECU），从而进行发动机的运行控制。如图4-2所示，线控油门系统主要由加速踏板位置传感器、ECU、CAN数据总线、伺服电机和节气门等构成。其中位置传感器安装在加速踏板内部，随时监测加速踏板的位置。当监测到加速踏板的高度有变化时，会瞬间将此信息发送给ECU，ECU对该信息和其他ECU传来的数据信息（如车速、扭矩、节气门开度、发动机转速等）进行运算处理，计算出一个控制信号，传送到伺服电机，由伺服电机驱动节气门的执行机构。CAN数据总线则是负责系统ECU与其他ECU之间的通信。

图4-2 线控油门系统的组成

2. 线控油门的特点

（1）精确控制节气门开度：线控油门系统的最大优点是可以实现发动机全范围的最佳扭矩输出。首先由ECU对各种工况信息和传感器信号做出判断并处理，其次计算出最佳的节气门开度，最后由驱动电机控制节气门达到相应的油门开启角度。

（2）改善发动机的排放性能：发动机的电控系统在各种情况下对空燃比进行精确控制，使燃烧更加充分，同时也降低了废气的产生。

（3）可获得海拔高度补偿：在海拔较高的地区，大气压下降，空气稀薄，氧气含量下降，导致发动机输出动力下降。此时，线控油门系统可按照大气压强和海拔高度的函数关系对节气门开度进行补偿，保证发动机的输出动力与加速踏板位置的关系保持稳定。

4.1.3 线控转向系统

1. 线控转向系统的概念

线控转向（Steer-By-Wire，SBW），即使以电信号的形式控制车辆转向的一种电子控制技术。驾驶者通过转向盘上的转向角传感器和力矩传感器，将转角信号和力矩信号输入控制器ECU，控制器ECU对信号进行分析处理后，将控制信号传递至转向电机，从而控制转向电机转向所需的扭矩，带动前车轮转向，实现驾驶者的转向意图。同时，转向轮上的传感器将车轮转向角、转向加速度反馈给 ECU，由 ECU 向转向盘力矩电机发送信号，产生转向盘回正力矩，以提供驾驶者相应的传感信息。如图 4-3 所示，线控转向系统取消了转向盘和转向车轮之间的机械连接部件，彻底摆脱了机械固件的限制，完全由电能来实现转向。

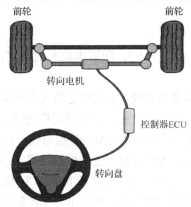

图 4-3　线控转向系统示意图

线控转向系统是在电动助力转向系统（Electric Power Steering，EPS）的基础上发展而来的。线控转向系统相对于电动助力转向系统具有冗余功能，并能获得比电动助力转向系统更快的响应速度。对于 L3 级及以上的自动驾驶汽车来说，自动驾驶控制系统对于转向系统要求控制精确、可靠性高，只有线控转向技术可以满足要求，线控转向系统逐渐成为汽车转向系统未来的发展趋势。

2．电动助力转向系统的结构及原理

如图 4-4 所示，电动助力转向系统主要由 ECU、转向力矩传感器、助力电机和减速机构等组成。其工作原理是驾驶员在转动转向盘时，转向力矩传感器检测到转向盘的转向和力矩大小，将相应的电压信号送到 ECU，由 ECU 分析计算后向助力电机发出指令，使助力电机输出相应大小和方向的转向力矩，从而产生助力。电动助力转向有两种实现方式：一种是对转向柱施加助力，即将助力电机经减速增扭后直接连接在转向柱上，电机输出的辅助力矩直接施加在转向柱上，相当于电机直接帮助驾驶员转动转向盘；另一种是对转向拉杆施加助力，即将助力电机安装在转向拉杆上，直接用助力电机推动拉杆使车轮转向。后者结构更为紧凑，便于布置，目前使用比较广泛。

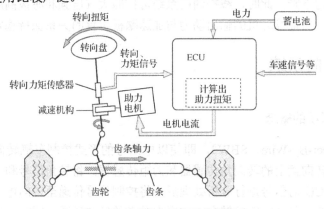

图 4-4　电动助力转向系统的组成

3. 线控转向系统的结构及原理

如图 4-5 所示，线控转向系统主要由以下三部分组成。

（1）转向盘系统：包括转向盘、力矩传感器、转向角传感器、回正力矩电机和机械传动装置。转向盘系统通过传感器测量转向盘的力矩和转角，将驾驶员的转向意图转换成电信号传递给主控制器 ECU，同时主控制器 ECU 向转向盘回正力矩电机发送控制信号，产生转向盘回正力矩，以提供给驾驶员相应的路感信息。

（2）电子控制系统：主要包括控制器 ECU 和其他传感器，包括车速传感器，也可以增加横摆角速度传感器、加速度传感器等，用以提高车辆操纵的稳定性。控制器 ECU 是线控转向系统的核心，它决定了线控转向的控制效果。控制器 ECU 对采集的信号进行分析处理，判别汽车的运动状态，并输出相应的控制指令。

（3）转向系统：包括车轮转角传感器、转向电机及其控制器、转向组件等。转向系统的作用是实现和执行驾驶员的转向意图。

线控转向系统的工作原理是：当转向盘转动时，转向盘的转向角传感器和力矩传感器分别将测量到的转角与力矩信息转变成电信号，传送给控制器 ECU。同时，控制器 ECU 接收其他相应传感器采集到的车辆状态信号，如车速、纵向加速度、横摆角速度等。综合上述信号，控制器 ECU 对转向盘的转角和力矩信号进行处理和计算，并向转向电机控制器发送控制指令，由转向电机带动转向组件实现合理的转向。另一方面，控制器 ECU 接收车轮转角传感器所采集到的车轮信息，结合车辆的状态信息，向回正力矩电机发送相应的力矩指令。回正力矩电机模拟出路面反馈的信息，从而向驾驶员提供实时的路感。

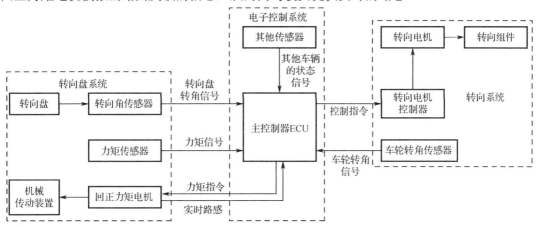

图 4-5 线控转向系统的组成及其工作原理

4. 线控转向系统与电动助力转向系统的区别

线控转向系统取消了转向盘与车轮之间的机械连接，用传感器获得转向盘的转角信息，并输入给 ECU，经过 ECU 处理计算后将驱动数据输出给驱动电机，由驱动电机推动转向组件转动车轮。而电动助力转向系统则根据驾驶员的转角来增加转向力。线控转向系统的优势主要有以下几点。

（1）去掉了转向系功能模块间的机械连接，不仅节省了空间，还降低了车辆的噪声和振动。

(2) 消除了碰撞事故中转向柱后移引起伤害驾驶员的安全隐患。

(3) 可以独立设计转向盘的转角和转向力矩，实现不同主观驾驶感受的转向感，提高驾驶性能。

4.1.4 线控制动系统

1. 线控制动系统的概念

线控制动（Brake-By-Wire，BBW），即以电信号的形式控制车辆制动的一种电子控制技术。线控制动是底盘线控技术中难度最高的技术，也是最关键的技术。驾驶员进行制动操作时，制动踏板模块监测驾驶者的制动意图，并将这一信息传递给控制器 ECU，控制器 ECU 结合轮速传感器、转向角传感器等各种信息，根据车辆的行驶状态计算出每个车轮的最大制动力，向制动执行机构发送控制指令，对各个车轮实施制动。同时，控制器 ECU 也与其他控制器保持通信，从而保证最佳的减速制动和车辆的行驶稳定。线控制动系统掌握着智能驾驶中底盘的安全性和稳定控制，只有拥有足够好的制动性能，才能为我们的安全提供良好保障。

如图 4-6 所示，线控制动系统主要由制动踏板模块、车轮、制动执行机构、传感器和控制器 ECU 等组成。

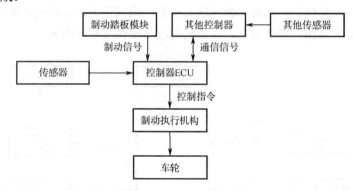

图 4-6 线控制动系统的组成及其工作原理

2. 传统制动系统

与节气门、转向技术的发展过程相似，制动技术也经历了机械制动、压力制动、电子制动的发展过程。

1）机械制动系统

机械制动系统的动能量完全由驾驶员来提供，驾驶员操纵一组简单的机械装置向制动执行机构施加作用力，从而达到动的效果。

缺点：制动力不足。由于机构制动阶段的汽车还处于初级阶段，它们结构简单、质量小、速度慢，因此对制动力要求不高。而现在在普通汽车上已经完全找不到机械制动系统的身影了，仅有一些低速的农用车、拖拉机还在使用机械制动系统。

2）压力制动系统

压力制动系统的结构如图4-7所示，其主要分为气压制动系统和液压制动系统。

随着汽车质量越来越大，车速越来越快，开始了出现了压力助力装置。首先产生的是气压制动系统，即真空助力装置，利用压缩空气作为动力，将发动机带动空压机所产生的压缩空气的压力转变为机械推力，使车轮转动。

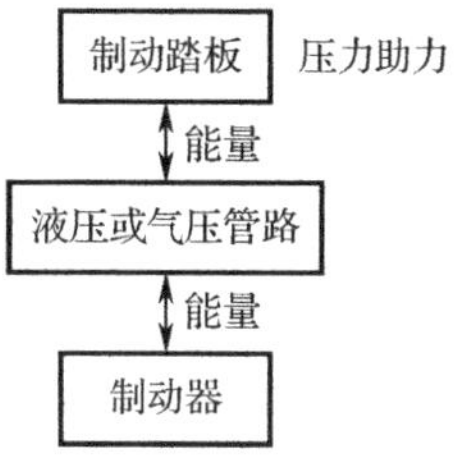

气压制动系统的缺点如下。

图4-7 压力制动系统的结构

缺点：气压制动系统的制动力大且难以控制，由于其靠压缩空气助力，必须有空压机、贮气筒、制动阀等体积大的装置，只有空间允许的车辆才能采用，多用于中重汽车。

随着液压技术的发展，液压制动系统得以实现。液压制动，即将驾驶员施压于制动踏板的力经过推杆传送到主缸活塞从而压缩制动液，制动液经过油管加大制动轮的压力，轮缸活塞在压力作用下驱使制动片压向制动鼓，在摩擦片的作用下使制动减小转速或停止转动，从而产生制动力。

液压制动系统的缺点和优点如下。

缺点：液压制动系统操纵费力，且制动力没有气压制动系统的大。过度受热后，部分制动液会在管路中形成气泡，严重影响液压传输，使制动系统的效能降低，甚至完全失效。

优点：作用滞后时间较短，轮缸尺寸小，可以安装在制动器内部，直接作为制动蹄的张开机构或制动块的压紧机构，不需要制动臂等传动件，结构简单、质量小；机械效率较高，且有自润滑作用。

3. 电子液压制动系统

由于防抱死制动系统（Anti-lock Braking System，ABS）、车身稳定控制（Vehicle Stability Control，VSC）系统等逐步产生，线控制动系统慢慢在传统的制动系统上发展起来。电子液压制动（Electro-Hydraulic Brake，EHB）系统，以传统的液压制动系统为基础，用电子器件替代了一部分机械部件的功能，使用制动液作为动力传递媒介，控制单元及执行机构布置的比较集中，有液压备份系统，也可以称为集中式、湿式制动系统。如图4-8所示，EHB系统正常工作时，制动踏板与制动器之间的液压连接断开，备用阀处于关闭状态。制动踏板上集成有位置传感器，EHB ECU通过采集制动踏板上的位置传感器信号判断驾驶员的制动意图，并通过电机驱动液压泵进行制动。电子系统发生故障时，备用阀打开，EHB系统变成传统的液压系统。

EHB系统的缺点和优点如下所示。

缺点：液压系统结构复杂；容易发生液体泄漏，存在安全隐患；成本和维护费用较高。

优点：由于具有备用制动系统，安全性较高，是现阶段的首选方案。

4. 电子机械制动系统

电子机械制动（Electro-Mechanical Brake，EMB）系统，即机械式线控制动是一种不需要制动液和液压部件的制动系统，其制动力矩完全通过安装在4个轮胎上的由电机驱动的执行机构产生。EMB ECU 根据制动踏板上的位置传感器信号及车速等车辆状态信号，驱动和控制执行机构电机来产生所需要的制动力，如图 4-9 所示。

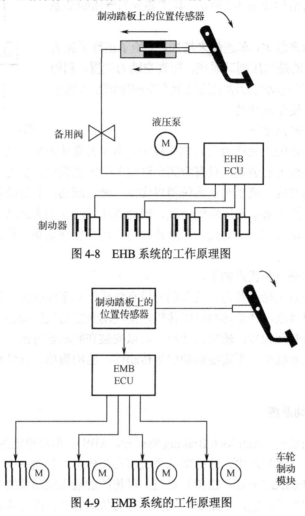

图 4-8　EHB 系统的工作原理图

图 4-9　EMB 系统的工作原理图

5. 线控制动系统的特点

现阶段，混合动力汽车基本都采用以高压蓄能器为核心的 EHB 系统，电动车也是一样。从目前整个市场来看，线控制动技术尚处于研究阶段，渗透率还比较低，仅有少量车型配备（新能源汽车的配置率相对较高）。随着新能源汽车、L3 级及以上自动驾驶车辆的逐步渗透，线控制动技术有望得到进一步发展。

如图 4-10 所示为一个典型的线控制动系统。

1）线控制动系统的优点

（1）响应速度快：执行机构和制动踏板间无机械或液压连接，缩短了制动器的作用时间，有效减小了制动距离，大大提高了系统的响应速度。

（2）便于维护：不需要制动助力器，节省了空间，增强了布局的灵活性，便于装配及维护。

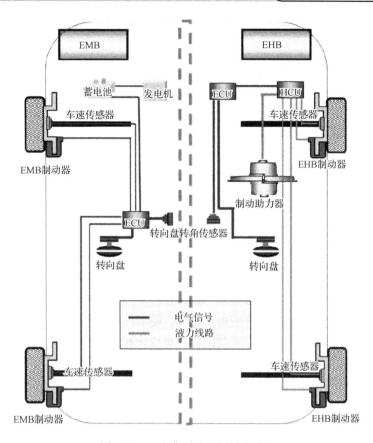

图 4-10 一个典型的线控制动系统

（3）节能环保：不需要制动液，可以减轻系统的质量并且较为环保。在 ABS 模式下无回弹振动，可以消除噪声。

2）线控制动系统的缺点

（1）对可靠性要求很高，需要备份系统保证可靠性。

（2）电机功率限制动力不足。

（3）工作环境恶劣，制动踏板附近的半导体部品无法承受高温。

以上线控制动系统的缺点阻碍了 EMB 系统在短期内的量产。目前，虽然 EMB 系统还处在研究阶段，但 EMB 系统仍是未来的发展方向。

从已经较成熟的线控油门，到市场渗透率仍然较低的线控转向，再到还处于研究阶段的线控制动，我们已经有所了解。总之，线控底盘技术正在不断发展。其中，安全性对于汽车尤其是 L3 级以上的自动驾驶车辆，是最基础也是最核心的要素。曾经的纯机械式控制虽然效率低，但可靠性高；线控技术虽然适用于自动驾驶，但同时也面临电子软件故障所带来的隐患。只有实现功能上的双重甚至多重冗余，才能保证在出现故障时仍可实现基本功能。

任务 4.2　Apollo 控制技术

汽车的线控技术以导线的柔性连接代替了原来的机械、液压连接，具有结构简单、安全、节能、环保等优势。但同时也带来了一些挑战，如可靠性、成本等制约了线控技术的进一步发展。

百度 Apollo 底盘线控系统的关键技术主要包括信息获取与传输、驾驶人意图与工况辨识、故障诊断容错及能源管理等相关技术。

4.2.1 信息获取与传输技术

信息获取与传输技术主要包括传感器技术、总线技术，其作用是实现控制器准确获取汽车的状态和路面环境信息并保证信息传输具有实时性和可靠性。

1. 传感器技术

线控系统要做出正确的决策，必须要有准确的信息作为保障，汽车的车速、发动机的转速、进气压力、节气门位置、变速器的挡位等信息都是由传感器获得的，传感器的精度和可靠性直接影响整个线控系统的控制效果。因此，设计研发精度高、可靠性好、成本低、体积小的传感器对汽车线控系统的发展有着重大意义。随着汽车传感器在汽车电子控制领域的广泛应用，汽车传感器正沿着微型化、多功能化、集成化和智能化的方向发展。

智能传感器是通过工艺技术手段将传感器与微处理器两者紧密结合，将传感器的敏感元器件及其信号调理电路与微处理器集成在一块芯片上的新型处理器，它不仅能够实现传统传感器的功能，还能够充分利用微处理器的计算和存储能力。不但可以对传感器的测量数据进行计算、存储、处理，还可以通过反馈回路对传感器进行调节，大大提高了传感器的精度。由于微处理器充分发挥了各种软件的功能，完成了硬件难以完成的任务，从而大大降低了传感器制造的难度，提高了传感器的性能，降低了成本。

2. 总线技术

总线技术对信息的传输起着决定性作用。线控技术的全面应用意味着汽车由机械系统到电子系统的转变。线控技术要求用于线控的网络数据传输速度很快、时间特性很好、可靠性高。汽车网络技术从 20 世纪 80 年代提出以来，迄今为止，已形成了多种网络标准。目前存在的多种汽车网络标准，其侧重的功能有所不同。20 世纪 90 年代中期，美国汽车工程师协会（SAE）按照汽车上网络系统的性能由低到高将其划分为 A 级、B 级、C 级网络，D 级及以上没有定义，详见表 4-1。

表 4-1　汽车上网络系统的分级

类　别	对　　象	速率/kbps	应用范围	总线代表
A	面向传感器执行器的低速网络	1～10	电动门窗、座椅调节、灯光照明等	TTP/A LIN
B	面向独立模块数据共享的中速网络	10～125	故障诊断、仪表显示、安全气囊等	CAN
C	面向高速、实时闭环控制的多路传输网	125～1000	悬架控制、发动机控制、ABS 等	CAN TTP/C FlexRay

传统的 CAN 总线无法为线控系统提供所需要的容错功能和带宽：一方面，线控系统的实时性和可靠性要求都很高，必须采用时间触发的通信协议；另一方面，线控系统要求通信协议具有容错功能，这就意味着即使系统的不同部分出现了故障，系统仍然可以按设计继续运行。

TTP/C（Time Triggered Protocol，Class C）和 FlexRay 协议都包含容错的同步时钟，并且用总线监控器保护通信信道不受错误节点的影响，是纯线控系统通信协议的优选。其中，TTP/C 是一个基于时间触发的、集成的、有容错功能的通信协议，其以 TDMA 为媒体访问方式，Class C 代表符合汽车工程师协会（SAE）的 C 类标准。

TTA（Time Triggered Architecture）经过众多科研机构和公司的合作研究，现已比较完善，逐渐从航空领域向汽车、工业控制等制造成本要求比较低的领域渗透，大众、德尔福、标致、雪铁龙等公司都采用该标准。

TTP/C 网络是由一系列连接到两个冗余通道上的节点构成的，这两个通道被称为通道 0 和通道 1，每一个通道都包含一条 TTP 总线。一个 TTP/C 网络和与它相关的节点也称作簇（Cluster）。一个典型的 TTP/C 网络架构如图 4-11 所示，主要由主机、通信网络接口（Communication Network Interface，CNI）、TTP/C 协议控制器和总线监控器（Bus Guardian，BG）构成。

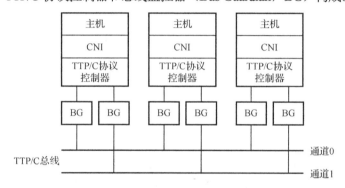

图 4-11 一个典型的 TTP/C 网络架构图

2000 年 9 月，宝马和戴姆勒克莱斯勒联合飞利浦和摩托罗拉成立了 FlexRay 联盟。该联盟致力于推广 FlexRay 在全球的采用，使其成为高级动力总成、底盘、线控系统的标准协议。FlexRay 的通信原理如图 4-12 所示，其主要由电源供给系统（Power Supply）、主控制器（Host）、固化 FlexRay 的通信控制器（Communication Controller）、可选的总线监控器和总线驱动器（Bus Driver）组成。其中，主控制器提供和产生数据，并通过 FlexRay 通信控制器传送出去。FlexRay 既支持时间触发访问方式，也支持事件触发访问方式，具有比 TTP/C 更好的灵活性。

FlexRay 提供了传统车内通信协议不具备的大量特性，包括：

（1）高传输速率：FlexRay 中的每个信道具有 10Mbps 的带宽。由于它不仅可以像 CAN 和 LIN 网络这样的单信道系统一般运行，而且还可以作为一个双信道系统运行，因此可以达到 20Mbps 的最大传输速率，是当前 CAN 最高运行速率的 20 倍。

（2）同步时基：FlexRay 中使用的访问方法是基于同步时基的。该时基通过协议自动建立和同步，并提供给应用。时基的精确度介于 0.5μs 和 10μs 之间（通常为 1～2μs）。

（3）确定性：通信是在不断循环的周期中进行的，特定消息在通信周期中拥有固定位置，因此接收器已经提前知道了消息到达的时间。到达时间的临时偏差幅度会非常小，并能得到保证。

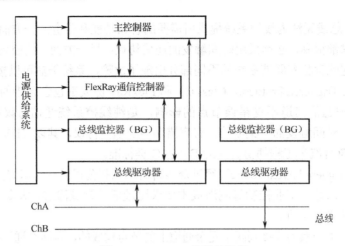

图 4-12　FlexRay 的通信原理

（4）高容错：强大的错误检测性能和容错功能是 FlexRay 设计时考虑的重要方面。FlexRay 使用循环冗余校验（Cyclic Redundancy Cheek，CRC）来检验通信中的差错。FlexRay 通过双通道通信，能够提供冗余功能，并且使用星状拓扑可完全解决容错问题。

（5）灵活性：在 FlexRay 的开发过程中，关注的主要问题是灵活性，主要包括支持多种方式的网络拓扑结构；消息长度可配置；使用双通道拓扑时，既可用于增加带宽，也可用于传输冗余的消息；周期内静态、动态消息传输部分的时间都可随具体应用而定。

4.2.2　驾驶人意图与工况辨识技术

对于线控汽车的控制，系统需要准确辨识驾驶员的驾驶意图，并结合驾驶环境工况做出相应的动作。这些参数一部分是通过传感器测得的，如车速、发动机的转速、转向盘的转角等。但是很多参数是传感器无法直接测得的，如路面的附着系数、制动时轮胎的滑移率、前后轮的侧偏角，以及车轮纵/侧的垂向力等。即使传感器可以测得有些参数，但这些参数也会受到传感器精度的影响，如存在标定误差和温度漂移误差的影响，这些参数往往需要经过处理才能使用。针对汽车的行驶状态和参数，主要采用算法和模型来评估与预测，包括采用线性观测器、鲁棒观测器、滑模观测器和龙贝格观测器，以及卡尔曼滤波算法等。由于模型往往采用的是比较固定的参数，因此与实时变化的实际情况存在着一定的差距。

4.2.3　故障诊断容错及能源管理技术

汽车的线控系统具有传统机械或液压系统所不具备的技术优势，但它是一种复杂的高级电子系统，目前还没有达到机械或液压部件同等可靠的程度，并且故障失效模式也与传统系统不一样。如何在新的故障模式下进行有效的故障诊断，并保证在某些电子部件或软件失效的情况下，系统具有容错功能，能保证系统的转向、制动等基本功能，是实现线控底盘的全面应用所必须解决的问题。

线控系统要能够及时检测到系统故障，确定故障源，并做出相应的容错控制动作。容错控制的含义是：当有一些部件出现故障或者失效的时候，它们在系统中的功能可以用系统中的其他部分来代替，使系统能继续保持规定的性能，或者不丧失基本的功能，进一步实现故障系统的性能最优。如图 4-13 所示为故障诊断容错技术的原理图。

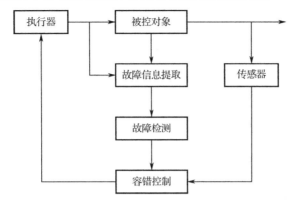

图 4-13　故障诊断容错技术的原理图

容错控制的设计方法主要有硬件冗余方法和软件冗余方法两种。其中，硬件冗余方法就是通过对重要部件或者容易发生故障的部件提供备份；软件冗余方法主要通过设计控制器的软件来提高整个系统的冗余度。

在线控系统中，相对于控制器 ECU 来说，传感器和执行器更加容易发生故障，所以很多传感器和执行器之间都存在冗余备份。不过，虽然 ECU 的可靠度比较高，但 ECU 一旦出现故障，后果会很严重。因为传感器和执行器故障后，系统还可能保持部分工作，而一旦 ECU 出现故障，系统就会处于完全瘫痪的状态，失去所有功能。

但是，硬件冗余存在成本高的问题，这也是线控技术目前发展的一大瓶颈。考虑到成本问题，更多地利用软件冗余方法来提高容错性是一个重要的发展方向。

4.2.4　电机与控制器技术

随着汽车上线控系统数量的增多，传感器、控制器和执行器也随之增多，这就需要汽车有强大的电力保证。传统的小型汽车电源采用 12V 的电源系统，仅能提供 3kW 的功率，随着线控系统数量的增多，系统各执行器需要的功率也越来越大，因此传统的汽车电源难以保证用电需求，需要采用更高电压的汽车电源。

目前，48V 的供电系统是未来发展的趋势，它既能满足电源需要，又不会对人体安全造成威胁。与传统 12V 的供电系统相比，传输同样的功率，48V 的供电系统只需要使用 12V 的供电系统时电流的 1/3，极大地降低了负载的电流和能量的损耗。另外，48V 的供电系统可以将功率提升到 8kW，极大地提高了带负载的能力。汽车更换为 48V 的电源系统，不只是更换电源和线束那么简单，汽车的结构、电器之间的功率匹配，以及因电压升高引起的开关处的电弧现象都是需要解决的问题。

4.2.5　未来发展趋势

随着汽车电子技术的快速发展，汽车的发展趋势是更加的智能化，提升可靠性和安全性，降低成本等。汽车底盘系统的线控化将从部分子系统的线控化逐渐演进到全局线控化，多系统多控制器将逐渐被域控制器取代。

1．线控系统的智能化

各线控子系统及汽车的其他电控单元高度集成，实现控制一体化。例如，线控转向系统和线控悬架系统的有机结合，实现汽车的运动协调统一控制向综合控制方向发展，综合发挥两者的优点，不仅可以实现自动驾驶，还可以更好地改善汽车的安全性、舒适性和稳定性。

2．提高线控技术的可靠性和安全性

目前，交通法规仍然要求转向系统和制动系统必须有机械连接，不允许使用纯线控的转向系统或制动系统，因此尽快提高线控系统的可靠性和安全性是当务之急。只有实现高度的安全，才能获得政府部门对纯线控系统的认可，才能实现线控技术在车辆上的全面应用。

3．降低成本

线控系统中所必需的传感器、高功率的电机、高性能的电源，以及硬件冗余等，都大大增加了成本。随着技术的进步、电子设备成本的下降，以及其他的技术手段，如非硬件冗余的容错控制技术等，线控系统的成本会逐渐下降。只有成本下降了，线控系统才能在量产车上大范围应用。实现低成本和高可靠性后，结合目前的电动化和智能化发展趋势，线控技术的应用范围将越来越广，对自动驾驶的发展也会起到有效的推动作用。

4.2.6 百度 Apollo 线控技术应用

1．线控转向系统

百度的 Apollo 自动驾驶汽车的线控转向系统具有转向控制、转向反馈、人工接管和越界处理等功能。转向控制的信号有使能信号、目标转向盘转角信号和目标转向盘转速信号三种。其中，使能信号用于人工驾驶和自动驾驶的切换；目标转向盘转角信号和目标转向盘转速信号的作用是在自动驾驶模式下控制汽车的转向角度和速度。转向角度的设定范围因车而异，角度误差控制在 0.6°以内，超调时间小于 200ms，转角速度的设定范围为 0～500deg/s。转向反馈是把汽车实际的转向盘转角转速和当前的驾驶模式反馈到决策中心。人工接管的作用是当驾驶员施加在转向盘上的扭矩超过门限值（如 3N·m）且达到一定时间后，转向控制切换到人工驾驶模式，退出线控转向自动驾驶模式后，转向使能上升沿触发，再次进入线控转向自动驾驶。越界处理的作用是越界拒绝执行，并退出自动驾驶模式。

2．线控驱动系统

在汽车的线控驱动方面，百度的 Apollo 自动驾驶汽车具有驱动控制、驱动反馈、人工接管和越界处理等功能。驱动控制的信号有使能信号、加速踏板目标位置信号、纵向目标加速度信号和目标驱动扭矩信号，通过获取总线上的这些目标控制数据进行汽车驱动的控制。同时，驱动反馈将汽车的加速踏板位置、发动机转速、汽车车速、轮速、加速度等信息反馈给决策中心。

3. 线控制动系统和线控挡位系统

线控制动的功能有制动控制、制动反馈、人工接管和越界处理等，制动控制信号除使能信号外，还有制动踏板目标位置信号、纵向目标制动减速度和制动灯控制信号。通过这些信号控制汽车的制动。制动反馈同样也是反馈当前的驾驶模式、制动踏板位置、制动灯状态等信息，以供决策中心处理。

线控挡位是一种不需要任何机械结构，仅通过电控实现传动的机构。相比传统换挡机构，线控换挡没有了拉线的束缚，整个系统变得更轻、更小、更智能。百度的 Apollo 线控挡位功能包括挡位控制和挡位反馈。其中，挡位控制控制汽车切换到要求的挡位，其控制信号主要有挡位使能信号、目标挡位信号，反馈信号有当前挡位信号等。其中，目标挡位信号指示将要切换的挡位 P、R、D、N。挡位反馈将汽车的挡位信息反馈给决策中心。

参考文献

[1] 王建锋，李平. 基于多信息融合的车辆状态参数估计[J]. 计算机仿真，2013, 30(11): 131-136.

[2] 郭洪艳，陈虹，赵海艳，等. 汽车行驶状态参数估计研究进展与展望[J]. 控制理论与应用，2013, 30(6): 661-672.

[3] 段伯轩, 基于 TTP/C 协议线控刹车系统仿真的设计与实现[D]. 长春: 吉林大学, 2004.

[4] 程增木，康杰. 智能网联汽车技术概论[M]. 北京：机械工业出版社，2021.

[5] 王建，徐国艳，陈竞凯，等. 自动驾驶技术概论[M]. 北京：清华大学出版社，2019.

[6] 崔胜民. 智能网联汽车新技术[M]. 北京：化学工业出版社，2016.

[7] 阮观强，张振东. 汽车电器与电子控制技术[M]. 北京：机械工业出版社，2021.

[8] 田野. 工信部发布 2020 年智能网联汽车标准化工作要点[J]. 智能网联汽车，2020(3): 6-7.

[9] 左斌. 汽车电子机械制动（EMB）控制系统关键技术的分析研究[D]. 杭州：浙江大学，2014.

[10] 饶剑，黄妙华，刘飞. 汽车线控技术的应用及关键技术[J]. 汽车电器，2005(9): 1-4.

[11] 谢刚，孟广耀.电动助力转向系统的完整性鲁棒容错控制策略研究[J].机械科学与技术，2011, 30(3): 429-434.

方案：任务实施类

任务实施

任务步骤	任务要点	实施记录
任务准备	1. 更换实训服，摘掉首饰，长发挽起并固定于脑后 2. 严禁非专业人员或无教师在场的情况下私自对部件进行操作 3. 总成拆装需要至少两人配合完成，不可一人单独作业	是否完成：是□ 否□

续表

任务步骤	任务要点	实施记录
工具准备	联网计算机，纸笔，特殊工具	是否正常：是□ 否□ 特殊工具清单：
实训注意事项	1. 确认实训车辆驻车制动处于锁止状态 2. 确认实训车辆点火开关处于 lock 位置，操作另有要求除外 3. 检查车辆外观 4. 记录车联 VIN 5. 完成实训项目后切断电源，整理工具箱，清洁作业场地卫生	是否正常：是□ 否□ 是否正常：是□ 否□ 是否正常：是□ 否□ VIN：_____
认知线控系统系统	1. 安装线控底盘系统并写出安装步骤 2. 写出底盘线控系统的组成及工作原理 3. 绘制线控底盘系统的电路图 4. 读取底盘线控系统运行的数据，并判定系统是否正常工作	

质量评价

任务总结	对线控底盘系统认知的小结： 工作实施情况反思：					
质量评价	评分项目	知识能力(25分)	实践能力(25分)	职业素养(25分)	工作规范 6S（25 分）	总评
	自我评分					
	小组评分					
	教师评分					
	合计					

项目四　智能驾驶底盘线控技术

巩固与提高

一、填空

1. 车辆的线控技术是一种用_____代替由机械、液压或气动系统等形式的连接，如换挡连杆、油门拉线、转向器传动机构等，不需要依赖驾驶员施加的力或力矩输入的控制技术。

2. 线控底盘系统主要有_____、_____、_____、_____、_____五大系统。对于自动驾驶系统来说，_____、_____、_____这3个系统尤其重要。

3. 线控油门系统主要由_____、ECU、CAN 数据总线、伺服电机和节气门构成。

4. 线控转向系统的工作原理为_____将驾驶员或车辆计算平台的转向意图通过_____转换成电信号，随后传递给_____。

5. 百度 Apollo 线控底盘系统的关键技术主要包括_____、驾驶人意图与工况辨识、故障诊断容错及能源管理、电机与控制器等相关技术。

二、选择

1. 当电子系统发生故障时，（　　）打开，EHB 系统变成传统的液压系统。
　　A．液压泵　　　　B．备用阀　　　　C．制动器　　　　D．制动踏板

2. 在线控底盘系统中，常用的总线类型为（　　）。
　　A．LIN 总线　　　B．K 总线　　　　C．FlexRay 总线　　D．MOST 总线

3. 现阶段，混合动力汽车常采用的线控制动为（　　）系统。
　　A．EHB　　　　　B．气压制动　　　C．液压制动　　　D．EMB

4. 电子液压制动（EHB）系统，以传统的液压制动系统为基础，用电子器件替代了一部分机械部件的功能，使用（　　）作为动力传递媒介。
　　A．润滑机油　　　B．制动液　　　　C．制动气体　　　D．制冷液

5. 线控转向系统是在电动助力转向系统（EPS）的基础上发展而来的，线控转向系统相对于 EPS 具有（　　）功能，并能获得比 EPS 更快的响应速度。
　　A．自诊断　　　　B．冗余　　　　　C．转向　　　　　D．指示灯

三、简答题

1. 简述线控油门的概念及特点。
2. 简述线控转向系统与电动助力转向系统的区别。
3. 对于线控汽车的控制，如何判断驾驶人意图与工况辨识。
4. 简述线控制动系统的优点与缺点。

项目五
智能驾驶路径规划与决策技术

 导　言

路径规划与决策模块是智能驾驶系统中的核心模块之一（另外3个核心模块是定位模块、感知模块和控制模块），其承接感知模块与定位模块，下启控制模块。路径规划与决策可分为路由寻径、行为决策、运动规划三部分。其中，定位模块与感知模块提供导航地图、导航路径、当前的定位点、车辆的状态（包括位置、速度、加速度、底盘）、周边目标的感知及预测信息（如交通标志和障碍物等）。路径规划与决策模块获得相关信息后，首先由路由寻径部分输出全局导航路径，其次行为决策部分判断车辆是否跟车，在遇到交通灯和行人时的等待避让，以及路口和其他车辆的交互通过，然后通过运动规划部分计算出可供控制模块执行的一条带速度信息的行驶路径，最后将控制信息输入控制模块控制车辆。

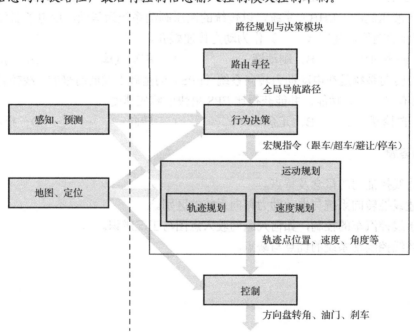

1. 知识目标

（1）了解全局路径规划与局部路径规划的定义。
（2）了解行为决策基本模型的类别。
（2）理解路径规划算法和行为决策方法的特点。
（3）掌握 Apollo 路径规划与速度规划技术。

2. 技能目标

（1）分析路径规划算法和行为决策方法的特点。
（2）掌握路径规划算法和行为决策设计的步骤。
（3）掌握 Apollo 路径规划与速度规划的方法。

3. 素质目标

（1）培养学生职业素养。
（2）培养学生独立思考和分析问题的能力。
（3）提高团队协作意识。

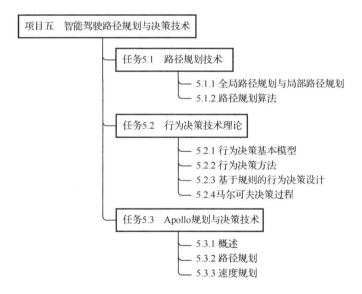

任务 5.1　路径规划技术

智能驾驶中的路径规划是信息感知和智能控制的桥梁，是实现智能驾驶的基础。在智能驾驶车辆的任务空间中，路径规划按照相关优化准则（时间最短、路径最短、能耗最小等），计算出车辆从起点到终点的无碰撞可行路径（包含路径和速度信息），保证车辆从起点安全地驾驶到终点（目的地），并尽可能高效，其问题的本质是一个多目标的数学优化问题。智能驾驶中的路径规划算法应有能力解决环境中存在的未知因素和不确定性，保证生成贴合车辆实际运行动态的路径，以及在有限的计算资源条件下成功规划符合驾驶预期的路径。

主要的优化目标包括：

（1）安全性：避免与场景中的障碍物发生碰撞；针对动态障碍物，由于其运动的不确定性，降低与其的碰撞风险。

（2）稳定性：由于车辆的惯性较大，灵活性差，预期的路径需要保证车辆的物理可行性和控制器的稳定性。

（3）舒适性：考虑到乘员的舒适性，需要在满足安全性和稳定性的同时保证车辆的驾驶舒适度，包括在加减速及转向等过程中驾驶的舒适度。

（4）驾驶效率：在满足安全性和稳定性的同时，保证车辆以更快的速度驾驶，从而以更短的时间到达目的地。

在实际场景中，规划过程需要考虑各种物理约束，有且不限于：

（1）加减速度约束：受到动力系统和制动系统的性能极限，以及驾驶员的安全性和舒适性的制约。

（2）非完整性约束：车辆具有3个运动自由度，但是只有两个控制自由度，其非完整性约束决定了轨迹的物理可行性。

（3）动力学约束：考虑到车辆的动力学特性和车身稳定性，其驾驶过程中的曲率和横摆角速度具有一定的约束。

5.1.1　全局路径规划与局部路径规划

根据智能驾驶车辆对外部环境信息的已知程度，路经规划被分为外界环境全部感知的全局路径规划和环境未感知或只有部分感知的局部路径规划。

全局路径规划作用的地图范围较广，一般是静态环境下的规划。车辆需要从起点开始规划出一条满足约束的无碰撞路径，具有目标导航能力。但该方法不能对道路信息实时更新，所以智能驾驶车辆在行驶过程中会受到局部环境的不确定性影响，会遇到各种各样不可预测的情况，因此智能驾驶车辆在行驶的过程中还需要局部路径规划进行辅助。

局部路径规划主要针对的是动态环境下的路径规划，起到避障作用，在车辆无法按照全局路径规划的全局路径行驶时，通过对智能驾驶车辆周围局部环境信息的感知，利用局部路径规划，在全局路径的基础上，规划出一段局部的无碰撞理想路径，保证在躲过障碍物后仍旧能够按照全局继续行驶。

5.1.2　路径规划算法

路径规划环节继承了环境感知环节得到的周围环境和车辆的运动状态等相关信息，依据决策，得到可行性路径，送给控制模块使得车辆可按照期望路径行驶，完成规定任务。

路径规划算法是体现智能驾驶车辆智能化程度的重要环节。路径规划算法常用于机器人领域，智能驾驶中的路径规划算法由此借鉴得来。由于车辆与机器人不同，属于非完整约束系统，具有其特有的运动学和动力学约束，因此适用于机器人的路径规划算法难以直接应用于智能驾驶车辆，但其研究思路与方法具有一定的相通性。目前，智能驾驶车辆常用的路径规划算法大致可分为以下 4 类。

1）对车辆行驶路径进行函数化描述的规划算法

该方法使用函数曲线描述车辆的行驶路径，主要用于实现路径规划。常用于描述路径的函数模型主要有圆弧曲线模型、正弦曲线模型、螺旋曲线模型，以及 B 样条曲线模型、基于多项式的曲线模型、基于正反梯形加速度的曲线模型等。例如，图 5-1 所示为基于圆弧-直线-圆弧的平行泊车路径规划示意图。

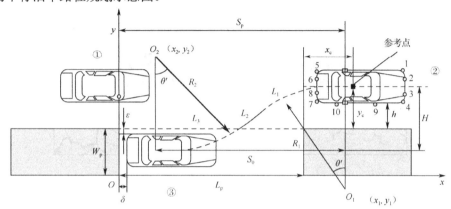

图 5-1　基于圆弧-直线-圆弧的平行泊车路径规划示意图

2）基于采样的规划算法

基于采样的规划算法通常在起点与目标点之间进行随机采样，获取候选目标点并对目标点进行连接构成路径备选集，剔除无法通过碰撞检测的备选路径，将剩余路径中曲率最优的路径作为规划的最终结果。典型的算法有概率路线图法（Probabilistic Roadmap Method，PRM）和快速随机树法（Rapid-exploration Random Tree，RRT）。

（1）概率路线图法是最早研究的概率完备型路径规划算法，如图 5-2 所示，其核心思想是在状态空间中随机撒点，依据一定规则将候选点连接形成候选路径，利用搜索的算法对候选路径进行搜索，若可搜索到安全可行的路径，选择其中最短的路径作为路径规划的结果，若搜索不到，则增加随机点的个数再进行上述操作，直至得到可行的路径规划结果。该算法可保证能够获得规划结果，但算法具有较大的随机性，难以保证生成路径的一致性，且规划的结果与最优解之间往往有较大差距。

　　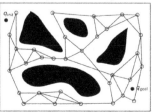　　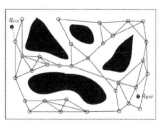

（a）生成随机点　　　　　　（b）在随机点之间生成路径　　　　（c）输出路径规划结果

图 5-2　概率路线图法

(2) 快速随机树法借鉴了概率路线图的思想，如图 5-3 所示，将当前节点视为根节点，通过采样得到枝叶点的位置，依据各种规则生成节点之间的连接线，将节点扩展形成树状路线图，并对扩展部分进行碰撞检测，搜索到枝叶点即视为取得有效路径，基本步骤为：

① 将起点作为一颗种子，从它开始生长枝丫；
② 在车辆所处的空间中，生成一个随机点 A；
③ 在树上找到距离 A 点最近的那个点；
④ 朝着 A 点的方向生长，如果没有碰到障碍物，就把生长后的树枝和端点添加到树上；
⑤ 重复步骤②～步骤④，直至搜索到目标点。

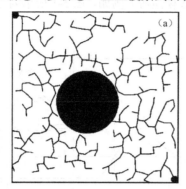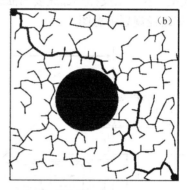

图 5-3　快速随机树法

快速随机树法的缺点很明显：使用快速随机树法得到的路径一般质量都不是很好；可能包含棱角，不够光滑；通常远离最优路径；难以在有狭窄通道的环境中找到路径。因为狭窄通道的面积小，被碰到的概率低，找到路径需要的时间的不确定性大。

3) 图搜索法

图搜索法的基本思想是：首先对搜索空间进行离散化处理，其次使用栅格地图描述智能驾驶车辆外部周围的环境，最后制作包含障碍物信息的栅格地图。在栅格地图中，一般对周围环境进行二值处理，如图 5-4 所示，有障碍物为黑色区域，用"1"表示；无障碍物为白色区域，用"0"表示。

路径规划问题即可视为由智能驾驶车辆所在栅格至目标栅格的搜索问题。根据各个栅格代价值的不同，可通过寻找最小代价的栅格并进行迭代处理得到最终的规划路径。常用的算法有 Dijkstra 算法、A*算法和 D*算法等。

Dijkstra 算法是常见的最短路径搜索算法，其使用广度优先搜索用以解决赋权有向图或无向图的最短路径问题。以起点为中心向外不断扩展，直到终点为止，计算从该节点到其他所有节点的最短路径，是一种单源最短路径算法。Dijkstra 算法可获得全局代价最小的结果，其问题是节点过多，拓扑图复杂，搜索效率比较低，计算复杂度高，实时性较差。

如图 5-5 所示，Dijkstra 算法的步骤如下：

(1) 假设源点到所有点的距离矩阵为 $dis[x]$，初始化源点的 $dis[1]=0$，其余节点的距离 $dis=\infty$；

(2) 将节点分为两个组，即标记组和未标记组，首先将源点加入标记组，并遍历源点的出边并计算距离 dis；

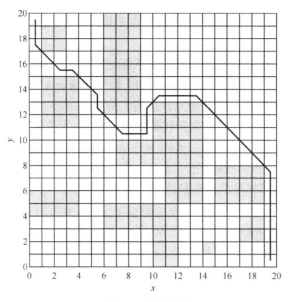

图 5-4 格栅地图

1.选取顶点D
S={D(0)}
U={A(∞), B(∞), C(3), E(4), F(∞), G(∞), }

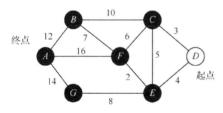

2.选取顶点C
S={D(0), C(3)}
U={A(∞), B(13), E(4), F(9), G(∞), }

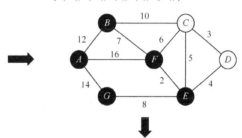

4.选取顶点F
S={D(0), C(3), E(4), F(9)}
U={A(22), B(13), G(12)}

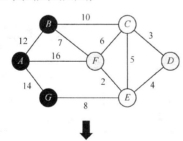

3.选取顶点E
S={D(0), C(3), E(4)}
U={A(∞), B(13), F(9), G(12)}

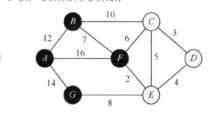

5.选取顶点G
S={D(0), C(3), E(4), F(9), C(12)}
U={A(22), B(13)}

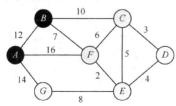

6.选取顶点B
S={D(0), C(3), E(4), F(9), G(12), B(13)}
U={A(22)}

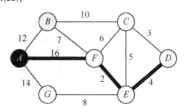

图 5-5 Dijkstra 算法的步骤

(3) 找出一个未被标记的、dis[k]最小的节点 k 并加入标记组,遍历节点 k 的所有出边,计算距离 dis;

(4) 重复步骤(3),直到所有节点均被加入标记组。

A*算法及 D*算法均在 Dijkstra 算法的基础上衍生而来。A*算法的应用极为广泛,其增加了估价函数,优先搜索终点方向的节点,提高了搜索效率。

A*算法的关键是代价函数,包括实际代价和估计代价,用来计算每一个节点的优先级别:

$$f(n)=g(n)+h(n) \tag{5-1}$$

其中,$g(n)$ 是该节点距离起点的实际代价;$h(n)$ 是该节点距离终点的估计代价。$h(n)$ 是启发式搜索的关键,其设定可以调节算法的速度和精度。最终的 $f(n)$ 是节点代价函数,表示每个节点的综合优先级。由于增加了启发函数 $h(n)$,保证最短路径的搜索方向朝着终点,搜索具有一定的目的性,搜索效率要优于 Dijkstra 算法。当 $h(n)$ 为 0 时,A*算法就变成了广度优先搜索算法。

如图 5-6 所示,A*算法的基本步骤如下:

(1) 把起点加入 Open list。

(2) 重复如下过程。

① 遍历 Open list,查找 F 值最小的节点并将其移到 Close list,把它作为当前要处理的节点。

② 判断当前方格的 8 个相邻方格的每一个方格。若为 Unreachable,或者已在 Close list 中,则忽略,否则做如下操作:

- 如果它不在 Open list 中,则把它加入 Open list,将当前方格设置为它的父亲节点,并记录该方格的 F、G 和 H 值。
- 如果它已经在 Open list 中,检查这条路径(经由当前方格到达当前节点)是否更好,用 G 值作为参考。更小的 G 值表示这是更好的路径。如果是这样,则把它的父亲节点设置为当前方格,并重新计算它的 G 和 F 值。

(3) 直到 Open list 为空,从终点开始,每个方格沿着父节节点移动直至起点,这就是最优路径。

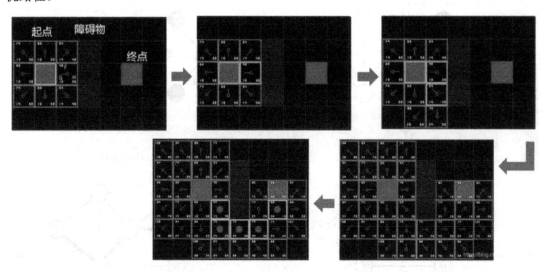

图 5-6 A*算法的步骤

4）基于优化的路径规划算法

基于优化的路径规划算法，其核心思想是：通过约束条件的限制及优化指标的设计，对最优行驶路径进行计算。常用的基于优化的路径规划算法有人工势场法、模型预测控制（MPC）法、基于数值优化法等。

人工势场法将场的概念引入路径规划中，将智能驾驶车辆所处的交通环境视为行车势能场，类似物理学中电子在电场中的运动。其中，对于智能驾驶车辆而言，障碍物产生的场为斥力场，目标点产生的场为引力场，力场的一阶倒数可视为智能驾驶车辆所受力的作用。在这种虚拟的力的作用下，智能驾驶车辆朝着目标点运动并在运动的过程中因受到障碍物的推动而远离障碍物。此过程类似于下山的过程，虚拟力的方向与场梯度下降最快的方向一致。

人工势场法易于数学表达，规划出来的路径安全、平滑、无死点，其算法简单，具有很小的计算量，易于实现底层的实时控制，保证了实时性。但当无人驾驶车辆受到的引力和斥力相等时，人工势场法容易发生锁死，如图 5-7 所示。此外，当目标点距离障碍物很近时，如果被困在局部最优解上，则会出现目标不可达的情况。

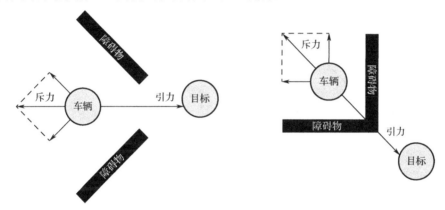

图 5-7　引力和斥力相等的两种情况

模型预测控制法的基本思想是：依据系统的机理或者数据进行建模，并将其作为预测模型，根据传感器网络测量到的系统当前状态量，以及对目标函数求解得到的未来控制量，依据预测模型预测系统的未来输出量。在每一个控制周期中，将求得的最优控制输入量作用到被控平台，然后根据当前被控平台的实际状态，重新预测系统的未来输出量，循环往复，在线优化求解，进而构成一个完整的闭环结构体系。在研究模型预测控制时，存在 3 个重要架构来支撑该理论，即建立预测模型、滚动优化求解和反馈校正。

（1）建立预测模型：模型预测控制需要一个可以完整描述系统动态变化过程的数学机理模型，这个模型的作用是能根据系统当前的信息和未来的预测控制输入，预测系统的未来输出，因此这个模型称为预测模型。一般地，系统未来的控制输入量用来改变系统未来的预测输出量，使其最大限度地接近参考输出的最优控制输入量。

（2）在线滚动优化求解：预测控制中所研究的优化问题与一般离散化最优控制策略是大相径庭的，不是采用一个不变的全局最优目标，而是采用滚动式的有限时域优化策略。在每一采样时刻，根据该时刻的优化性能指标，求解从该时刻起有限时段的最优控制率。计算得到的控制作用序列也只有当前值是实际执行的，在下一个采样时刻又重新求取最优控制率。

也就是说,优化过程不是一次离线完成的,而是反复在线进行的。采用有限时域的预测是因为实际的控制过程中存在模型失配、时变和外部干扰等不确定因素,使基于模型的预测不可能准确地与实际的被控过程相符。通过滚动优化策略,能及时弥补这种不确定性,始终在实际的基础上建立新的优化目标,兼顾了对未来有限时域内的理想优化和实际不确定性的影响。这要比建立在理想条件下的传统最优控制更加实际和有效。

(3)反馈校正:预测控制通过研究开环优化问题来控制闭环系统在未来时刻的状态。在实际过程中,由于存在非线性、时变、模型失配和干扰等一系列不确定因素,使得基于预测模型的控制系统不可能完全准确地与实际的机理相匹配。因此,在预测控制中,通过对系统输出量的测量与参考路径进行比较,得出模型的预测误差,再利用模型预测误差和在线滚动优化求解的方式来校正预测输出,从而得到更为准确的未来输出量。

模型预测控制的原理图如图 5-8 所示,在整个系统的控制过程中,始终有一条期望的目标参考路径。

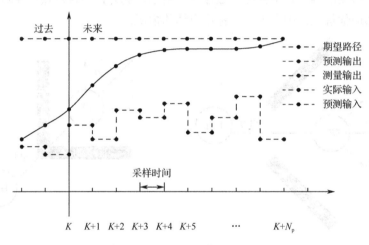

图 5-8 模型预测控制的原理图

任务 5.2 行为决策技术理论

5.2.1 行为决策基本模型

在执行驾驶行为决策的过程中,决策模型大致可以划分为以下 4 种。

1)有限状态机模型

最初的智能驾驶车辆采用的是有限状态机模型,通过构建状态迁移图来描述不同的驾驶状态,以及状态之间的转移关系。有限状态机模型是一种规则模型,能够清晰地抽象出智能驾驶车辆的决策过程,是最容易理解和进行可靠性验证的模型,被广泛应用。但在复杂环境下,其无法有效应对环境的动态性和不确定性,难以有效应对开放的道路环境。因此,目前主要使用分层有限状态机作为智能驾驶的顶层模型,对智能驾驶的场景进行宏观管理。

2）决策树模型

决策树模型或行为树模型主要根据环境的状态对驾驶动作进行"预测"或"分类",是一种预测模型。决策树模型将驾驶状态和控制逻辑存储在树结构中,通过预定义的规则或有监督的学习构建树结构。在一定程度上,决策树模型具有可视化的控制逻辑,具备可解释性,但同样难以解决状态空间、行为空间爆炸的问题,难以应对交通环境中存在的不确定性因素。

3）推理决策模型

推理决策模型主要建立"场景特征—驾驶动作"的映射关系。其中,场景特征主要指的是从环境中获取的"场景"的"知识",主要包括基于规则的推理系统、基于案例的推理系统和基于神经网络的映射模型等,其核心是场景知识的认知和映射关系的学习。通常端到端的深度学习模型都属于该类模型。由于推理决策模型是数据驱动的,依赖对场景的全面学习,因此其适应性和可解释性较差。

4）基于价值的决策模型

根据最大效用理论,基于价值的决策模型的基本思想是:依据选择准则,在多个备选方案中选择出最优的驾驶策略或动作。该类模型定义了效用(Utility)或价值(Value)函数来定量评估每个驾驶动作符合驾驶任务目标的"好坏"程度,如是否符合安全性、舒适度、行车效率等。由于这一决策模型能够根据最终的驾驶目标训练出车辆的基本动作行为,因此能够有效提取基础行为、行车行为、交通行为等复杂行为之间的关联关系,能够较好地解决多个智能个体在复杂环境中的耦合行为决策。目前,基于价值的决策模型的主要研究方向是深度强化学习或多代理深度强化学习。

5.2.2 行为决策方法

行为决策的目标主要是保证智能驾驶车辆可以像人类一样产生安全的驾驶行为,满足车辆的安全性能,遵守交通法规等。智能驾驶车辆的行为决策方法包括基于规则的行为决策方法和基于强化学习的行为决策方法。

1）基于规则的行为决策方法

智能驾驶车辆基于规则的行为决策方法是最常用的,如图5-9所示,该方法主要是将智能驾驶车辆的运动行为进行划分(全局路径规划层),根据当前任务路线、交通状况,以及驾驶规则知识库等建立行为规则库,对不同的环境状态进行行为决策逻辑推理,输出驾驶行为,同时接收局部路径规划层反馈的当前行为执行情况,并根据该反馈情况进行实时调整。

2）基于强化学习的行为决策方法

基于强化学习算法的行为决策方法主要利用各种学习算法进行决策,利用智能驾驶车辆配备的各种传感器感知周边的环境信息,并将其传递给强化学习决策系统,此时强化学习决策系统的作用就相当于人脑,对各类信息进行分析和处理,并结合经验来对智能驾驶车辆做出行为决策。

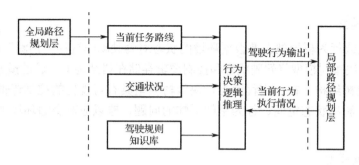

图 5-9 基于规则的行为决策方法架构

基于强化学习的行为决策方法近年来发展迅速，主要有马尔可夫决策、神经网络学习算法等。这些行为决策方法可以通过大量的数据，覆盖全部的工况和不同的场景，如智能驾驶汽车公司 Waymo 通过模拟驾驶及道路测试获取了大量的数据，对其基于学习算法的行为决策系统进行训练，使得该系统对物体的检测性能得到了极大提高，还可以对障碍物进行语义理解等。

5.2.3 基于规则的行为决策设计

基于规则的智能驾驶车辆，其行为决策层设计的核心思想是：利用分治原则，对智能驾驶车辆周边的场景进行划分。在每个场景中，独立运用对应的规则计算智能驾驶车辆对每个场景中元素的决策行为，将所有划分的场景的决策进行综合，得出一个综合的总体行为决策。我们先引入几个重要概念，即综合决策、个体决策、场景构建。

1) 综合决策

综合决策代表智能驾驶车辆行为决策层面最高层的决策。例如，按照当前车道保持车距行驶，换道至左/右相邻车道，立刻停车到某一停止线后等待。作为最高层的综合决策，其所决策的指令状态空间定义需要和下游的动作规划协商一致，使得做出的综合决策指令是下游可以直接用来执行规划路径的。为了便于下游直接执行，综合决策的指令集往往带有具体的指令参数。表 5-1 中列出了一些综合决策及其可能的参数。例如，当综合决策是在当前车道跟车行驶时，传给下游的动作规划模块的不仅是跟车这一宏观指令，还包含如下参数：前方需要跟车的车辆 ID（一般从感知输出获得），跟车需要保持的车速（该限速往往是当前车道限速和前车车速两种中的较小值），以及需要和前车保持的距离（如前车尾部向后 3m）等。下游的动作规划基于宏观综合决定及伴随指令传来的参数，结合地图信息（如车道形状）等，便可以直接规划出安全、无碰撞的行驶路径。

表 5-1 综合决策及其可能的参数

综 合 决 策	可能的参数
行驶	当前车道 目的车道

续表

综合决策	可能的参数
跟车	当前车道 跟车对象 目的车道 跟车距离
转弯	当前车道 目的车道 转弯属性 转弯速度
换道	当前车道 换道车道 加速并道 减速并道
停车	当前车道 停车对象 停车位置

2）个体决策

与综合决策相对应的是个体决策。在本节开始处我们便提到，行为决策层面是所有信息汇聚的地方。因此，最终的综合决策必须是考虑了所有重要信息元素后得出的决策。这里，我们提出对所有重要行为决策层面的输入个体都产生一个个体决策。这里的个体，可以是感知检测到的正在路上行驶的车辆和行人，也可以是结合了地图元素的抽象个体。例如，红绿灯或者人行横道对应的停止线等。事实上，最终的综合决策是先经过场景划分产生出每个场景下的个体决策，之后综合考虑归纳这些个体决策得出的。个体决策和综合决策相似的地方是除了其指令集本身，个体决策也带有参数。个体决策不仅产生最终的综合决策元素，而且和综合决策一起被传递给下游的动作规划模块。这种设计虽然传递了更多的数据，但根据工业界的经验，传递作为底层决策元素的个体决策，能够非常有效地帮助下层模块有效地实现路径规划。同时，当需要调试解决问题时，传递过来的个体决策能够大大提高调试效率。表 5-2 列出了一些典型的个体决策及其可能的附带参数。例如，在做出针对某个感知物体 X 的超车这一个体决策时，附带的参数包括超车的距离和时间限制。其中距离代表本车车身至少要超过物体 X 车头的最小距离；时间代表这段超车安全距离至少要对应物体 X 行驶一个最小安全时间间隔。注意，这种超车个体决策往往发生在两车路径有所交互的场景中。典型的场景包括换道和路口的先行后行。

表 5-2　一些典型的个体决策及其可能的参数

个 体 决 策		可能的参数
车辆	跟车	跟车对象 跟车速度 跟车距离

续表

个体决策		可能的参数
车辆	停车	停车对象 停车距离
	超车	超车对象 超车距离 超车时间
	让行	让行对象 让行距离 让行时间
行人	停车	停车对象 停车距离
	躲避	躲避对象 躲避距离

3）场景构建

个体决策的产生依赖于场景的构建，这里可以将场景理解为一系列具有相对独立意义的智能驾驶车辆周边环境的划分。利用这种分而治之的思想进行场景划分，可以将智能驾驶车辆行为决策层面汇集的车辆周边不同类别的信息元素，聚类到不同的富有实际意义的场景实体中，在每个场景实体中，基于交通规则，并结合主车的意图，可以计算出对于每个信息元素的个体决策，再通过一系列准则和必要的运算把这些个体决策最终综合输出给下游。类似前后车辆和两侧车道，这些场景是基本的场景，有一些场景的基本元素本身就可以是这些基本场景。从以上内容可以看出，场景是分层次的（Layered），每个层次中间的场景是独立构建的。其中，可以认为主车是最基本的底层场景，其他所有场景的构建都需要先以智能驾驶车辆主车在哪里这一个基本场景为基础。在此之上的第一层场景包括红绿灯、前后方车辆，以及左右两侧的车道和车辆等。路口场景是第二层的复合场景，其中的元素包括第一层的人行横道、红绿灯，以及主车等场景。结合这些场景，路口场景本身中的元素是车辆 a 和车辆 b。假设此时智能驾驶车辆的意图是右转，路口红灯可以右转，但由于没有道路优先权，需要避让其他汽车，此时如果感知发现一个行人在人行横道这个场景中横穿马路，那么结合所有这些场景元素和意图，得到的最终指令是针对行人在人行横道前停车。

综上所述，每个场景模块利用自身的业务逻辑（Business Logic）计算其不同元素个体的决策。通过场景的复合，以及最后对所有个体决策的综合考虑，智能驾驶车辆得到的最终行为决策需要是最安全的决策。这里的一个问题是：会不会出现不同场景对同一个物体（如某个汽车）通过各自独立的规则计算出矛盾的决策？从场景的划分可以看出，本身一个物体出现在不同场景中的概率是很小的。事实上，这种场景划分的方法本身就尽可能避免了这一情况的出现。即使这种矛盾出现，在图 5-10 所示的系统框架的中间层，也会对所有的个体决策进行汇总和安全验证。

如图 5-10 所示，首先，结合主车信息、地图数据及感知结果构建不同层次的场景，在全局路径规划的指引下，每个场景结合自身的规则（往往是交规或者安全避让优先），计算出属于每个场景物体的个体决策。在计算完所有的个体决策后，虽然发生的概率极其微小，但模块还是会检查有无冲突的个体决策。在对冲突的个体决策进行冲突解决（往往是优先避让）后，推演、预测当前的所有个体决策能否汇总成一个安全行驶、无碰撞的综合决策。如果存在安全、无碰撞的综合决策，则将其和个体决策一起输出给下层的运动规划模块，计算从当前位置到下一位置的时空轨迹。

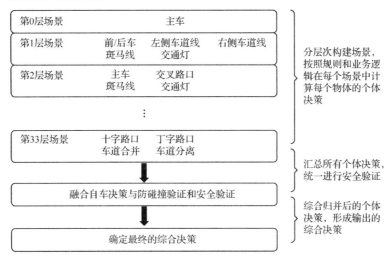

图 5-10 基于行为决策模块的框架和运行流程

5.2.4 马尔可夫决策过程

一个马尔可夫决策过程由下面的五元组定义，即(S, A, T, R, γ)。

（1）S 代表了智能驾驶车辆所处的有限状态空间。状态空间的划分可以结合智能驾驶车辆当前的位置及其在地图上的场景进行设计。

（2）A 代表了智能驾驶车辆的行为决策空间，即智能驾驶车辆在任何状态下所有行为空间的集合。

（3）T 代表了状态转移函数，是一个条件概率，代表了智能驾驶车辆在某个状态和某个动作下到达下一状态的概率。

（4）R 代表了激励函数，智能驾驶车辆在某个动作下，从状态 1 到状态 1'所得到的激励。

（5）γ 代表了激励的衰减因子，下一时刻的激励便按照这个因子进行衰减，其含义是当前的激励总是比未来的激励重要。

智能驾驶车辆行为决策层面需要解决的问题，在上述马尔可夫决策过程的定义下，可以正式描述为寻找一个最优"策略"。在任意给定的状态下，策略会决定产生一个对应的行为。当策略确定后，整个马尔可夫决策过程中的行为可以看作一个马尔可夫链。行为决策策略的目标是优化从当前时间点开始到未来的累积激励（如果激励是随机变量，则优化累积激励的期望）。

由于利用马尔可夫决策过程建模解决智能驾驶车辆行为决策的方法比较多样，本书不再赘述所有的基于马尔可夫决策过程的行为决策方法。需要强调的是，利用马尔可夫决策过程解决智能驾驶车辆行为决策的最关键部分在于激励函数 R 的设计。在设计这一激励函数时，需要尽可能考虑如下因素。

（1）到达目的地："鼓励"智能驾驶车辆按照全局规划路径行进到达目的地。也就是说，如果选择的动作会使得智能驾驶车辆有可能偏离既定的全局导航结果，那么应当给予对应的惩罚。

（2）安全性和避免碰撞：按照前文所述，如果将智能驾驶车辆周边的空间划分成等间距的方格，那么远离可能有碰撞的方格应当得到激励，接近或碰撞发生时，应当加大惩罚。

（3）乘坐的舒适性和下游执行的平滑性：这两个因素往往是一致的。乘坐的舒适性往往意味着安全、顺畅的操作。例如，从某一个速度状态到一个比较接近的速度状态时，其代价应该较小；反之，如果猛打转向盘或者猛然加速，这个行为对应的代价就应该比较高（负向激励）。

在马尔可夫决策过程的基础上，部分可观察马尔可夫决策过程考虑了环境的部分可观察性，即智能体不能准确地得到所有的环境状态。例如，智能驾驶车辆无法通过环境感知系统直接得到其他车辆的驾驶意图等。部分可观察马尔可夫决策过程可以形式化地表示为一个六元组。其中，状态集合 S、动作集合 A、状态转移函数 T 和激励函数 R 的定义与马尔可夫决策过程相同，马尔可夫决策过程所不具备的观察集合和观察函数用以描述环境状态的部分可观察性。

当环境是部分可观察时，智能驾驶车辆无法完全获得自身所处的真实状态，只能估计在所有可能状态上的概率分布。这种概率分布通常被称为信念状态，是对目前环境状态的概率估计。信念状态的集合构成一个信念空间。将部分可观察马尔可夫决策过程可以看作在信念空间上的马尔可夫决策过程。在基于部分马尔可夫决策过程进行智能驾驶决策的过程中，决策模块可以与环境交互并从感知模块获取观察结果。基于马尔可夫过程的决策模块可以通过更新当前状态的概率分布更新其对真实状态的信念，这使得基于部分马尔可夫决策过程的决策模块计算出的最佳行为可能考虑了让智能驾驶车辆能更好地观察周边环境的行为，即某个时刻的决策结果可能是为了帮助智能驾驶车辆的感知模块更好地感知周边环境，这种考虑是为了使智能驾驶车辆对周边环境有更好的观察，从而能够在未来做出更好的决策。

为了更好、更快地对未来的环境进行预测，估计每种行为的激励，许多先进的部分马尔可夫决策方法的求解牺牲了规划的广度，以使智能驾驶车辆能够实现实时的决策。两类常见的近似求解方法包括基于启发式搜索沿着最有可能的信念状态进扩展和对高度可能的状态进行稀疏随机抽样或使用蒙特卡洛搜索技术，这些近似求解部分马尔可夫决策的方法已经被证明可以和全面的求解方法一样求得最佳的决策策略。

任务 5.3 Apollo 规划与决策技术

5.3.1 概述

智能驾驶车辆的规划和控制紧密联系在一起。在智能驾驶车辆行驶之前，首先需要由规划模块规划出一条具体的路径，然后交给控制模块去执行，控制智能驾驶车辆的行驶。规划模块的职责是规划出一条避开障碍物并且符合智能驾驶车辆动力学模型的路径，而控制模块需要保证智能驾驶车辆一丝不苟地按照规划的路径行驶。

Apollo 平台中的规划模块负责整个智能驾驶车辆的驾驶决策,而驾驶决策需要根据智能驾驶车辆当前所处的地理位置、周边道路和交通情况来决定。规划模块不直接控制智能驾驶车辆的硬件配置,而是借助于控制模块来完成。如图 5-11 所示,对于预测模块,其上游模块是定位、高精地图、感知模块。控制模块的上游是规划模块,它的下游模块是底盘通信模块,通过 Canbus 网络与车辆的底盘通信,实现对智能驾驶车辆的智能驾驶控制。

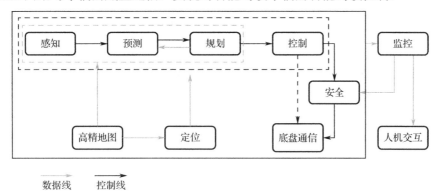

图 5-11　Apollo 平台的整体软件模块

规划是智能驾驶车辆为了某一目标而做出一些有目的性决策的过程。对于智能驾驶车辆而言,这个目标通常是指从出发地到达目的地,同时避免障碍物,并且不断优化驾驶路径和行为以保证乘客的安全、舒适。规划层通常又被细分为任务规划(Mission Planning)、行为规划(Behavioral Planning)和动作规划(Motion Planning)三层。

Apollo 平台将行为决策和路径规划两个功能整合为决策与规划模块,称为 Planning 模块,该模块是 Apollo 平台中最核心的模块之一(另外 3 个核心模块是定位、感知和控制)。Planning 模块的主要责任是:根据导航信息,以及车辆的当前状态,在有限的时间范围内,计算出一条合适的路径供车辆行驶。Planning 模块的目标大体有 3 类:一是安全,要避免所有的碰撞和任何可能的险情;二是高效,在合理的时间内抵达终点/目的地;三是舒适,避免急转/急刹等影响体感的行为,保证良好的乘坐体验。

Planning 模块的作用是接收原始/预处理的外界信息,根据智能驾驶车辆行驶的目的地,规划智能驾驶车辆未来 n 秒的运动路径。如图 5-12 所示为 Planning 模块的框架。Planning 模块的特点是接收离散的输入信息,输出必须是能用数学语言表达的连续运动路径。正因为此特点,可将 Planning 模块分为两部分:决策部分和运动轨迹规划部分。决策部分对接上游比较离散的各种输入信息,运动轨迹规划部分输出非常具体的轨迹点。

在 Apollo 平台中,为了解决规划问题,采取了路径规划和速度规划分离的方式,即先确定路径,然后在已知路径的基础上,计算速度的分配。使用这种策略,将一个高维度的路径规划问题转换成了两个顺序计算的低维度规划问题。其中,路径规划,借助中间变量路径的累计长度 s,先求解 s 映射到几何形状 (x, y, θ, κ) 的路径函数;速度规划,求解时间 t,映射到中间变量 s 与 v、a 的速度函数。

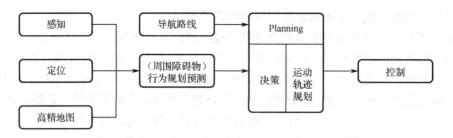

图 5-12　Planning 模块的框架

因此，按照运行过程，整个 Planning 模块可以由路径规划和速度规划组成，如图 5-13 所示。路径规划又分为路径决策与路径优化，主要处理类似于所谓的静态管理，如道路信息或者静止、低速、行径障碍物，通过路径绕开这些障碍物。速度规划又分为速度决策与速度优化，主要考虑动态环境，如智能驾驶车辆高速行驶时按照固定路径走，前面有没有车，或者旁边车插进来，对于速度分配不一样。

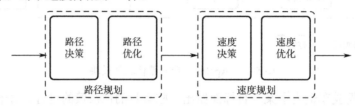

图 5-13　Planning 模块的组成

5.3.2　路径规划

路径规划的目标沿袭了规划模块的目标，分为安全、高效和舒适三类。其中，安全是避让复杂、拥挤环境下的诸多障碍物；高效是保证足够的灵活性；舒适是遵守车辆的运动学限制，保证路径的平滑、几何形状的合理。具体如图 5-14（a）所示，如果前方有行人，按照平滑路径，智能驾驶车辆是可以走出来的。但是，图 5-14（b）所示的 3 条路径是不合理的。其中，路径 1 离行人太近，不能保证安全；路径 2 偏保守，不能保证车辆灵活；将路径 3 这种形态输出给控制模块，沿着这条路径走，其实是走不出来的，安全上存在隐患。

图 5-14　路径规划

1. 路径决策

为了实现这些目标，需要考虑规划路径，将上游的离散输入信息转换为可以用数学语言能够表达的输出，通常需要先建立参考系。在路径规划里面，通常使用弗莱纳（Frenet）

坐标系（见图 5-15），将当前车辆的运动状态$(x, y, \theta, \kappa, v, a)$做分解。使用弗莱纳坐标系的前提是具有一条光滑的指引线。一般情况下，将指引线理解为道路中心线，即车辆在没有障碍物的情况下的理想运动路径。光滑的指引线是指指引线的几何属性可以到曲率级别的光滑。指引线的光滑性至关重要，因为其直接决定了在弗莱纳坐标系下求得路径的平滑性。

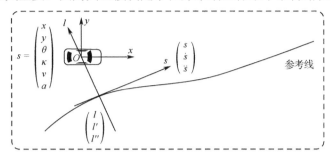

图 5-15　弗莱纳（Frenet）坐标系

在给定的一条光滑指引线上，按照车辆位置，将其投影到指引线上，以投射点为基础，将地图坐标系下当前车辆的运动状态$(x, y, \theta, \kappa, v, a)$进行分解，获得沿着指引线方向的位置、速度、加速度，以及相对于指引线运动的位置、"速度"和"加速度"。打引号的原因是其是指横向的速度和加速度，并非通常意义上位移对时间的一阶/二阶导数，而是横向位移对纵向位移的一阶/二阶导数，它们描述了几何形状的变化趋势。

在弗莱纳坐标系下做运动规划的好处在于借助指引线做运动分解，将高维度的规划问题转换成多个低维度的规划问题，极大地降低了规划的难度。另外一个好处在于方便理解场景，无论道路在地图坐标系下的形状与否，我们都能够很好地理解道路上物体的运动关系。相较直接使用地图坐标系下的坐标做分析，使用弗莱纳坐标，能够直观地体现道路上不同物体的运动关系。

路径规划的步骤：第一步，生成光滑（曲率可导）的参考线，并以此构建参考坐标系；第二步，将主车的运动状态投影到参考坐标系中；第三步，将道路边界、障碍物特征等信息投影到参考坐标系中；第四步，Planning 模块根据道路边界、交规、障碍物的特征等做出大致的决策，如图 5-16 所示。

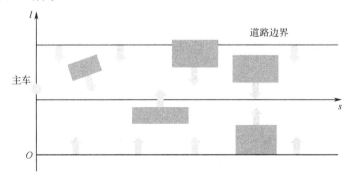

图 5-16　路径决策输出

2. 路径优化

路径决策之后，需要对路径进行优化。在 Apollo 平台中，路径优化主要分为 4 个步骤完成。

（1）将连续性问题离散化。如图 5-17 所示，以 Δs 为间隔采样，得到 n 个点。Δs 不能太大，也不能太小，如果特别小，在工程上影响速度，所以 Δs 通常设置为 0.5cm。

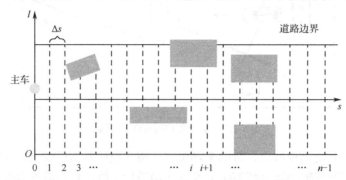

图 5-17 连续性问题离散化

（2）明确要满足的约束条件。

① 主车必须在道路边界内，同时不能和障碍物有碰撞：

$$l_i \in (l_{\min}^i, l_{\max}^i) \tag{5-2}$$

其中：l_i、$l_{\min}^i$、$l_{\max}^i$ 分别表示主车在第 i 采样区间内横向移动的距离、最小距离、最大距离。

② 根据当前状态，主车的横向速度/加速度/加加速度有特定的运动学限制：

$$l_i' \in (l_{\min}^{i\,\prime}(s), l_{\max}^{i\,\prime}(s)), l_i'' \in (l_{\min}^{i\,\prime\prime}(s), l_{\max}^{i\,\prime\prime}(s)), l_i''' \in (l_{\min}^{i\,\prime\prime\prime}(s), l_{\max}^{i\,\prime\prime\prime}(s)) \tag{5-3}$$

其中：l_i'、$l_{\min}''$、$l_{\max}''$ 分别表示主车在第 i 采样区间内横向移动的速度、加速度、加加速度。

③ 必须满足以下基本的物理原理：

$$l_{i+1} = l_i + l_i' \times \Delta s + \frac{1}{2} l_i'' \times \Delta s^2 + \frac{1}{6} l_{i \to i+1}''' \times \Delta s^3 \tag{5-4}$$

$$l_{i+1}' = l_i' + l_i'' \times \Delta s + \frac{1}{2} l_{i \to i+1}''' \times \Delta s^2 \tag{5-5}$$

$$l_{i+1}'' = l_i'' + l_{i \to i+1}''' \times \Delta s \tag{5-6}$$

其中：l_{i+1}、l_{i+1}'、l_{i+1}''、l_{i+1}''' 分别表示主车在第 $i+1$ 采样区间内横向移动的距离、速度、加速度、加加速度。

（3）明确要努力达到的目标。

① 确保安全、礼貌驾驶，尽可能贴近车道中心线行驶：

$$|l_i| \downarrow \tag{5-7}$$

② 确保舒适的体感，尽可能降低横向速度/加速度/加加速度：

$$|l_i'| \downarrow, |l_i''| \downarrow, |l_{i \to i+1}'''| \downarrow \tag{5-8}$$

（4）将优化问题转化为二次规划问题进行求解。

转化为二次规划问题之后，将复杂问题简单化，运用一些目前比较好的求解二次规划的算法，规划出比较合理的运动路径：

$$\min f = w_l \sum_{i=0}^{n-1} l_i^2 + w_{l'} \sum_{i=0}^{n-1} l_i'^2 + w_{l''} \sum_{i=0}^{n-1} l_i''^2 + w_{l'''} \sum_{i=0}^{n-1} l_{i \to i+1}'''^2 \tag{5-9}$$

其中：f 为目标函数；w_l、$w_{l'}$、$w_{l''}$、$w_{l'''}$ 为权重值。

最终获得平滑、舒适、能合理避开障碍物并且尽快到达目的地的路径，如图5-18所示。

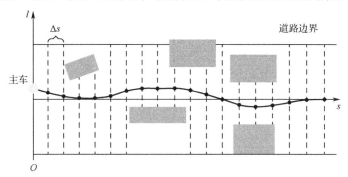

图5-18　路径优化的输出

5.3.3　速度规划

路径规划完成之后，则要进行速度规划，即如何合理分配速度走完这条路径，速度规划的目标与路径规划的目标相同。

如图5-19所示，车辆2要进到车辆1所在的车道，如果车辆1的速度比较慢，合理的方式就是车辆2直接超过车辆1进入车辆1所在的车道。如果车辆1紧急制动，可能足够安全，但是体感不会舒适。相反，如果车辆2快速切进车辆1所在的车道，车辆1最好避让，不然会有安全隐患。

速度规划分为三步：第一步，建立参考系；第二步，速度决策；第三步，速度优化。

图5-19　速度规划

1. 建立参考系

速度规划通常采用 s-t 坐标系。其中，s 表示路程，t 表示时间。如图5-20所示，本质上车辆1是智能驾驶车辆，虚线是规划好的路径，车辆2和车辆3是障碍车。可以将图5-20（a）降围成图5-20（b），将一切东西投影到虚线路径上，若车辆3的速度比较快，其切入进来以后，与实线路径的交会处比较远，因为速度快，所以斜率大，而因为切入进来的时间比较早，

所以 t 是比较小的，斜率比较大。本质上，刚切入路径的时候实际上是点，然后会变大，离开的时候会变小。车辆 2 的速度比较慢，会在比较早的位置处切入，s 值比较小。因为切入时间比较晚，同时速度比较慢，时间切入较晚，所以 t 比较大，斜率会低一点。

2. 速度决策

建立参考系以后，对车辆的速度进行决策。首先对路程和时间进行采样，然后搜索出粗略的可行路径，最后选出代价最小的一条。代价函数需考虑限速、碰撞、路径形状、舒适度和完成时间等。如图 5-21 所示的速度规划输出，中间为最优。

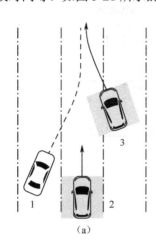
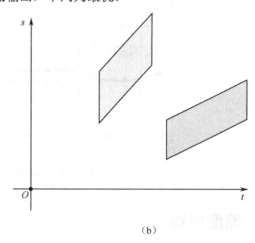

图 5-20 s-t 坐标系

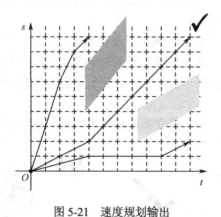

图 5-21 速度规划输出

3. 速度优化

速度决策完成之后，进行速度优化，优化的步骤和路径优化类似，分为 4 个步骤。

（1）将连续性问题离散化，以 Δs 为间隔采样，如图 5-22 所示。

（2）明确要满足的约束条件。

① 主车不能和障碍物有碰撞：

$$s_i \in (s_{\min}^i, s_{\max}^i) \tag{5-10}$$

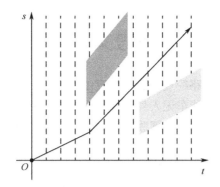

图 5-22 连续性问题离散化

② 根据当前状态，主车的加速度/加加速度有特定的运动学限制：

$$s_i'' \in (s_{min}'', s_{max}''), s_{i \to i+1}''' \in (s_{min}''', s_{max}''') \tag{5-11}$$

③ 必须满足以基本物理原理：

$$s_{i+1} = s_i + s_i' \times \Delta t + \frac{1}{2} s_i'' \times \Delta t^2 + \frac{1}{6} s_{i \to i+1}''' \times \Delta t^3 \tag{5-12}$$

$$s_{i+1}' = s_i' + s_i'' \times \Delta t + \frac{1}{2} s_{i \to i+1}''' \times \Delta t^2 \tag{5-13}$$

$$s_{i+1}'' = s_i'' + s_{i \to i+1}''' \times \Delta t \tag{5-14}$$

（3）明确要努力达到的目标。

① 尽可能贴合决策时制定的速度分配：

$$\left| s_i - s_i^d \right| \downarrow \tag{5-15}$$

② 确保舒适的体感，尽可能降低加速度/加加速度：

$$\left| s_{i+1}'' \right| \downarrow, \ \left| s_{i \to i+1}''' \right| \downarrow \tag{5-16}$$

（4）将优化问题转化为二次规划问题进行求解。

转化为二次规划问题之后，将复杂问题简单化，运用一些目前比较好的求解二次规划的算法，规划出比较合理的运动路径：

$$\min f = w_h \sum_{i=0}^{n-1} (s_i - s_i^d)^2 + w_{s''} \sum_{i=0}^{n-1} s_i''^2 + w_{s'''} \sum_{i=0}^{n-1} s_{i \to i+1}'''^2 \tag{5-17}$$

速度优化最后的输出结果是平稳、舒适、能安全避开障碍物并且尽快到达目的地的速度分配策略，如图 5-23 所示。

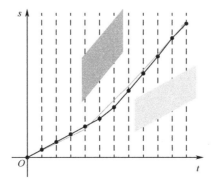

图 5-23 速度优化的输出

参考文献

[1] 刘光中. 无人驾驶车辆路径规划算法研究[D]. 芜湖：安徽工程大学，2021.

[2] 逄伟. 低速环境下的智能车无人驾驶技术研究[D]. 杭州：浙江大学，2015.

[3] 王媛媛. 考虑不确定性的无人驾驶汽车轨迹规划算法研究[D]. 长春：吉林大学，2021.

[4] 徐磊. 基于EPS的自动泊车路径规划及跟踪控制研究[D]. 合肥：合肥工业大学，2017.

[5] 贾会群. 无人驾驶车辆自主导航关键技术研究[D]. 北京：中国科学院大学，2019.

[6] 管孟. 无人驾驶车辆物流配送路径规划研究[D]. 北京：北京邮电大学，2021.

[7] 辛鹏. 自动驾驶车辆的路径跟踪模型预测控制方法研究[D]. 兰州：兰州理工大学，2021.

[8] S. Brechtel, R. Dillmann. Probabilistic MDP-Behavior Planning for Cars. IEEE Conference on Intelligent Transportation Systems. October 2011.

[9] S. Ulbrich, M. Maurer. Probabilistic Online POMDP Decision Making for Lane Changes in Fully Automated Driving. 16th International Conference on Intelligent Transportation Systems (ITSC), 2013.

[10] B. Paden, M. Cap, S.Z. Yong, et al. A Survey of Motion Planning and Control Techniques for Self-Driving Urban Vehicles. IEEE Transactions on Intelligent Vehicles, vol.1, no.1, pp.33-55, 2016.

[11] T. Gu, J. Snider, J.M. Dolan, et al. Focused Trajectory Planning for Autonomous On-Road Driving. IEEE Intelligent Vehicles Symposium (IV), 2013.

[12] C. Urmson, J. Anhalt, D. Bagnell, et al. Autonomous Driving in Urban Environments: Boss and the Urban Challenge. Journal of Field Robotics: Special Issue on the 2007 DARPA Urban Challenge. Volume 25, Issue 9, pp.425-466, 2008.

[13] 刘少山，唐洁，吴双，等. 第一本无人驾驶技术书[M]. 北京：电子工业出版社，2019.

[14] 杨世春，曹耀光，陶吉，等. 自动驾驶汽车决策与控制[M]. 北京：清华大学出版社，2020.

[15] 中汽数据有限公司. 智能网联汽车技术基础[M]. 陈晓明，杜志彬，侯海晶. 北京：机械工业出版社，2020.

[16] 袁泉，罗贵阳，李静林，等. 基于5G的智能驾驶技术与应用[M]. 北京：电子工业出版社，2021.

方案1：案例练习类

分析Apollo智能驾驶系统速度优化的步骤。

项目五 智能驾驶路径规划与决策技术

方案2：任务实施类

任务实施

任务步骤	任 务 要 点	实 施 记 录
任务准备	1. 更换实训服，摘掉首饰，长发挽起并固定于脑后 2. 严禁非专业人员或在无教师在场的情况下私自对部件进行操作 3. 完成拆装需要至少两人配合完成，不可一人单独作业	是否完成：是□ 否□
工具准备	计算机，纸笔，特殊工具	是否正常：是□ 否□ 特殊工具清单：
检查实训车辆	1. 确认实训车辆驻车制动处于锁止状态 2. 确认实训车辆点火开关处于Lock位置，操作另有要求除外 3. 检查车辆外观 4. 记录车联VIN	是否正常：是□ 否□ 是否正常：是□ 否□ 是否正常：是□ 否□ VIN：_____
智能驾驶系统	解释Apollo平台速度优化的步骤： 采用Apollo智能小车，完成小车循迹实验：	

质量评价

任务总结	对智能驾驶系统规划与决策的小结：

续表

任务总结	工作实施情况反思：				
质量评价	评分项目	知识能力(25分)	实践能力(25分)	职业素养(25分)	工作规范6S(25分)	总评
	自我评分					
	小组评分					
	教师评分					
	合计					

巩固与提高

一、填空

1. 路径规划目标包括_____、稳定性、_____和_____。
2. 规划过程需要考虑各种物理约束，有且不限于_____约束、非完整性约束和_____约束。
3. 路经规划被分为外界环境全部感知的_____规划和环境未感知或只有部分感知的_____路径规划。
4. 典型的基于采样规划算法主要包括_____（PRM）和_____（RRT）。
5. 在执行驾驶行为决策的过程中，决策模型大致可以划分为_____、_____、推理决策模型和_____。
6. Apollo 系统的规划层通常又被细分为_____（Mission Planning）、_____（Behavioral Planning）和动作规划（Motion Planning）三层。
7. 在路径规划里面，通常使用_____坐标系，将当前车辆的运动状态(x, y, θ, κ, v, a)做分解。
8. 速度规划步骤分三步，第一步先建立一个_____；第二步_____；第三步进行优化。

二、选择

1. （　　）可保证能够获得规划结果，但算法具有较大随机性，难以保证生成路径的一致性，且规划的结果与最优解之间往往有较大差距。
   A．概率路线图法　　B．快速随机树法　　C．Dijkstra算法　　D．人工势场法
2. （　　）难以在有狭窄通道的环境找到路径。
   A．Dijkstra算法　　　　　　　　　　B．A*算法

C．快速随机树法 D．模型预测控制方法

3．(   )是常见的最短路径搜索算法，其使用广度优先搜索用以解决赋权有向图或无向图的最短路径问题。

  A．Dijkstra 算法   B．A*算法

  C．快速随机树法   D．模型预测控制方法

4．下列哪项不是速度优化的约束条件（   ）。

  A．主车不能和障碍物有碰撞

  B．主车的加速度/加加速度有特定运动学限制

  C．必须满足基本的物理原理

  D．符合汽车动力学模型

三、简答题

1．绘制 Frenet 参考系。
2．简述 Apollo 平台中路径优化的主要步骤。
3．简述 Apollo 平台中速度优化的主要步骤。
4．分析路径规划算法的优缺点。
5．简述 Dijkstra 算法的步骤。

项目六
汽车智能网联技术

 导　言

　　智能驾驶汽车是搭载先进车载传感器、控制器、执行器等装置，融合现代通信与网络技术，实现车与人、车、路、后台等智能信息的交换共享，具备复杂环境感知、智能决策、协同控制和执行等功能，并最终可替代人类操作的新一代汽车。在智能驾驶整套系统中，以 V2X 技术为基础的汽车网联化技术和智能驾驶系统是实现智能驾驶的重要支撑。

　　本章首先介绍了车用无线通信技术（V2X），包括概述、通信技术、系统架构、工作过程及典型应用，并以车路协同感知和基于路侧感知的交通状况识别两个案例进行 V2X 技术过程的分析；其次重点介绍了智能驾驶操作系统通过智能驾驶操作系统的引入，介绍了中间件的架构和工作流程，并通过 CYBER RT 中间件创建组件的案例，使读者更深入地了解智能驾驶操作系统；最后介绍了汽车网络安全技术，包括目前面临的挑战、入侵途径、解决办法，以及相关的安全法规标准。

 学习目标

1. 知识目标

（1）了解 V2X 的概念和通信方式。

（2）理解智能驾驶操作系统中间件的原理。
（3）掌握 V2X 的应用场景。

2. 技能目标

（1）了解 DSRC 和 C-V2X 通信的技术特点。
（2）理解 CYBER RT 创建组件的过程。
（3）掌握 V2X 场景应用的工作过程。

3. 素质目标

（1）培养学生职业素养。
（2）培养学生独立思考和分析问题的能力。
（3）提高团队协作意识。

思维导图

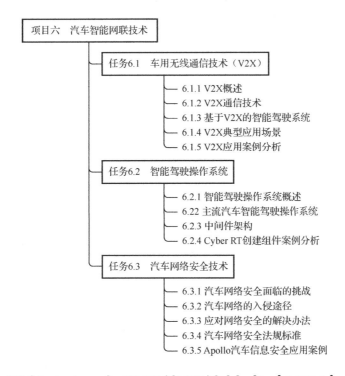

任务 6.1 车用无线通信技术（V2X）

6.1.1 V2X 概述

V2X（Vehicle to Everything）技术是将车辆（V）与一切事物（X）相连接的新一代信息通信技术，是车路协同最核心的基础技术，连接的对象主要分为 4 类，即车辆与车辆（Vehicle to Vehicle，V2V)、车辆与基础设施（Vehicle to Infrastructure，V2I)、车辆与行人（Vehicle to Pedestrian，V2P)、车辆与网络（Vehicle to Network，V2N)，如图 6-1 所示。

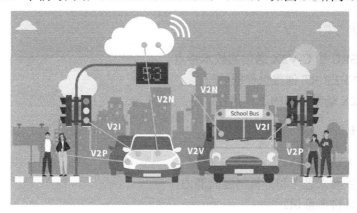

图 6-1　V2X

（1）V2V 表示车辆跟车辆之间可以直接通信。车作为一个移动通信终端，具有接收和发送车身基本数据的能力，如凯迪拉克 CT6 车型上的 V2V 应用场景，其能够在前方车辆出现故障、检测到路面湿滑或者有紧急制动的情况下，有效地将信息广播到最大 300m 范围内的其他凯迪拉克的 CTS 车型上。

（2）V2I 表示车辆跟周边的基础设施（信号灯、公交车站、电线杆、大楼、立交桥、隧道、路障等）进行通信。例如，奥迪 A4 和 Q7 车型上配置了 V2I 技术，车辆与交通灯之间进行通信时，在车辆内的显示屏上能够实时显示出行驶前方的红绿灯颜色。

（3）V2P 表示车辆与行人进行通信，主要通过人身上的可穿戴设备、手机、计算机等。例如，行人在过马路的时候，当车辆跟行人之间由于存在其他的车辆隔挡了视线，造成了盲区，此时车辆则可以通过与行人的通信，判断出盲区有行人驶入，并立即对驾驶员进行盲区预警。

（4）V2N 指车载设备通过接入网/核心网与云平台连接，云平台与车辆之间进行数据交互。V2N 通信主要应用于车辆导航、车辆远程监控、紧急救援、信息娱乐服务等。

6.1.2　V2X 通信技术

无线通信技术是指不用导线、电缆、光纤等有线介质，而是利用电磁波信号在自由空间中传播的特性进行信息交换的一种通信方式。无线通信可以传输数据、图像、音频和视频等。如图 6-2 所示，无线通信系统一般由发射设备、传输介质和接收设备组成。其中，发射和接收设备上需要安装天线，完成电磁波的发射与接收。发射设备将原始的信号源转换成适合在给定传输介质上传输的信号，其中包括调制器、频率变换器、功率放大器等；传输介质为电磁波；接收设备将收到的信号还原成原来的信息送至接收端。接收设备把天线接收下来的射频载波信号，经过信号放大、频率变换，最后经过解调的过程将原始信息恢复出来，完成无线通信。

V2X 无线通信的实现主要有两大主流技术，分别是专用短程通信 DSRC（Dedicated Short Range Communication）技术和 C-V2X（Cellular Vehicle-to-Everything）技术。

项目六 汽车智能网联技术

图 6-2 无线通信系统的组成

1. DSRC

DSRC 是一种高效的短程无线通信技术，它可以在特定区域内识别高速运动的移动目标，并与之完成双向通信，如 V2V、V2I 双向通信，实时传输图像、语言和数据信息，将车辆和道路有机连接。DSRC 的有效通信距离为数百米。

如图 6-3 所示，DSRC 系统主要由车载单元（On-Board Unit, OBU）、路侧单元（Road-Side Unit, RSU）和 DSRC 协议三部分组成。车辆与车辆之间的信息通过 RSU 和 OBU 之间的通信实现。从图 6-3 中可以看出，DSRC 系统中需要部署大量的 RSU 才能较好地满足业务需要，建设成本较高。

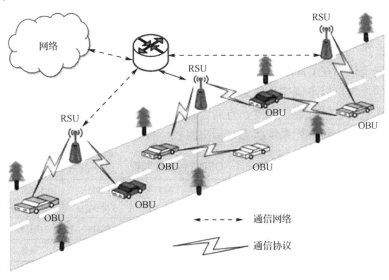

图 6-3 DSRC 系统

DSRC 系统的参考架构如图 6-4 所示，从图中可以看出，车辆与车辆之间、车辆与路侧基础设施之间通过 DSRC 进行信息交互。DSRC 系统包含物理层、媒体访问控制层（MAC）、网络层和应用层。其中，物理层是建立、保持和释放专用短程通信网络数据传输通路的物理连接的层，位于协议栈的最底层；媒体访问控制层是提高短程通信网络节点寻址及介入共享通信媒体的控制方式的层，位于物理层之上；网络层是实现网络拓扑控制、数据路由，以及设备数据传送和应用的通信服务手段的层，位于媒体访问控制层之上；应用层是向用户提供各类应用及服务手段的层，位于网络层之上。

车载单元的媒体访问控制层和物理层负责处理车辆与车辆之间、车辆与路侧基础设施之间专业短程无线通信连接的建立、维护与信息传输；应用层和网络层负责将各种服务和应用信息传递到路侧基础设施及车载单元上，并通过车载子系统与用户进行交互；管理与安全功能覆盖专业短距离通信整个框架。

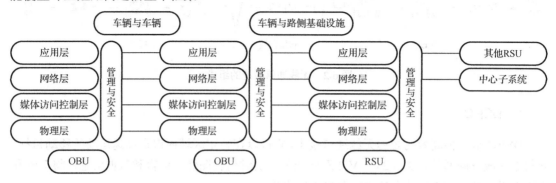

图 6-4 DSRC 系统的参考架构

DSRC 系统由一系列 IEEE 和 SAE 标准组成。在物理层和媒体访问控制层，DSRC 使用 802.11p 协议，该协议在发送数据之前简化了身份验证、相关流程和数据传输，使车辆能够直接向相邻车辆和行人广播相关安全信息。IEEE 1609 WAVE 中定义了网络架构和安全协议。在应用层，SAE J2735 定义了用于通信的消息格式，J2945/x 标准系列定义了 V2X 通信的各种场景及其性能要求。

DSRC 工作在 75MHz（5.85～5.95GHz）的宽带范围内，相关的带宽分布如表 6-1 所示。其中，车辆的安全信息在 CH172 信道中进行交互；紧急信息在 CH184 信道。针对不同的信息，做了不同的规定，以车辆安全信息为例，每一条基础安全信息都包含两部分信息：第一部分是强制性信息，包括位置、速度、方向、角度、加速度、制动系统状态和车辆尺寸；第二部分是可选信息，如防抱死系统状态、历史路径、传感器数据、转向盘状态等。

表 6-1 DSRC 的工作频带

5.85～5.855GHz	5.855～5.865GHz	5.865～5.875GHz	5.875～5.885GHz	5.885～5.895GHz	5.895～5.905GHz	5.905～5.915GHz	5.915～5.925GHz
保留	CH172	CH174	CH176	CH178	CH180	CH182	CH184
5MHz	安全信息	服务	服务	控制	服务	服务	紧急信息

2. C-V2X

C-V2X（Cellular Vehicle-to-Everything）技术，它是基于移动蜂窝网络的 V2X 通信技术，通过蜂窝移动通信技术实现短距离点对点的通信，如手机连入 3G/4G 一样。例如，我国具有自主知识产权的长期演进 V2X（Long Term Evolution-Vehicle，LTE-V）技术。LET-V 按照全球统一规定的体系架构及其通信协议和数据交互标准，在车辆与车辆、车辆与基础设施、车辆与行人之间组网，构建数据共享的交互桥梁，助力实现智能化的动态信息服务、车辆安全驾驶、交通管控等。

LET-V 系统由用户终端、路侧单元和基站组成，其用户终端的接口有两种方式，即 PC5 和 Uu，如图 6-5 所示。其中，PC5 为直接通信接口，是指终端与终端之间的通信接口，即车辆、人、道路技术设施之间的短距离直接通信接口，其特点是通过直连、广播、网络调度的形式实现低时延、高容量、高可靠的通信；Uu 为蜂窝网络通信接口，是指终端与基站之间的通信接口，其特点是可实现长距离和更大范围的可靠通信。

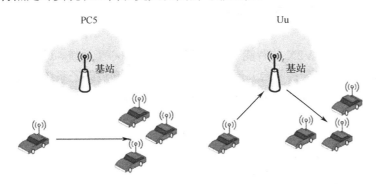

图 6-5　LET-V 系统用户终端的通信接口

基于是否需要基站，LTE-V 针对车辆应用分为两种通信方式，即蜂窝链路式（LTE-V-Cell）和短程直通链路式（LET-V-Direct）。其中，LET-V-Cell 通过 Uu 接口承载传统的车联网 Telematics 业务，需要借助基站作为控制中心，操作于传统的移动宽带授权频段；LET-V-Direct 不需要借助基站，通过 PC5 接口实现 V2V、V2I 直接通信，实现车辆安全行驶。在 LET-V-Direct 通信模式下，车辆之间的信息交互基于广播方式，可采用终端直通模式，也可经由 RSU 进行交互，大大减少了 RSU 需要的数量。

基于 C-V2X 为车辆提供交互信息和参与协同控制程度的不同，可以将车辆的网联划分为三个层级。

（1）网联辅助信息交互：基于 V2I、V2N 通信，实现导航、道路状态、交通信号灯等辅助信息的获取，以及车辆行驶与驾驶人操作等数据的上传，典型的应用场景为交通信息提醒、车载信息娱乐服务等。

（2）网联协同感知：基于 V2V、V2I、V2P、V2N 通信，实时获取车辆周边的交通环境信息，与车载传感器的感知信息融合，作为自主决策与控制系统的输入，典型的应用场景为道路湿滑提醒、紧急制动预警、特殊车辆避让等。

（3）网联协同决策与控制：基于 V2V、V2I、V2P、V2N 通信，实时并可靠获取车辆周边交通环境信息及车辆决策信息，车-车、车-路等交通参与者之间的信息进行交互融合，形成车-车、车-路等交通参与者之间的协同决策与控制，典型的应用场景为列队跟车等。

3．技术对比

C-V2X 是基于 LTE 的智能网联汽车协议，由 3GPP 主导制定规范，主要参与厂商包括华为、大唐电信、LG 等；DSRC 主要就是 IEEE802.11p 与 IEEE1609 系列标准，是一种专门用于 V2V 和 V2I 之间的通信标准，主要由美国、日本主导。

在技术特点上，C-V2X 和 DSRC 技术各有优缺点。C-V2X 采用蜂窝技术、可管控，移动性好、安全性高、可平滑演进至 5G，在系统、芯片和运营商方面有电信产业支持。可以充分利用现有的基础设施，在 V2I 场景应用落地上有优势。然而，C-V2X 在技术上尚未成熟，在应用过程中跨部门协调难度较大。DSRC 技术虽然成熟度高、在 V2V 应用场景中较为成熟，但因其机制存在隐藏节点，数据存在竞争碰撞问题，传输距离受限，存在干扰，后续的演进路线不明，在 V2I 的场景应用落地上难度大。

6.1.3 基于V2X的智能驾驶系统

如图6-6所示，基于V2X的智能驾驶系统通常包括中心子系统、道路子系统和车辆子系统。其中，中心子系统（云控平台）通过汇聚车辆子系统和道路子系统的数据，提供全局或者局部的智能交通系统（Intelligent Transport System，ITS）应用服务。道路子系统通常包括RSU、自动驾驶智能路侧计算控制单元（AV-ICCU-RS）和路侧感知设备，以及其他路侧交通控制设施（如信号灯等）。道路子系统可以收集道路环境及交通状态信息，形成全局感知消息，并可将该消息共享给车辆子系统及中心子系统。同时，在特定场景下，道路子系统也可下发决策规划数据及控制数据到车辆子系统，主要用于路侧对智能驾驶车辆进行集中式决策控制。车辆子系统通常包括OBU、自动驾驶智能车端计算控制单元（AV-ICCU-OB）、车载感知设备，以及车辆的线控系统。车辆子系统可以收集感知道路环境及交通状态信息，用于智能驾驶车辆决策控制的依据，并可将感知信息共享至道路子系统或周边具备通信能力的车辆。同时，车辆子系统可接收来自道路子系统共享的感知消息，用于对车载感知信息的补充；可接收来自道路子系统的决策规划类消息及控制类消息，并依据此类信息对智能驾驶车辆进行实时决策控制。

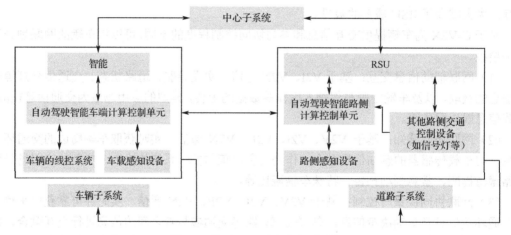

图6-6 基于V2X的智能驾驶系统

1. 中心子系统（云控系统）

智能网联云控系统可实现"人-车-网-云"之间的高效协同，可实现道路状态感知和车辆信息感知，能对感知数据进行融合计算，并根据融合计算结果进行决策控制，能对道路进行服务信息发布，从而实现对道路的管控和对车辆的服务，其具有实时监控管理、运营管理、信息协同、扩展等功能。其中，实时监控实现对区域内车辆、路网、路侧设备进行统一的实时监控，为所服务车辆、机构、管理单位提供后台监控，保证系统稳定、高效运行；运营管理对服务区域内基于系统开放能力进行的相关应用及其测试提供全过程的运营管理，保证应用的可控、安全，实现对区域内服务车辆和交通基础设施等的统一管理；信息协同提供车路历史大数据与服务，通过构建标准的数据交互协议，实现车辆、交通、道路、服务机构等之间的信息协同，构建智能网联全场景的出行服务，提高道路交通的通行效率和驾驶的安全性；扩展为其他功能，如安全管控，基于公钥基础设施（PKI）技术，能够实现各类 V2X 数字证书的申请、签发、下载、撤销等全生命周期管理，满足为 V2X 场景下的 OBU、RSU 等设备提供身份认证、隐私保护、数据完整性及保密性校验的安全服务需求。

2. 道路子系统

在道路子系统中，路侧感知设备（如激光雷达、摄像头、毫米波雷达等设备）实时采集当前所覆盖范围的图像、视频、点云等原始感知数据，并将原始感知数据输入 AC-ICCU-RS。AV-ICCU-RS 对来自路侧感知设备的原始感知数据进行实时处理，以此获得道路交通环境中交通参与者的状态信息、道路的状况信息、道路时间信息，以及道路交通信息、天气信息等，并实时将处理后的信息通过 RSU 通知给车辆子系统或者其他的道路子系统。同时，当需要对车辆采用集中式控制的方式时，AV-ICCU-RS 可根据当前的交通状况及车辆的个体状况指定控制策略，并将决策规划策略及控制数据下发到车辆子系统。在实际部署时，RSU、路侧感知设备，以及路侧交通控制设备通常部署在路侧；AC-ICCU-RS 是硬件和软件的合体，硬件可以以独立的物理设备或虚拟资源的方式给软件提供载体。所以，AC-ICCU-RS 存在部署在路侧、边缘机房等多种部署方式。

3. 车辆子系统

在车辆子系统中，车载感知设备（如激光雷达、摄像头、毫米波雷达等设备）实时采集当前所覆盖范围的图像、视频、点云等原始感知数据，并将原始感知数据输入 AV-ICCU-OB。AV-ICCU-OB 对来自车载感知设备的原始感知数据进行实时处理，并以此获取道路交通环境中交通参与者的状态信息，并将实时处理后的信息通过 OBU 通知给车辆子系统或道路子系统。同时，实时生成车辆的行驶策略，并将行驶策略发送至智能驾驶车辆的线控系统。车辆通过车辆总线、车内以太网等链路对车辆进行控制，包括控制车辆的制动系统、转向系统、传动系统、车身控制等，能够控制车辆的加速、减速、转向和灯光等。

4. 系统交互

在实际应用中，道路子系统与道路子系统、车辆子系统与车辆子系统、道路子系统与车辆子系统之间存在各种各样的信息交互。

1）道路子系统与道路子系统交互

道路子系统与道路子系统的交互数据主要为感知数据。如图 6-7 所示，在道路子系统 1 和道路子系统 2 中，AV-ICCU-RS 对来自路侧感知设备的原始感知数据进行实时处理，并实时将处理后的信息通过 RSU 进行感知数据交互。

2）车辆子系统与车辆子系统交互

车辆子系统与车辆子系统的交互数据主要包括感知数据、决策规划数据和控制数据。如图 6-8 所示，在车辆子系统 1 和车辆子系统 2 中，AV-ICCU-OB 对来自车载感知设备的原始感知数据进行实时处理，并以此获取道路交通环境中交通参与者的状态信息，实时生成车辆的行驶策略和控制测量，并将这些信息通过 OBU 进行数据交互。

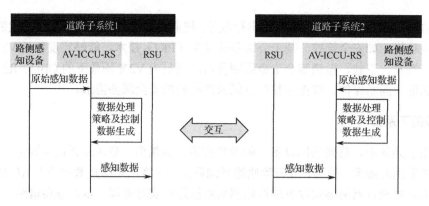

图 6-7　道路子系统与道路子系统之间的交互示例

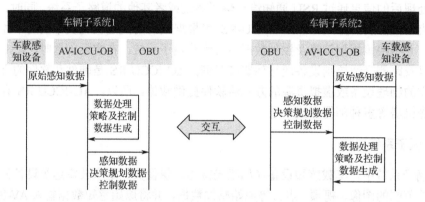

图 6-8　车辆子系统与车辆子系统之间的交互示例

3）道路子系统与车辆子系统交互

道路子系统与车辆子系统的交互具有方向性，从道路子系统到车辆子系统的交互数据主要为感知数据、决策规划数据和控制数据，如图 6-9 所示；从车辆子系统到道路子系统的交互数据主要为感知数据，如图 6-10 所示。

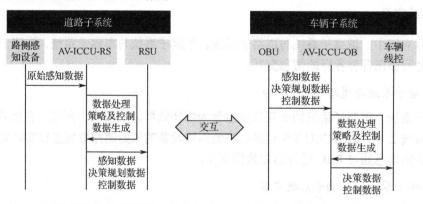

图 6-9　道路子系统到车辆子系统的交互示例

从图 6-9 中可知，在道路子系统中，AV-ICCU-RS 对来自路侧感知设备的原始感知数据进行实时处理，并根据当前的交通状况及车辆的个体状况指定控制策略，生成决策规划策略及控制数据。在车辆子系统中，AV-ICCU-OB 对来自车载感知设备的原始感知数据进行实时处理，并实时生成车辆的行驶策略（决策规划策略及控制数据）。最后，道路子系统的数据通过 RSU 与 OBU 与车辆子系统中的数据进行交互。

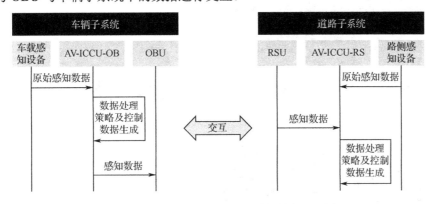

图 6-10　车辆子系统到道路子系统的交互示例

从图 6-10 中可知，在车辆子系统中，AV-ICCU-OB 对来自车载感知设备的原始感知数据进行实时处理，在道路子系统中，AV-ICCU-RS 对来自路侧感知设备的原始感知数据进行实时处理，最后，经过车辆子系统处理后的感知数据通过 RSU 与 OBU 与道路子系统处理后的感知数据进行交互。

6.1.4　V2X 典型应用场景

可将智能网联汽车 V2X 的应用场景划分为 3 类：交通安全类、交通效率类和信息服务类。

1. 交通安全类典型应用场景

交通安全类的应用场景是 V2X 最重要的应用场景之一，对于避免交通事故、降低事故带来的损失有十分重要的意义。典型的交通安全类应用场景包括交叉路口碰撞预警、非机动车/行人横穿预警等。

交叉路口碰撞预警是指在交叉路口，车辆探测到与侧向行驶的车辆有碰撞风险时，通过预警声音或影像提醒驾驶员以避免碰撞。该场景下的车辆需要具备广播和接收 V2X 消息的能力。该场景的实现方式取决于交叉路口是否有路边单元。在存在路边单元的情况下，该场景可通过 V2I 通信实现；在不存在路边单元的情况下，该场景可通过 V2V 通信实现。

非机动车/行人横穿预警是指在路口，如果行人被公交车或灌木丛遮挡，车辆搭载的摄像头和雷达将无法感知行人横穿马路的行为，可基于便携设备或路边单元感知行人突然横穿马路预警信号进行自动减速，从而避免行人横穿马路发生事故。该场景的实现方式取决于交叉路口是否有路边单元。在存在路边单元的情况下，路边单元可以检测到行人移动，将预警信号传输给周围车辆，车辆接收到路边单元的 V2I 信号，以便及时制动减速或完全停止，如图 6-11 所示。在不存在路边单元的情况下，可将行人手机中的 V2P 通信单元作为感知输入，车辆将收到其移动设备发出的 V2P 信号，模拟行人的位置和轨迹，以便决定是否进行自动减速，甚至完全停止，如图 6-12 所示。

图 6-11　V2I 通信的行人横穿马路预警

图 6-12　V2P 通信的行人横穿马路预警

2. 交通效率类典型应用场景

提高交通效率类的应用场景是 V2X 的重要应用场景，同时也是智慧交通的重要组成部分，对于城市交通拥堵、节能减排具有十分重要的意义。典型的交通效率类应用场景包括十字路口通行辅助等。

十字路口通行辅助是指将路边单元、手机交通灯、信号灯的当前状态及当前状态剩余时间等信息广播给周围车辆，车辆收到该信息后，结合当前车速、位置等信息，计算出建议行驶的速度，并向车主进行展示，以提高车辆通过交叉路口的可能性，如图 6-13 所示，该场景可通过 V2V/V2I/V2N 通信实现。

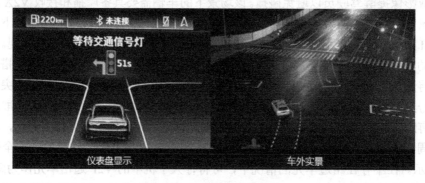

图 6-13　十字路口通行辅助

3. 信息服务类典型应用场景

信息服务类应用场景是提高车主驾驶体验的重要应用场景，是 V2X 应用场景的重要组成部分。典型的信息服务类应用场景包括紧急呼叫业务等。紧急呼叫业务是指当车辆出现紧急情况时，车辆能自动或手动通过网络发起紧急求助，并对外提供基础的数据信息，包括车辆的类型、交通地点等。服务提供方可以是政府紧急救助中心、运营商紧急救助中心或第三方紧急救助中心，该场景需要车辆具备 V2X 通信的能力，能够与网络建立通信联系。

6.1.5 V2X 应用案例分析

智能驾驶车辆在真实路况下行驶时，会面对很多未知情况，如因其他物体遮挡的盲区或其他车辆的突然行为，如果能够提前得知全局的路况和交通信息，可以更好地辅助车辆进行路径的规划。本节将以案例的形式对交叉路口车路协同感知和基于路侧感知的交通状况识别两个案例进行技术过程分析。

1. 交叉路口车路协同感知

协同感知是指在复杂的交通环境下，由路侧感知设备或车载感知设备感知周边道路的交通信息，经过 AV-ICCU-RS 或 AV-ICCU-OB 处理后，通过 RSU 或 OBU 将感知结果发送给智能驾驶车辆，智能驾驶车辆接收到这些信息后可以增强自身感知能力，辅助车辆做出正确的决策控制，并在特定场景下实现仅通过路侧感知设备的感知信息也能完成自动驾驶的功能，从而实现智能驾驶车辆可以低成本地安全通信。

如图 6-14 所示为一车路协同感知交叉路口场景图，车路协同具体的感知过程如下所述。

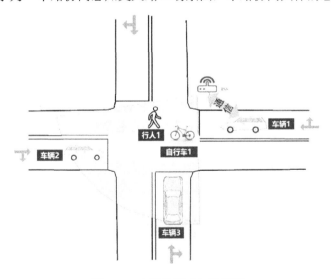

图 6-14 车路协同感知场景图

（1）路侧感知设备（摄像头、雷达等）探测到交叉路口的行人 1、自行车 1，以及车辆 2 和车辆 3。

（2）路侧感知设备将感知到的原始感知数据发送给 AV-ICCU-RS 进行实时处理。

（3）AV-ICCU-RS 将处理后的感知数据发送给 RSU，并通过 RSU 实时发送给其覆盖范围内的智能驾驶车辆；

（4）车辆1的 OBU 接收感知数据，并将数据发送给 AV-ICCU-OB，AV-ICCU-OB 根据接收的感知数据并融合自身的感知数据，制定车辆1的行驶路径，并将策略传递给车辆的线控系统，进而实现对车辆的实时控制。

2. 基于路侧感知的交通状况识别

路侧感知的交通状况识别指在复杂的交通环境下，由路侧感知设备不断感知周边道路的交通信息，经过 AV-ICCU-RS 处理后，实时识别当前路段的交通流及拥堵状况，并通过 RSU 将感知结果发送给智能驾驶车辆，辅助车辆做出正确的决策控制。

如图 6-15 所示为基于路侧感知的交通状况识别场景图，具体的感知过程如下描述。

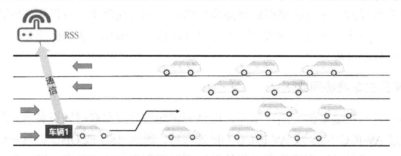

图 6-15　基于路侧感知的交通状况识别场景图

（1）车辆1正常行驶。

（2）路侧感知设备（如摄像头、雷达等）周期性地对周边的交通状况进行探测，路侧感知设备可针对每个车道级别上的交通状况进行感知。

（3）路侧感知设备将感知到的原始感知数据发送给 AV-ICCU-RS 进行实时处理，得到每个车道上的交通流状况及拥堵状况。

（4）AV-ICCU-RS 将处理后的感知结果发送给 RSU，并通过 RSU 实时广播给其覆盖范围内的智能驾驶车辆。

（5）智能驾驶车辆的 OBU 接收感知数据，并将数据发送给 AV-ICCU-OB，AV-ICCU-OB 根据感知数据并融合自身的感知数据，制定车辆的行驶策略，并将策略传递给车辆的线控系统，进而实现对车辆的实时控制。

（6）车辆1从路侧消息获取到每个车道的交通流状况及拥堵状况，得知当前行驶的车道前方拥堵，则会提前变道行驶。

任务 6.2　智能驾驶操作系统

6.2.1　智能驾驶操作系统概述

智能驾驶车辆需涵盖工业和信息化部、交通运输部、公安部三部委发布的《智能网联汽车道路测试管理规范》中的适用高速公路的场景：交通标志和标线的识别及响应、交通信号灯的识别及响应、前方车辆行驶状态的识别及响应、障碍物的识别及响应、行人和非机动车的识别及避让、跟车行驶、靠路边停车、超车、并道、自动紧急制动、人工操作接管等。从任务 6.1 可知，基于 V2X 可实现车辆决策规划策略和控制数据的交互，那么当车辆子系统接收到 V2X 端发送的数据，决策规划策略和控制数据是如何产生的？智能驾驶操作系统至关重要。

智能驾驶操作系统是一个流程化、复杂的综合系统，涉及众多流程和领域，可分为感知层、认知层、决策规划层、控制层和执行层五个层面。随着技术的发展，其呈现纵向分层的特点，以实现层与层之间的解耦，方便快速开发和移植。智能驾驶操作系统通常包括应用软件层、中间件层、操作系统层和硬件层，如图 6-16 所示。各层之间各司其职。其中，操作系统层给硬件层提供线程创建等服务；中间件层负责和不同操作系统的对接，并给应用软件层提供通信和资源管理等服务。

图 6-16 智能驾驶操作系统架构

目前，行业普遍采用的智能驾驶操作系统主要是 Linux、QNX 和其他 RTOS（如 FreeRTOS、ThreadX、VxWorks 等），三者之间的主要区别如表 6-2 所示。

表 6-2 智能驾驶操作系统的内核对比

项目指标	Linux	QNX	其他 RTOS
实时性	需要进行实时性改造	微秒级延时	微秒级延时
开放性	源代码开放	封闭	商用或开放
许可协议	GPL	商用	N/A
费用	无授权费用（商用收费）	Royalty & License	较低或免费
软件生态	应用生态链完善	汽车领域应用广泛	有限
优势	技术中立，支撑复杂功能	性能强，安全性高	实时性好，启动快
劣势	系统复杂	进程间通信、系统调用开销	进程间通信、系统调用开销
适用范围	智能座舱、信息娱乐、TBOX、ADAS、域控制器等	仪表盘、智能座舱、信息娱乐、导航、ADAS、域控制器等	仪表盘、ADAS、整车控制器等

6.2.2 主流汽车智能驾驶操作系统

随着自动驾驶技术的快速发展，汽车对软件特别是操作系统的变革需求越来越高，主机厂、车厂一级供应商（Tier1）、自动驾驶软硬件技术方案提供商纷纷投入大量的人力、物力和财力进行汽车智能驾驶操作系统的研发，希望在软件定义汽车的时代能够占据一席之地。例如，Uber 的智能驾驶系统、特斯拉的 Autopilot 2.0、奔驰的 E 级 Drive Pilot、谷歌的 Waymo 无人驾驶系统、英特尔的 IntelGo、英伟达的 PilotNet、中创博远的 FARMSTAR-G2、比亚迪的云轨、百度的 Apollo 等。

（1）特斯拉的自动驾驶软件架构（Autopilot）：特斯拉的智能驾驶操作系统基于单一 Linux 内核，打造了整套智能驾驶软件方案，实现了感知、定位、融合、决策、规划到控制的全流程。特斯拉智能驾驶操作系统的整体框架如图 6-17 所示，该系统基于 Ubuntu 进行裁剪，对 Linux 内核进行了实时性改造，该内核也开源在 GitHub 上，深度学习框架基于 PyTorch，实时数据处理基于开源流处理平台 Kafka，拥有 48 个独立的神经网络进行多维度数据处理，并且具备强大的 OTA 升级能力，其自动驾驶（FSD）计算平台硬件继承了智能座舱域和自动驾驶域，操作系统通过 OTA 软件升级，充分利用数据、云计算生态，提供汽车产品价值和服务的新模式。

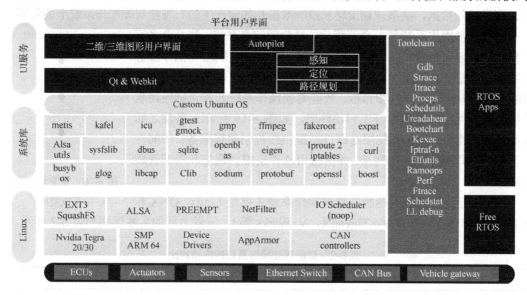

图 6-17　特斯拉智能驾驶操作系统的整体框架

（2）英伟达自动驾驶平台架构：英伟达（NVIDIA）利用其先进的硬件芯片开发优势，以行业较领先的高性能安全芯片为核心，提供了完整的硬件平台和基础软件平台，其架构如图 6-18 所示，分为应用软件层、软件层和硬件层。其中，应用软件层可提供自动驾驶和智能座舱应用；软件层分为功能软件和系统软件；硬件层包括计算机平台硬件层和物理硬件（传感器）。

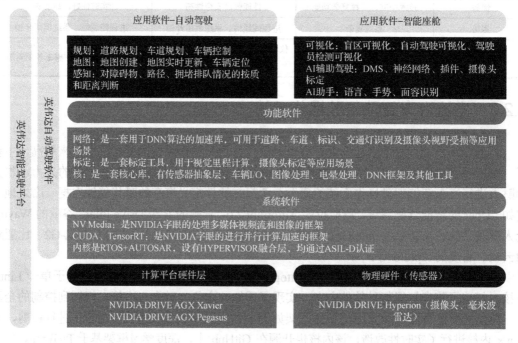

图 6-18　英伟达自动驾驶平台的整体架构

项目六 汽车智能网联技术

NVIDIA 计算平台中的硬件目前处在 Xavier 阶段，Xavier 是 NVIDIA 首次生产的车规级系统级芯片，该芯片采用了 6 种不同类型的处理器。基于 Xavier 芯片，NVIDIA 提供面向智能驾驶开发的 DRIVE AGX Xavier，算力达到 30 TOPS，面向 L2+和 L3 级自动驾驶；提供的 DRIVE AGX Pegasus 使用两块 Xavier 系统级芯片和两块 Turing GPU，算力达到 320 TOPS，面向 L4 级和 L5 级自动驾驶。系统软件层融合了第三方 RTOS+AUTOSAR，设有 HYPERVISOR 融合层，第三方量产 RTOS 方案通过了 ASIL-D 认证。英伟达智能驾驶操作系统的软硬件高度解耦且独立，可实现硬件和软件的独立升级；软件生态好，有业界最完善的官方开发套件；软件层开放程度较高，可在功能软件层和应用软件层开放应用软件编程接口（API）；算法加速全部基于自身的 CUDA 架构和 Tensors RT 加速包，二者为英伟达独有的技术。

（3）华为 MDC 智能驾驶平台：华为 MDC 智能驾驶平台搭载 AOS、VOS 和 MDC 三大内核，实现了高安全性和高性能。AOS 和 VOS 复合 ASILD 的功能安全架构与安全机制要求，采用分布式实现通信架构，保证了上传应用的确定性、低时延；MDC 内核支持上传智能驾驶应用的开发、调测、部署、运营等全生命周期的核心流程，提供了主流的 AI 框架及 1000 多个 AI 算子，改善了上传应用和组件开发的便利性。

华为 MDC 智能驾驶平台的整体架构如图 6-19 所示，主要由应用层、软件层和硬件层组成。此平台提供软硬件解决方案，硬件和软件可高度解耦，同时可独立升级。硬件层对主流传感器的适配性好，支持主流 GNSS、IMU、摄像头、激光雷达和毫米波雷达等传感器的数据接入，且支持摄像头和激光雷达点云的前融合。功能软件基于 SOA 架构，遵循 AUTOSAR 规范，定义了智能驾驶基本算法组件的调用框架与组件之间的软件接口；上层场景应用可以灵活选择不同的算法组件组合，实现具体的场景应用功能。软件层对主流中间层软件的适配性很好，可兼容 ROS 和 AUTOSAR，支持 Caffe 和 TensorFlow 等常用深度学习框架核心组件。

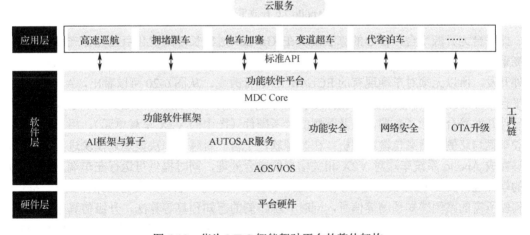

图 6-19 华为 MDC 智能驾驶平台的整体架构

（4）百度 Apollo 开放平台架构：百度 Apollo 是一套软件平台，其依赖的计算平台硬件需要采用第三方的车载计算单元（IPC），Apollo 7.0 开放平台的整体架构如图 6-20 所示，包括云端服务平台、开源软件平台、硬件开发平台和车辆认证平台。其中，云端服务平台包括 Apollo Studio（6.0 中"数据流水线"的升级版）、仿真服务、高精度地图、量产服务组件、

OTA、V2X 和完全模块。开源软件平台包括感知、预测、规划、控制、高精定位、人机交互、地图引擎和 V2X 适配器，并承载了所有模块的开发框架，如 CYBER RT 和 RTOS。硬件开发平台包括车载计算单元、组合导航系统、摄像头、激光雷达、毫米波雷达、超声波雷达、人机交互（HMI）设备、黑盒子、ASU、AXU、V2X 车载单元、麦克风等硬件。其中，ASU 和 AXU 是百度自行研发的两款辅助性硬件，分别为 Apollo 传感器单元和 Apollo 扩展单元。ASU 用于收集各传感器的数据，通过 PCIe 传输至 IPC，同时 IPC 对车辆的控制指令也需通过 ASU 向 CAN 发送；AXU 用于满足额外算力、存储的需求，以 GPU、FPGA 形式接入已有硬件平台。Apollo 7.0 开放平台相较于之前在感知和预测模块进行了升级，引入 MaskPillars、SMOKE、Inter-TNT 三个基于深度学习的模型，有效减少漏检、抖动等问题。车辆认证平台包括一辆能够接受电子信号控制的车辆（也称线控车辆）和开放车辆接口标准。

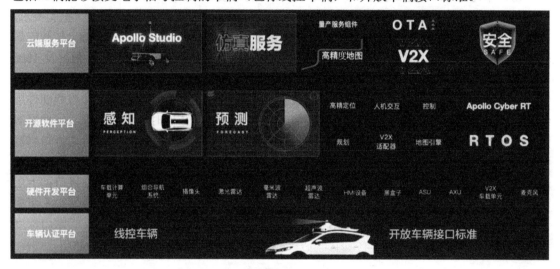

图 6-20　Apollo 7.0 开放平台的整体架构

此平台为开源平台，核心的算法模块在 GitHub 进行长时间优化后已充分产品化。此平台侧重于软件的开发，硬件依赖于第三方，在使用的过程中，由于未涉及 AUTOSAR 架构的额外开发，所以无须对车辆现有的 ECU/MCU 进行改变。从图 6-20 可以看出，Apollo 7.0 开放平台为 V2X 进行软硬件端到端的开发，在软件、硬件、云端服务等层面增加了 V2X 模块。在硬件开发平台增加了车端，以及路侧的参考硬件（图中的 V2X 车载单元），用来完成智能驾驶车辆与路侧的信息传输和解析；在开源软件平台，对感知和决策规划模块进行了升级，能够完成 Apollo 系统车端对 V2X 相关信息的融合处理，同时提供可运行在车端及路侧硬件上的软件包，负责 V2X 信息的相关处理工作；在云端服务平台，开发智能路侧服务，提供自动驾驶所需的路侧感知预测等信息，同时开源路侧的感知预算等算法，升级仿真服务能力，扩充在车路协同环境下的仿真场景。在实际的行驶场景下，Apollo 智能驾驶系统通过 V2X 模块与 OBU 通信，更好地完成智能驾驶。以预测为例，在 Apollo 7.0 中，其重要特性就是交互式预测，即在预测的过程中，要考虑被预测的障碍车和主车的交互，使预测和规划的轨迹更加平稳和准确。

6.2.3 中间件架构

中间件层位于软件应用层和操作系统层之间,主要目的是为上层应用提供数据通信、协议对齐、计算调度、模块化封装等常用功能,为应用开发提供标准化、模块化的开发框架,实现模块解耦和代码复用,是连通云端和车端的重要工具。

1. ROS

ROS 作为最早开源的机器人软件中间件,很早就被机器人行业使用。ROS 的首要设计目标是在机器人研发领域提高代码复用率。由于其开源特性,且拥有丰富的开源库和工具链,ROS 在智能驾驶的研究领域有着较为广泛的应用,很多智能驾驶的原型系统中都基于 ROS。百度 Apollo 最初使用了 ROS,直至 Apollo 3.5 版本才切换至自研的车载中间件 Cyber RT。ROS 是一个强大而灵活的编程框架,从软件构架的角度说,它是一种基于消息传递通信的分布式多进程框架。因为 ROS 本身是基于消息机制的,开发者可以根据功能把软件拆分成为各个模块,每个模块负责读取和分发消息,模块间通过消息关联。

如图 6-21 所示,ROS 在发展过程中主要有两个版本,即 ROS 1.0 和 ROS 2.0。其中,ROS 1.0 的通信依赖中心节点的处理,无法解决单点失败等可靠性问题。为了更好地符合工业级的运行标准,ROS 2.0 最大的改变是,取消节点管理器(Master),实现节点的分布式发现、发布/订阅、请求/响应;底层基于数据分发服务(DDS)这个工业级的通信中间件通信机制,支持多操作系统,包括 Linux、windows、Mac、RTOS 等。

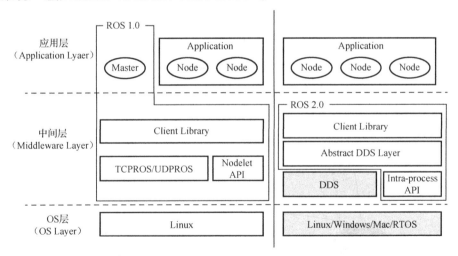

图 6-21 ROS 架构

1) ROS 1.0

如图 6-21 所示,在应用层,ROS 1.0 由节点(Node)和节点管理器(Master)组成。其中,节点指功能、进程或者一个软件模块;节点管理器用来管理节点,如果将一个节点比作一个固定电话,那么节点管理器就是基站或总站。ROS 1.0 的通信机制是节点对节点的通信,如图 6-22 所示,其通信方式分为话题与服务两种。

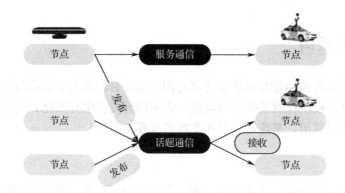

图 6-22　ROS 1.0 的组成

ROS 1.0 的话题通信过程如图 6-23 所示。假设一个节点需要某种类型的信息，假设这种类型是"bar"，也就是我们所说的话题，那这个节点必须接收这种话题的信息，我们把这个节点称为接收者或者订阅者（Listener），因此它会向节点管理器求助，节点管理器便会帮助这个接收者找正在发布话题"bar"的节点。这个节点我们称为发布者（Talker），找到之后便会帮助这两个节点建立连接，然后通信。具体步骤如下所示：

（1）发布者在节点管理器中进行信息注册；
（2）接收者在节点管理器中进行信息注册；
（3）节点管理器对发布者节点和接收者节点进行信息匹配；
（4）接收者向发布者发送自己的 TCP 通信协议，以及连接请求；
（5）发布者确定连接请求，将自己的 TCP 地址发送给接收者；
（6）接收者与发布者建立网络连接；
（7）发布者以 TCP 协议向接收者进行数据传输。

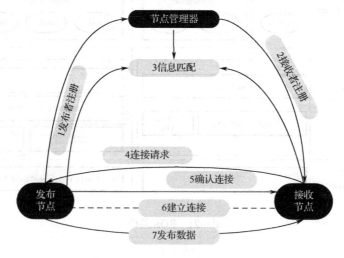

图 6-23　ROS 1.0 的话题通信过程

从话题通信的过程中可以看出，话题通信可以多个节点与多个节点进行通信，若一个节点发布一种话题的消息，有 3 个节点都需要这种消息，那么这 3 个节点都可订阅且接收这种消息。服务通信则不同，它是单向的，即消息流只能由发布者流向接收者，而且节点之间的通信是有延迟的。服务通信的两个节点,一个是服务器(发布节点),一个是客户端(接收节点),服务器用来发布数据信息,客户端用来接收数据信息。ROS 2.0 的服务通信过程如图 6-24 所示。具体步骤如下所示:

(1)发布节点在节点管理器中注册信息;
(2)接收节点在节点管理器中注册信息;
(3)节点管理器对发布节点和接收节点进行信息匹配;
(4)发布节点与接收节点建立网络连接;
(5)发布节点向接收节点发布服务应答数据。

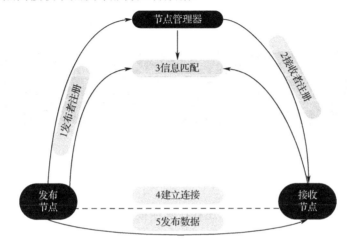

图 6-24　ROS 2.0 的服务通信过程

2)ROS 2.0

ROS 2.0 的改进主要是为了让 ROS 能够符合工业级的运行标准,采用了数据分发服务(DDS)这个工业级别的中间件来负责可靠通信,动态发现通信节点,并用 Shared Memory 方式使得通信效率更高。通过使用 DDS,所有节点的通信拓扑结构都依赖于动态 P2P 的自发现模式,所以也就去掉节点管理器这个中心节点,如图 6-25 所示。在 DDS 中,每一个发布者或者订阅者都称为参与者,参与者类似于 ROS 1.0 中节点的概念。一个参与者就是一个容器,对应一个使用 DDS 的用户,参与者可以使用某种定义好的数据类型来读写全局数据空间,任何 DDS 的用户都必须通过参与者来访问全局数据空间。

虽然 ROS 2.0 基于 ROS 1.0 有了很大的改进,但是距离完全车规应用还有很大的距离,以下 5 个方面需要提升。

(1)ROS 2.0 是一个开发中的框架,很多功能还不是很完整,有待更多的测试与验证。而在无人驾驶环境中,稳定性与安全性是至关重要的,我们需要基于一个经过验证的稳定系统来保证系统的稳定性、安全性和性能,以达到无人车的要求。

(2)DDS 本身的耗费,在国防科技大学的开源项目 MicROS 试验中发现,在一般的 ROS 通信场景中(100K 发送者和接收者通信),ROS on DDS 的吞吐率并不及 ROS 1.0,主要原因是 DDS 框架本身的耗费要比 ROS 多一些。同时,用了 DDS 以后,CPU 的占用率有明显提高。

(3)DDS 本身就是一套庞大的系统,其接口的定义极其复杂,同时文档支持较薄弱。

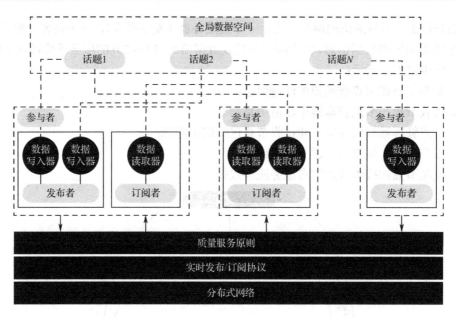

图 6-25　ROS 2.0 通信模型

（4）ROS 中的各节点以独立进程运行，节点运行顺序无法确定，因而业务逻辑的调度顺序无法保证。

（5）除了调度的不确定性，ROS 中还存在其他很多不确定的地方，如内存的动态申请。

2．Cyber RT

Cyber RT 是专门为自动驾驶场景开发的分布式中间件框架，在 Apollo 3.5 版本中正式发布。它是全球首个面向自动驾驶的高性能开源计算框架，可显著提升研发效率，自适应设计易于部署，框架高效、可靠，可帮助客户实现更快速的搭载与落地。Apollo Cyber RT 框架基于组件的概念构建。作为 Apollo Cyber RT 框架的基本构建块，每个组件都包含一个特定的算法模块，该模块处理一组输入数据并生成一组输出数据。

如图 6-26 所示，Cyber RT 从下到上基本分为高性能基础库层、通信层、数据缓存/融合层、计算调度层，以及为算法模块提供的任务抽象接口层。

（1）高性能基础库层：Cyber RT 设计了比较多的基础库，目前这些基础库主要用在 Cyber RT 的内部模块里面。

（2）通信层：使用经典的 Pub/Sub 匿名通信模式，基于动态的服务发现去除了中心化的节点，同时也支持进程间通信和跨机通信。由于很多算法需要多路数据进行计算，因此框架提供了基础的多路数据融合功能。此外，框架还提供了数据的 Observe 模式，方便算法能够根据业务定义数据融合策略，也为离线仿真等业务提供更好的控制力度。

（3）计算调度层：屏蔽了操作系统的底层细节，不再对应用层体现线程的概念，而是将其封装为 Processor，并结合协程的使用，实现了用户空间的任务调度和切换。

（4）任务抽象接口层：接口是面向对象的高度封装类，在 Cyber RT 中叫作 Component，使用者只需要按需求选择相应的 Component，然后实现其中的初始化、任务处理等接口，即可加载到框架中运行，而无须关注底层的具体执行单元和线程模型。

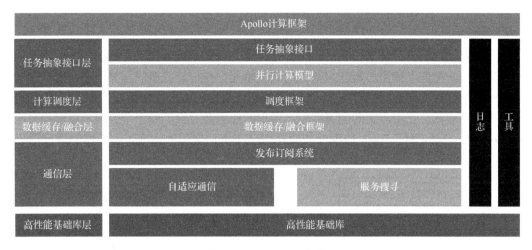

图 6-26 Cyber RT 架构

1)运行流程

Cyber RT 中有几个基础概念十分重要,分别是 Mainboard、Component、Channel 和 Task。其中,Mainboard 是 Cyber RT 的主进程,主要功能是解析 dag 配置文件,通过动态加载的方式读取算法模块,并完成整个系统的初始化,相当于整个系统运行的载体;Component 是 Cyber RT 最基本的模块,每个算法都可以封装为一个独立的 Component,定义算法的输入数据及处理函数,其是系统中可插拔的最小单元,通过 Mainboard 加载并执行;Channel 是 Cyber RT 中数据通信的总线,通过 Channel 名称来区分不同的消息通路,模块间通过 Channel 匹配并建立连接,实现通信;Task 是 Cyber RT 框架中的基本计算单元,是调度器用来执行的最小单元,对用户来说,Task 类似一个与特定数据绑定的函数指针,用来处理一类特定任务。

Cyber RT 的基本运行流程如图 6-27 所示,主要分为以下 4 个步骤:

(1)车上的智能驾驶系统一般是由传感器驱动的,需要采集每个传感器上的数据,多路传感器数据会作为系统的输入源驱动整个系统运转;

(2)框架根据每个 Component 的输入输出关系,将各个 Component 串联起来,形成一个 DAG 计算图;

(3)任务调度把每个 Component 里面的具体算法及输入的 Channel 进行绑定,生成一个个独立的可执行单元,然后再根据具体的调度策略将 Task 发送至执行池;

(4)底层具体的执行库,多个 worker 根据预设的策略并行执行分配给自己的 Task。

Cyber RT 的核心功能是计算任务调度和提供底层通信服务。

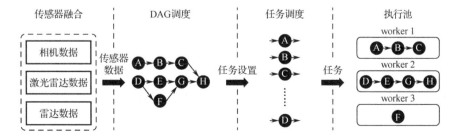

图 6-27 Cyber RT 的基本运行流程

2）任务调度

为了满足实时的性能需求，Cyber RT 做了一个专用的调度系统，它将调度的逻辑从内核空间抽离到用户空间，使用协程作为基础的调度单元。在传统的多线程模型中，用户的计算对应于一个个线程，而线程则对应于 CPU 的核心，线程的调度和切换则依赖 Kernel 的调度算法，可控性较低。在用户空间的调度中，用户的任务会对应于一个个协程，协程则对应于 Processor，Processor 对于 Task 的执行和切换完全在用户空间中完成，由具体的调度器来控制，如图 6-28 所示。

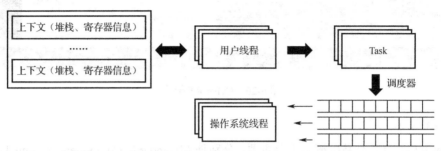

图 6-28　Cyber RT 调度框架

对于每个车上的计算任务，无论是单个传感器数据的预处理还是车辆的底层控制算法，Cyber RT 都将其抽象为一个个独立的 Task，每个 Task 创建时对应一个协程，每个协程有一套独立的上下文信息，包含堆栈及寄存器信息。创建完 Task 后统一交由调度器分配至对应的 Processor 上，每个 Processor 对应操作系统的一个真实线程。通常情况下，Processor 与 CPU 的逻辑核是一一对应的，避免任务在运行过程中在不同的 CPU 间频繁迁移，造成过多的上下文切换和高速缓存失败（Cache Miss）。底层的 Processor 划分，以及每个 Task 应该分配到哪个 Processor 上都是由调度策略决定的。

目前，Cyber RT 主要提供了编排模式和经典模式两种调度策略，与传统的服务端应用相比，自动驾驶任务有一个特点，大部分任务都是以一定周期运行的。调度器可以预先知道每个时刻应该执行哪些任务，以及任务之间的优先级关系。编排策略正是基于这一特性，通过对系统具体业务的分析，预先配置好每个任务在哪个 CPU 上运行，以及任务之间的先后关系，如将相互之间无依赖的任务放到不同 CPU 上提高并行度，将存在上下游关系的任务放在同一个 CPU 上运行，这样任务的分配和调度主要集中在初始化阶段，一旦任务编排完成，只需要按照顺序进行执行即可，减少运行期的动态调整。

如图 6-29 所示，左边的任务在编排策略下，各个任务都绑定在固定的 Processor 上，并与 CPU 逻辑核绑定，在运行期能大幅减少线程切换及 Cache Miss 的开销，减少系统的不确定性。在极端情况下，系统中可能会出现一些高优级的任务被阻塞的情况。为了解决这种情况，Cyber RT 保留了一些预留的 Processor，如图 6-29 右边虚线部分所示，当有临时的高优先级任务出现时，会将其调度到这个高优先级的 Processor 上，由于这些 Processor 底层是实时线程，所以可以实现用户空间的任务抢占，保证实时任务的执行。

3）经典策略

与编排相比，经典策略的逻辑更像是传统的线程池模式，如图 6-30 所示，每个 Processor

不再有单独的任务队列，Task 也不会固定在某个 Processor 上，所有的 Processor 共用任务队列，并以先进先出的方式执行任务。在这种策略下，为了能够支持任务的优先级区分，Cyber RT 实现了多优先级队列机制，每个任务根据优先级进入不同的队列，在保证高优先级任务优先执行的情况下，也能够尽量减少单队列带来的并发瓶颈。此外，在经典策略中，还对线程池进行了分组管理，可以将 Processor 分为多组，不同线程池之间的 Task 无法迁移，实现资源隔离，对于多个非均匀内存访问（NUMA）的 CPU 架构有比较好的支持。

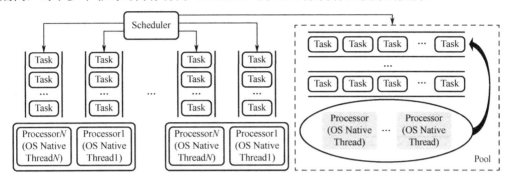

图 6-29　Cyber RT 编排策略调度框架

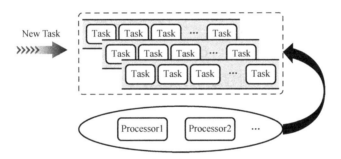

图 6-30　Cyber RT 经典策略调度框架

4）通信服务

Cyber RT 的另外一个功能就是底层通信服务。智能驾驶系统需要多种传感器协同工作，以覆盖不同场景、不同路况的需求。多种传感器共同使用的问题是传输带宽需求比较大。其中，相机和激光雷达的数据量非常大，分别达到了 180MB/s 和 70MB/s，而主流的多传感器融合方案至少会包含一个激光雷达和多个相机。车辆在高速行驶过程中一旦出现通信的延迟或者数据的丢帧，对行车安全会造成极大的威胁。

在 Cyber RT 中，为了兼顾集中式部署时的高性能，以及分布式部署的灵活性，提出了自适应的通信方式，尽量以最高效的方式进行数据传输，这些通信方式对开发者来说是透明的。开发者只需要指定发送的 Channel 名称及类型即可，Cyber RT 框架会根据模块之间的关系动态选择合适的通信方式。例如，当两个模块处于同一个进程中的时候，会直接进行指针传递，减少序列化及内存复制的开销；当两个模块处于同一台机器的不同进程中的时候，会使用共享内存的方式进行通信，避免数据的多次复制；当两个模块处于同一网络内的不同机器中时，则会通过 Socket 的方式进行网络通信。通过自适应的通信方式，能够将模块开发与实际部署方案解耦，保证性能的同时也具有比较好的灵活性。

在 Cyber RT 的通信框架中，一共可以分为 3 层，如图 6-31 所示。

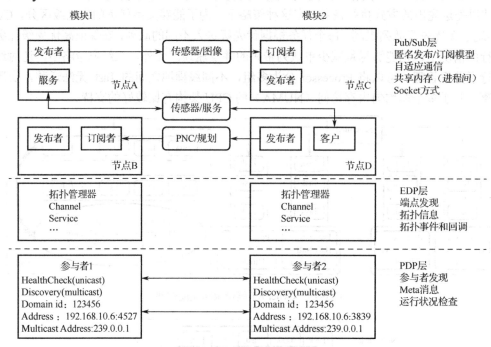

图 6-31　Cyber RT 通信服务框架

最下面一层是 PDP 层，用于进程之间的相互发现。对于每一个独立的进程，会有一个唯一的参与者（Participant），初始化进程时，通过组播的方式向域内的其他进程广播信息，用于彼此发现并建立点对点的连接。建立连接后，通过心跳机制定期检查对方节点的存活状态，用以进行响应的异常处理。这一层描述的是不同进程之间的连接关系，并不涉及上层的业务应用。PDP 层之上是 EDP 层，在两个节点通过 PDP 层完成点到点的连接建立之后，会通过单播的方式将本节点内的 Channel、Service 等信息发送给对方，框架中各种通信、服务的 Meta 信息都在这一层进行传递，并交由（Topology Manager）统一处理。当服务的 Meta 信息传递给拓扑管理器后，会进行消息发布者、订阅者的匹配。当两个节点之间的消息匹配成功后，自适应选择最高效的通信方式，并在 Pub/Sub 这一层建立连接，完成最终的通信过程。Cyber RT 通过以上三层，实现发现、Meta 信息交换、建立连接的功能。

6.2.4　Cyber RT 创建组件案例分析

Cyber RT 是基于组件概念来构建的，组件化开发的成果是基础库和公共组件，其原则是高重用、低耦合。如图 6-32 所示，要创建并启动一个算法组件，需要通过 4 个步骤：初始化组件的文件结构、实现组件类、设置配置文件、启动组件。

1. 初始化组件的文件结构

在这个过程中需要定义文件结构，通常包括 C++头文件、C++源文件、Bazel 构建文件、DAG 文件，以及 Launch 文件。以 cyber/examples/common_component_example/目录下的样例

程序为例，其初始化文件结构应为

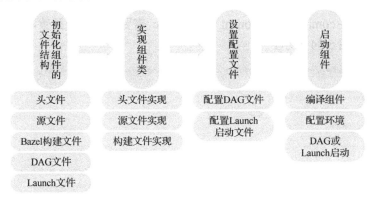

图6-32 Cyber RT 创建组件的过程图

（1）C++头文件：common_component_example.h。
（2）C++源文件：common_component_example.cc。
（3）Bazel 构建文件：BUILD。
（4）DAG 文件：common.dag。
（5）Launch 文件：common.launch。

2．实现组件类

在这个过程中需要实现 C++头文件、C++源文件和 Bazel 构建文件。

1）C++头文件的实现

以如何实现 common_component_example.h 文件为例，需要以下3个步骤：

（1）继承 Component 类；
（2）定义自己的 Init 和 Proc 函数，Proc 函数需要指定输入数据的类型；
（3）使用 CYBER_REGISTER_COMPONENT 宏定义将组件类注册成全局可用。

头文件的具体代码实现如图 6-33 所示。

```cpp
#include <memory>

#include "cyber/component/component.h"
#include "cyber/examples/proto/examples.pb.h"

using apollo::cyber::Component;
using apollo::cyber::ComponentBase;
using apollo::cyber::examples::proto::Driver;

class CommonComponentSample : public Component<Driver, Driver> {
 public:
  bool Init() override;
  bool Proc(const std::shared_ptr<Driver>& msg0,
            const std::shared_ptr<Driver>& msg1) override;
};
CYBER_REGISTER_COMPONENT(CommonComponentSample)
```

图 6-33 C++头文件的具体代码实现

2）C++源文件的实现

对于C++源文件common_component_example.cc，需要实现两个函数，分别为Init和Proc。具体的实现代码如图6-34所示。

```
#include "cyber/examples/common_component_example/common_component_example.h"

bool CommonComponentSample::Init() {
  AINFO << "Commontest component init";
  return true;
}

bool CommonComponentSample::Proc(const std::shared_ptr<Driver>& msg0,
                                 const std::shared_ptr<Driver>& msg1) {
  AINFO << "Start common component Proc [" << msg0->msg_id() << "] ["
        << msg1->msg_id() << "]";
  return true;
}
```

图6-34　C++源文件具体的实现代码

3）Bazel创建文件的实现

在此阶段需要创建build文件，具体的实现代码如图6-35所示。

```
load("@rules_cc//cc:defs.bzl", "cc_binary", "cc_library")
load("//tools:cpplint.bzl", "cpplint")

package(default_visibility = ["//visibility:public"])

cc_binary(
    name = "libcommon_component_example.so",
    linkshared = True,
    linkstatic = False,
    deps = [":common_component_example_lib"],
)

cc_library(
    name = "common_component_example_lib",
    srcs = ["common_component_example.cc"],
    hdrs = ["common_component_example.h"],
    visibility = ["//visibility:private"],
    deps = [
        "//cyber",
        "//cyber/examples/proto:examples_cc_proto",
    ],
)
cpplint()
```

图6-35　创建文件具体的实现代码

3. 设置配置文件

在此阶段需要配置DAG文件和Launch启动文件。

1) DAG 文件配置

在 DAG 文件（如 common.dag）中配置以下几项。

（1）Channel names：输入 Channel 的名称。

（2）Library path：该组件生成的共享库路径。

（3）Class name：此组件类的名称。

具体的实现代码如图 6-36 所示。

```
# Define all components in DAG streaming.
module_config {
module_library : "/apollo/bazel-bin/cyber/examples/common_component_example/libcommon_component_example.so"
components {
    class_name : "CommonComponentSample"
    config {
        name : "common"
        readers {
            channel: "/apollo/prediction"
        }
        readers {
            channel: "/apollo/test"
        }
    }
}
}
```

图 6-36　DAG 文件配置具体的实现代码

2）Launch 启动文件配置

在 Launch 启动文件（common.launch）中配置下面的项：

（1）组件的名字；

（2）上一步配置的 DAG 文件路径；

（3）运行组件时的进程名。

具体的实现代码如图 6-37 所示。

```
<cyber>
    <component>
        <name>common</name>
        <dag_conf>/apollo/cyber/examples/common_component_example/common.dag</dag_conf>
        <process_name>common</process_name>
    </component>
</cyber>
```

图 6-37　Launch 启动文件配置具体的实现代码

4．启动组件

首先通过"cd /apollo bash apollo.sh build"命令编译组件，其次配置环境，即 source cyber/setup.bash，最后从终端观察输出，即"export GLOG_alsologtostderr=1"。有两种方法来启动组件，具体如下所示。

（1）使用 Launch 文件启动（推荐）：

cyber_launch start cyber/examples/common_component_example/common.launch

（2）使用 DAG 文件启动：

mainboard -d cyber/examples/common_component_example/common.dag

任务 6.3　汽车网联安全技术

6.3.1　汽车网络安全面临的挑战

对消费者而言，从早期收音机、遥控钥匙等技术的出现到近期智能网联汽车的普遍应用，电子技术的进步大幅提高了汽车使用的舒适性和便利性，同时汽车的网络安全也面临着日益严峻的挑战。2015 年，由菲亚特-克莱斯勒公司生产的 2014 和 2015 款大切诺基 SUV 等车型被宣布大规模召回，引起该召回事件的直接原因则是该公司生产的 Jeep 自由光车型所搭载的"Uconnect"娱乐系统被黑客远程入侵，进而可以远程控制车辆的动力、转向、制动等系统，给车主造成潜在的安全威胁。实施此次攻击的软件工程师米勒（Charlie Miller）和 IOActive 安全公司智能安全总监瓦拉塞克（Chris Valasek）首先入侵了与车辆相连的移动网络 3G 信号，进一步控制车辆的 CAN 总线，通过向 CAN 总线发送特定的报文，实现了远程操控车辆的各种动作。

电子技术的进步给车辆带来了各种各样的功能，同时也提供了众多与外界信息交互的通道，攻击者对汽车发起攻击的途径如图 6-38 所示，通过入侵一些模块可以实现汽车与网络、手机、存储设备及其他基础设施等的信息交互。同时，与车辆做信息交互的接口和模块（如移动网络模块、WiFi 模块、USB 接口、OBDII 接口、蓝牙模块、遥控钥匙模块、胎压监控等）也处于暴露状态，信息交互的同时也可能会引起黑客的入侵行为。

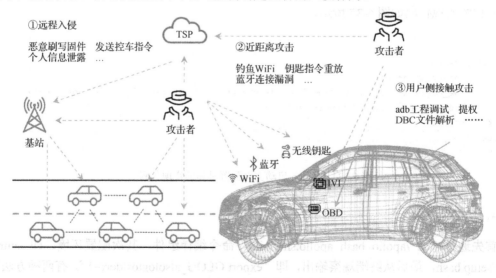

图 6-38　攻击者对汽车发起攻击的途径

智能网联汽车具备多达 150 个以上的 ECU 和超过 1 亿行的代码，同时具备外部互联的网络接口及无线连接接口，以及物理连接的诊断接口、UBS 接口，给车辆的网络安全带来了巨大的挑战。通过入侵汽车网络，可将汽车暴露在以下安全风险中：

（1）对 ADAS、V2X 系统进行欺骗，使系统对目标物体做出错误判断，引发安全事故；

（2）对 CAN 总线系统实施远程或物理连接方式的虚假报文注入，欺骗 ECU 做出不符合驾驶者预期的动作，使得车辆不受驾驶者的控制；

（3）对娱乐系统或车载智能设备的入侵可能导致车主的个人信息失窃或个人财产的损失。

6.3.2 汽车网络的入侵途径

在对汽车网络实施入侵时，根据与车辆连接方式的不同，可分为无线入侵和有线入侵。其中，无线入侵又可分为远程无线入侵和近程无线入侵。例如，入侵车辆与移动数据基站的连接属于无线远程入侵，入侵 WiFi、蓝牙、胎压监控等连接属于无线近程入侵，而通过 UBS 接口、车载诊断系统（On Board Diagnostic，OBD）的诊断接口等物理连接方式入侵则属于有线入侵，如图 6-39 所示。

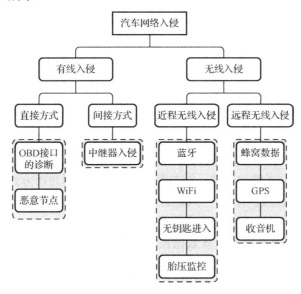

图 6-39 汽车网络攻击的不同途径

根据入侵目标的不同，又可分为对娱乐系统、门禁系统、诊断系统、各类 ECU 等的入侵。

（1）对娱乐系统的入侵：智能网联汽车允许驾驶人员通过车机系统中的应用访问网络，同时也允许驾驶人员通过手机 App 远程连接，以及蓝牙设备及车载 WiFi 系统的短程连接等方式操控汽车，实现启动发动机、远程锁定和解锁车门等。黑客通过攻击车辆车机系统中的系统漏洞，可以远程提升对车辆的控制权限，远程读取车机系统中存储的车主信息，调用车辆的支付权限，读取车内布置的摄像头及麦克风数据，远程监听车辆内驾乘人员的谈话等。例如，车机系统通过 CAN 网络或其他总线形式与车辆的动力系统、转向系统、制动系统等相连，黑客还可以进一步入侵车辆的安全系统，远程控制使车辆不受控制的转向、使制动系统失灵等。

（2）对门禁系统的入侵：当遥控钥匙丢失后，车辆所有者可以很方便地通过维修店或网络店铺配到钥匙，这其实就是车辆门禁密钥被泄漏和盗用的常见案例。一些常见的门禁密钥的非法获得途径如下所示。

① 攻击密钥存放服务器：攻击者可以通过攻击汽车厂家或4S店的网络服务器等方式非法获得车辆的门禁钥匙密钥。

② 截获钥匙与车辆之间的通信：攻击者可以使用监听设备在车主远程遥控车辆时截获钥匙和车辆之间的通信信息，并加以解析，获得门禁密钥。

③ 暴力破解：可以通过暴力破解的方式对有些钥匙的响应或密钥实施攻击，当钥匙端采用的密钥长度较短或密钥算法不够复杂时，攻击者使用特定的硬件和软件产生并模拟钥匙信号，周而复始地向车辆发送。

④ 中继器攻击：对于具备无钥匙进入系统的车辆来说，这类攻击甚至不需要破解钥匙密钥即可获得车辆的开门或启动权限，具体实施方式为攻击者准备两台配对的无线通信设备，第一台放在被攻击车辆附近，第二台放在受害者的钥匙附近，第一台设备模仿汽车钥匙和汽车的无钥匙进入系统，并触动汽车开门按键发出触发信号，通过中继器将触发信号发送到靠近钥匙的第二台设备端，获取钥匙的正确应答信号并反向送回车辆附近的第一台设备，第一台设备将返回的正确钥匙信号发送给车辆，即可完成开锁甚至启动发动机的动作。

（3）通过OBD或USB口攻击车载总线网络：在车辆的网络架构中，各类电子设备都是通过一定的网络互相连接的，如CAN、LIN、FlexRay和MOST等，若攻击者设法连接到车辆的OBD或USB口，则可以通过攻击易于破解的某个ECU设备进而进入整车的通信网络，窃听其他ECU的报文格式及密钥，甚至篡改ECU数据。在汽车后市场上，从事改装业务的服务商，通过OBD或USB口的连接破解报文，修改ECU中的数据，如发动机序列号、ODO里程等，获取非法的利润；一些服务商通过特定的软件对ECU数据刷写，更改原ECU中存储的标定数据，实现某些功能的突破。对车载通信网络的主要攻击方式如下所示。

① 模糊攻击：是指对通信网络注入通过恶意软件生成的一系列无效的、非预期的或随机的报文，使通信网络出现非预期行为的一种攻击。

② 重放攻击：是指恶意地将有效数据在目标网络中进行重复地或延迟地播放，从而达到恶意目的的一种攻击。采用该方法攻击网络时，通信网络被注入特定功能的报文，使车辆在非预期时间出现非预期的反应。

③ 拒绝服务（DoS）攻击：DoS是计算机网络中常见的攻击方式，是指在同一时间向服务器或网络发起大量的请求，使得服务器或网络不能及时响应请求而瘫痪。在车载网络攻击中，对于CAN总线而言，可以利用其仲裁机制，通过频繁发送高优先级的报文来占满总线资源，以达到使正常报文不可传输的目的。

（4）对ECU本体的破解：现代黑客可以通过直接对ECU硬件实施攻击的方式破解ECU，进而获取ECU内部的ROM数据，以及存储在其中的通信密钥。在ECU开发过程中，通常会设计JTAG接口或其他类似功能的接口实现ECU数据的下载、对ECU的调试等功能，如图6-40所示为某款ARM芯片10针脚接口的定义。其中，TCK/TMS/TDO/TDI这4个

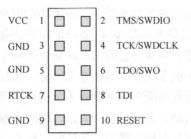

图6-40　某款ARM芯片10针脚接口的定义

项目六　汽车智能网联技术

接口常用来实现 JTAG 功能,这类接口可以直接访问处理的 EEPROM、FLASH 存储区。通常在产品量产以后,会关闭 JTAG 调试接口以防止非法入侵和意外入侵。对 JTAG 接口的关闭通常有硬件和软件两种方法,软件上可以在短时间内使能"JTD"位,但在使能过程中若被外界的电磁信号干扰,则可能无法成功关闭调试接口,导致 ECU 内部存储的数据被访问;硬件上的 JTAG 接口可通过设置 OCDEN 熔丝永久保护,这种情况的破解难度较大,但仍非绝对安全。

(5)对辅助驾驶系统的欺骗:部分智能网联汽车采用单个或多个摄像头的纯视觉方案实现辅助驾驶,如使用摄像头识别车道线、限速标志、障碍物等实现车道保持、车道偏离预警、自适应巡航、前碰撞预警等功能。例如,攻击者在车辆行驶沿线布置有误导性的标志,使辅助驾驶系统获取到错误信息后车辆处于不安全的行驶状态,如在某限速 60km/h 的路段布置 90km/h 的临时错误限速标志,则有可能被摄像头识别,并将限速信息传输给 ACC 系统,使得车辆超速行驶。

6.3.3　应对网络安全的解决办法

为应对日益严峻的汽车网络安全问题,可以从数据接口、网关、通信网络及交互信息安全验证等方面入手,增加网络安全系数。

1. 安全的数据收发接口

在公用网络传输的数据可能没有采取加密措施,智能网联汽车一般会配备一个车载终端 T-Box,作为车辆远程数据连接的接口,如图 6-41 所示为 T-Box 与外部网络和车载通信网络的交互示意图,用户可以通过 T-Box 实现车辆与移动网络的连接、与手机 App 的互动、远程操控或获取车辆的状态信息等功能。如果黑客获取 T-Box 的通信权限,则其就可以进一步入侵整车的通信网络,提升对车辆的控制权限。作为整车与外部网络交互的单元,在 T-Box 端对收发的数据做验证、过滤,在 T-Box 端增加安全单元、建立与外部网络连接的安全通道等都可以作为防范入侵的手段。

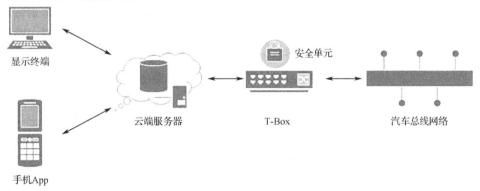

图 6-41　T-Box 与外部网络和车载通信网络的交互示意图

2. 安全的网关

智能网联汽车的快速发展带来了车载 ECU 数量和车载网络通信数据量的激增,以前只有豪华车辆配备的 ADAS 功能也逐渐普及化，不同的网络节点对数据的安全性和实时性要求也不同。因此，为了保证车内各节点数据的流畅传输和安全，需要一种专用车载网络管理设备对车内网络进行合理的划分和管理，如图 6-42 所示为网关与其他 ECU 数据交换的示意图。

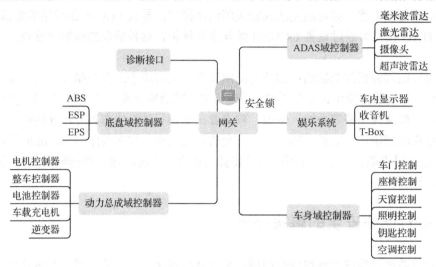

图 6-42　网关与其他 ECU 数据交换的示意图

一般来说，能够支持智能网联汽车通信的网关应具有以下功能。

（1）支持多种网络通信协议，并提供协议间数据的转换功能，以实现不同协议网络之间的通信；除支持 CAN（FD）、LIN、FlexRay、MOST 等车载网络通信协议外，更为现代化的网关还应支持以太网通信协议。在车辆装载了大量的摄像头、激光雷达、毫米波雷达等传感器后，由智能驾驶系统调用的传感器也在实时地产生大量的数据用于传输和交互，对车辆网络的传输带宽提出了更高的要求，传统的车载通信网络无法承载如此大量的数据，因此越来越多的车载网络架构引入了以太网作为数据传输的通道。

（2）支持防火墙和安全机制，可以根据既定的规则过滤入站和出站的网络流量，不允许未经授权的数据通过，并实时监控网络流量以发现可能的入侵异常。尽管如同 3.2 节所述智能网联汽车存在诸多的与外部数据交换的接口，但在车载网络管理上，网关需要根据不同的功能或安全等级将网络划分成不同的域进行管理，将不同域的数据相互隔离。对于跨域的数据传输或控制请求，特别是对于来自外部网络的请求，需要网关做身份识别、消息认证和权限限制后再决定是否将请求转发给目标域。这些请求可能来自手机 App 的数据请求或服务器发布的固件更新，网关可以通过合法的访问，同样有权拒绝非法的访问，为此网关需要支持安全可靠的对称、非对称加密解密算法及认证算法，以及真伪随机数发生器。

（3）支持移动终端的空中下载软件升级（Firmware Over The Air，FOTA），可以通过网关对车辆内部的 ECU 做空中下载（Over the Air，OTA）固件更新。智能网联汽车如同日常使用的手机或电脑一样，在搭载了相关硬件之后，通过不定时的软件更新来实现不同的功能，这其中包含 ECU 的固件更新和应用软件的更新，同时需要较大的网络通信带宽来支持快速的软件更新。为了确保更新的顺利，网关除了保存最新的固件，还需要记录每个 ECU 的固件信息，包括产品序列号、当前固件版本等，用于校验新的固件是否适用于本车。FOTA 更新功能也为黑客攻击提供了新的途径，攻击者可能会利用 FOTA 机制修改关键 ECU 固件或盗取 OEM（Original Entrusted Manufacture）固件。为了防范 ECU 固件被非法修改，需要保证固件的真实性和完整性，如基于密钥的报文完整性验证（HMAC）、基于 AES 等对称加密方式实现消息认证（CMAC）和数字签名、对固件加密、在 OEM 服务器和目标网关之间建立安全的专用网络等。

（4）强大的实时和多任务处理能力。如前几条所述，对于采用域控制器的汽车网络架构，为了保证 ECU 之间通信的及时性和实时性，需要网关不停地转发和验证数据，对来自外部网络的数据验证其通过防火墙的合法性，对不同的数据进行加密、解密，还要负责网络机制的安全运行，因此网关必须具备强大的实时和多任务处理能力。

3. 安全的 ECU

数据在车载通信网络中传输时，除在 T-Box 端和网关端增加安全锁外，还可以在产生数据交换的 ECU 端增加安全验证机制。例如，在 ECU 端增加硬件安全模块（Hardware Security Module，HSM），防护和过滤进出 ECU 的数据。HSM 可单独应用于某关键 ECU 模块，也可以通过某种架构使多个 ECU 共享一个 HSM。在带有 HSM 的 ECU 中，与安全相关的信息和数据由 HSM 进行处理，ECU 则负责其他功能数据的输入与输出。如图 6-43 所示为多个 ECU 共享 HSM 时的并发处理示意图。

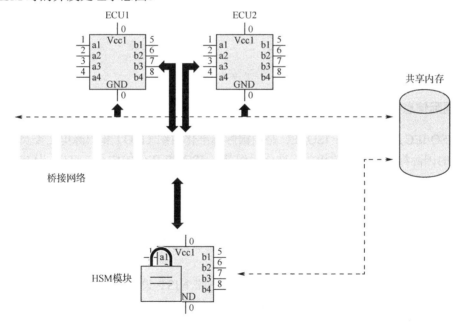

图 6-43　多个 ECU 共享 HSM 时的并发处理示意图

应用 HSM 模块后，安全模块与非安全网络之间将存在 3 个可能的接口。

（1）HSM 安全内核的调试接口：该接口可以通过软件配置加以保护，且一旦保护就处于不可取消状态。

（2）HMS 和用户内核之间的通信接口：通过这个接口与用户内核之间传递需要处理的安全信息。

（3）HSM 与 ECU 之间的系统总线接口：HSM 可以通过该接口访问 ECU 的任意地址空

间，但非安全区域中的鸿鹄内核则不能对受保护的 ECU 做数据访问操作。

除配备 HSM 模块外，ECU 还应具备安全启动功能，该功能可以通过 HSM 中的安全固件实现，但必须独立于用户程序运行，不能被破坏。作为安全启动信任链的基础，安全启动机制用于 ECU 启动后、执行用户程序前，对 Flash 中的关键程序和数据完整性、真实性做出验证，以确定其是否被恶意篡改或损坏。若验证失败，则说明 ECU 处于不可信状态，用户程序也无法正常运行。通常情况下，安全启动是 ECU 启动的第一道程序，即通常意义上的"Bootloader"。

通过安全启动机制可以解决 ECU 的安全启动问题，但在该机制下，对数据的校验仅限于部分核心的安全数据，如需对 ECU 内部 Flash 中存储的所有数据校验，使用该方法则效率较低，校验数据耗时较长，无法满足快速启动 ECU 的需求，甚至在某部分数据校验失败时可能会导致整个 ECU 无法启动。

在需检查 Flash 内部所有数据的应用场景下可以使用安全信任链技术。首先根据程序的特点将 Flash 中的 App 划分为几个独立的段，每个段中程序和数据的安全级别依次递减，后一段代码是否执行建立在前一段代码可信的基础上。

当安全启动 ECU 后，执行完 Bootloader 中的代码，并有 Bootloader 触发对第一段 App 的 CMAC 校验，校验完成后则由第一段 App 代码继续触发下一段代码的 CMAC 校验，直至校验完成。

6.3.4 汽车网联安全法规标准

1. 国际信息安全相关机构

（1）ISO/IEC JTC1 SC27：ISO/IEC 是由国际标准化组织（ISO）和国际电工委员会（IEC）共同制定的国际标准，各国的相关标准化组织都是 ISO 和 IEC 的成员。JTC1 为 ISO 和 IEC 共同组成的信息标准化委员会，其下属的 SC27 为安全技术分委员会，主要负责信息技术安全的一般方法和技术的标准化工作。

（2）美国国家标准与技术研究院（NIST）：NIST 直属美国商务部，主要从事计量科学研究、制定标准、开发新技术等任务，并非专注汽车电子领域。但 NIST 定义了目前流行的大多数加密算法，如 AES，SHA-1/2/3 等。

（3）英国标准协会（BSI）：BSI 是英国政府对照 NIST 设立的，在信息安全领域做了大量工作，获得了国际社会的广泛认可。BSI 倡导制定了 ISO9000 系列管理标准，而 ISO/IEC 27001 信息安全管理实用规则的前身则为英国的 BS 7799 标准。

（4）国际互联网协会（ISOC）：ISOC 是由机构和个人会员组成的全球性专业协会。ISOC 的下属机构包括互联网工程任务组（IETF）和互联网架构委员会（IAB）。这些机构制定互联网标准及规范，并以 RFC 的形式发布。

2. 国际信息安全管理标准体系

目前，国际上比较有影响力的信息安全标准体系主要有：

（1）英国标准协会（BSI）的 7799 系列。BS 7799 是 BSI 最早于 1995 年针对信息安全管理制定的标准。几经改版后,目前主要分为两个部分。其中,BS 7799-1 是信息安全管理实用规则,主要供负责信息安全系统开发的人员参考使用;BS 7799-2 是建立信息安全管理体系(ISMS)的一套规范,其中详细说明了建立、实施和维修信息安全体系的要求,它可用来引导相关人员如何应用 BS 7799-1。

(2)ISO/IEC 27002:2005《信息技术/安全技术/信息安全管理实用规则》。该标准描述了信息安全管理领域的最佳方法,覆盖了安全方针、信息安全组织、资产管理、人力资源安全、物理与环境安全、通信与运作管理、访问控制、信息系统的获取开发及维护、信息安全事故处理、业务连续性管理及符合性等 11 个方面的内容。

(3)ISO/IEC 27001:2005《信息技术/安全技术/信息安全管理体系要求》。该标准为建立信息安全管理系统(ISMS)的一套规范,其中详细描述了建立、实施和维护信息安全管理体系的要求,指出实施机构应遵循的风险评估标准,并指导相关人员如何使用该标准。

(4)ISO 13335《IT 安全管理指南》。该标准为 ISO/IEC JTC1 SC27 发布,主要目的是给出如何有效地实施 IT 安全管理的建议和指南,包含 IT 安全的概念和模型、IT 安全的管理和计划、IT 安全的技术管理、防护的选择和外部连接的防护。

3. 国内信息安全相关机构

我国于 1984 年建立了数据加密技术委员会,2001 年国家标准化管理委员会批准成立了全国信息安全标准化技术委员会。全国信息安全标准化技术委员会是信息安全技术领域内,从事信息安全技术标准化工作的组织,主要包括安全技术、安全机制、安全服务、安全管理、安全评估等领域的标准化技术工作。

全国信息安全标准化技术委员会包括图 6-44 中所示的 8 个工作组。

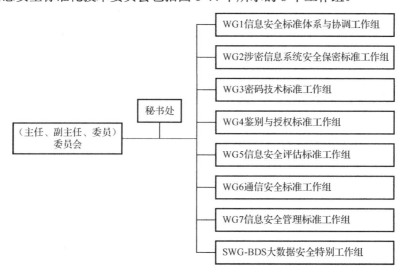

图 6-44 全国信息安全标准化技术委员会的组织架构

(1)WG1 信息安全标准体系与协调工作组:负责研究信息安全标准体系,跟踪国际信息安全标准发展动态,研究、分析国内信息安全标准的应用需求,研究并提出新的工作项目和工作建议。

（2）WG2 涉密信息系统安全保密标准工作组：负责研究提出涉密信息系统安全保密标准，制定和修订涉密信息系统安全保密标准，以保证涉密信息系统的安全。

（3）WG3 密码技术标准工作组：负责密码算法、密码模块、密钥管理标准的研究与制定。

（4）WG4 鉴别与授权标准工作组：负责国内外 PKI/PMI 标准的分析、研究和制定。

（5）WG5 信息安全评估标准工作组：负责调研国内外测评标准现状与发展趋势，研究提出测评标准项目和制定计划。

（6）WG6 通信安全标准工作组：负责调研通信安全标准现状与发展趋势，研究提出通信安全标准体系，制定和修改通信安全技术标准。

（7）WG7 信息安全管理标准工作组：负责信息安全管理标准体系的研究，以及信息安全管理标准的制定工作。

（8）SWG-BDS 大数据安全特别工作组：负责与大数据和云计算相关的安全标准化研制工作。

4．国内信息安全法规与标准

（1）GB 17859—1999《计算机信息系统 安全保护等级划分准则》：该标准为我国计算机信息系统安全保护等级的基础，其中规定了计算机系统安全保护等级从高到低的 5 个级别，依次为用户自主保护级、系统审计保护级、安全标记保护级、结构化保护级和访问验证保护级。

（2）《中华人民共和国网络安全法》：该法律是为保障网络安全，维护网络空间主权和国家安全、社会公共利益，保护公民、法人和其他组织的合法权益，促进经济社会信息化健康发展而制定的。由全国人民代表大会常务委员会于 2016 年 11 月 7 日发布，2017 年 6 月 1 日起施行。该法律为我国第一部全面规范网络空间安全管理问题的基础性法律，是我国网络空间法治建设的重要里程碑，是依法治网、化解网络风险的法律重器，是让互联网在法治轨道上运行的重要保障。

6.3.5　Apollo 汽车信息安全应用案例

国内知名智能网联汽车技术开发平台 Apollo 在车联网信息安全和自动驾驶信息安全方面提供了一些解决方案。

1．车联网信息安全

（1）车机安全：提供覆盖车载系统、应用程序、网络通信和硬件的多层防御机制，对车机攻击行为进行及时预防、实时检测和应急响应，全面保护车机版权、用户隐私、控车安全。

（2）网关安全：在网关部署轻量级 CAN 防火墙，阻止非法控车指令的进入；基于汽车安全网关实现入侵检测与防护（IDPS）；为关键行车数据提供安全通信机制、具备密钥分发能力。

（3）ECU 安全：为保证 ECU 自身运行环境的安全，提供基于硬件的安全引导和可信计算功能，支持 ECU 安全自检，保护关键 ECU 免受攻击。

2. 自动驾驶信息安全

（1）车脑安全：依托硬件安全芯片，构筑可信的 AI 平台环境。从外到内全面审核车脑系统所有潜在的安全风险，在应用、数据、AI、通信、云等层面构建纵深防御体系，防止外部入侵、产权泄露，以及资产盗用等风险。

（2）网关安全：利用网段隔离将车脑与其他网络进行隔离；通过访问控制，保证接入五元组在安全范围内；通过部署 IDPS，对通信内容进行解析，识别异常入侵；基于 PKI 体系提供端到端的通信加密和双向身份认证功能。

（3）黑匣子：一款针对自动驾驶汽车数据记录的软硬件产品，对关键行车数据及传感器数据进行加密存储和访问控制，为还原事故真相和责任判定提供依据。

参考文献

[1] Wang J, Shao Y, Ge Y, et al. A Survey of Vehicle to Everything (V2X) Testing[J]. Sensors, 2019, 19(2).

[2] Kiela K, Barzdenas V, Jurgo M, et al. Review of V2X-IoT Standards and Frameworks for ITS Applications[J]. Applied Sciences, 2020, 10(12): 4314.

[3] JML Domínguez, Sanguino T . Review on V2X, I2X, and P2X Communications and Their Applications: A Comprehensive Analysis over Time[J]. Sensors, 2019, 19(12): 2756

[4] 杨世春，肖赟，夏黎明，等. 自动驾驶汽车平台技术基础[M]. 北京：清华大学出版社，2020.

[5] 中国汽车工程学会. 基于车路协同的高等级自动驾驶数据交互内容：T/CSAE 158-2020[S]. 北京：中国汽车工程学会，2020.

[6] 中国软件评测中心，智能网联驾驶测试与评价工业和信息化部重点实验室，赛迪（浙江）汽车检测服务有限公司. 车载智能计算基础平台参考架构 1.0（2019 年）[R]. [EB/OL]. [2022-4-24].

[7] 国汽（北京）智能网联汽车研究院有限公司等，智能驾驶功能软件平台设计规范第一部分：系统架构[R]. [EB/OL]. [2022-4-24].

[8] ROS wiki [EB/OL]. [2022-4-23]. http://wiki.ros.org.

[9] 恩里克·费尔南德斯. ROS 机器人程序设计[M]. 刘锦涛. 译. 北京：机械工业出版社，2016.

[10] 如何使用 Cyber RT 创建新的组件[EB/OL].[2022-4-24].

[11] Apollo Cyber RT 计算框架详解[EB/OL].[2022-4-24].

[12] 工业和信息化部人才交流中心，恩智浦（中国）管理有限公司. 智能互联汽车的网络安全技术及应用[M]. 北京：电子工业出版社，2018.

[13] 中国软件评测中心，智能网联汽车评测工程技术中心. 智能网联汽车安全渗透白皮书（2020 年）[R]. [EB/OL]. [2022-4-24].

方案1：案例练习类

1. 请分析下面的 V2X 应用场景，在方框中写出具体的网联技术。

2. 写出图中车-车协同感知的具体过程。

方案2：任务实施类

任务实施

任务步骤	任务要点	实施记录
任务准备	1. 更换实训服，摘掉首饰，长发挽起并固定于脑后 2. 严禁非专业人员或无教师在场的情况下私自对部件进行操作 3. 总成拆装需要至少两人配合完成，不可一人单独作业	是否完成：是□ 否□
工具准备	联网计算机，纸笔，特殊工具	是否正常：是□ 否□ 特殊工具清单：
检查实训车辆	1. 确认实训车辆驻车制动处于锁止状态 2. 确认实训车辆点火开关处于 lock 位置，操作另有要求除外 3. 检查车辆外观 4. 记录车联 VIN	是否正常：是□ 否□ 是否正常：是□ 否□ 是否正常：是□ 否□ VIN：

续表

智能驾驶系统	写出 Apollo 小车的智能驾驶系统架构，以及 CYBER RT 的实现过程。 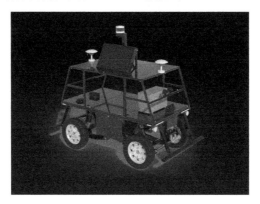 智能驾驶系统： CYBER RT 实现过程：

质量评价

任务总结	对智能驾驶系统认知的小结： 工作实施情况反思：

续表

评分项目		知识能力(25分)	实践能力(25分)	职业素养(25分)	工作规范6S(25分)	总评
质量评价	自我评分					
	小组评分					
	教师评分					
	合计					

一、填空

1. V2X 通信基于连接的对象可分为_____、V2I、_____、_____。
2. 车辆的无线通信系统通常由_____、传输介质、_____组成，V2X 通信的两大主流技术为_____、_____。
3. DSRC 主要由_____、_____和通信协议组成，通常包括_____、_____、网络层和_____。
4. 长期演进 V2X 由_____、_____和基站组成，基于是否需要基站可分为_____和_____。
5. 基于 V2X 的智能驾驶系统通常包括_____、_____、和_____ 三个部分。
6. 智能驾驶操作系统是纵向分层的，通常分为_____、_____、操作系统层和_____。
7. ROS 1.0 系统包括_____、_____、话题和_____，其通信方式分为_____和服务两种。

二、选择

1. 哪些技术可以用于实现十字路口通行辅助（　　）。
   A. V2V　　　　B. V2I　　　　C. V2N　　　　D. 以上都是
2. 以下哪个不是 VSS 与 VSS 交互的数据（　　）。
   A. 决策策略　　B. 规划策略　　C. 感知数据　　D. 控制数据
3. 以下哪个不是 CYBER RT 的架构层（　　）。
   A. 计算调度层　B. 应用层　　　C. 通信层　　　D. 基础库层
4. 以下哪个不属于无线入侵（　　）。
   A. 蓝牙　　　　B. WiFi　　　　C. OBD 口　　　D. GPS
5. 以下哪些是应对网络安全的基建办法（　　）
   1 数据接口；2 网关；3 通信网络；4 交互信息安全验证
   A. 1，2　　　　B. 1，2，3　　　C. 2，3，4　　　D. 1，2，3，4

三、简答题

1. 简述 DSRC 和 C-V2X 技术的优缺点。
2. 简述 V2X 的典型应用有哪些类别并分别举例说明。
3. 描述基于 V2X 的智能驾驶系统的工作过程。
4. 简述中间件在智能驾驶操作系统中的作用。
5. 简述 Cyber RT 的基本运行流程。

项目七

智能驾驶应用技术

导　言

科学技术的高速发展，已将人们带入了信息时代，同时也正在给汽车行业带来一场新的革命，智能化则是其突出特征。汽车智能化是在电子信息技术和其他高新技术基础上发展起来的，它起到辅助驾驶的作用，使驾驶更为方便，利用多种传感器和智能公路技术最终达到无人驾驶。

智能网联先进驾驶辅助系统作为智能驾驶的表现形式，在目前的车辆中已经得到了诸多实际应用。本项目将对于车道保持技术、自适应巡航控制技术、自动泊车技术等几种典型的智能驾驶应用技术进行介绍，最后通过案例应用和案例练习的方式，更深入地理解智能驾驶应用技术。

学习目标

1. 知识目标

（1）掌握车道保持技术的概念和工作过程。
（2）掌握自适应巡航控制技术的概念和工作过程。
（3）掌握自动泊车技术的概念和工作过程。

2. 技能目标

（1）具有智能驾驶应用技术功能认知的能力。
（2）能独立制定并实施工作计划。
（3）能够查找资料与文献以获取有用的知识。

3. 素质目标

（1）培养学生职业素养。
（2）培养学生独立思考和分析问题的能力。
（3）提高团队协作意识。

项目七 智能驾驶应用技术

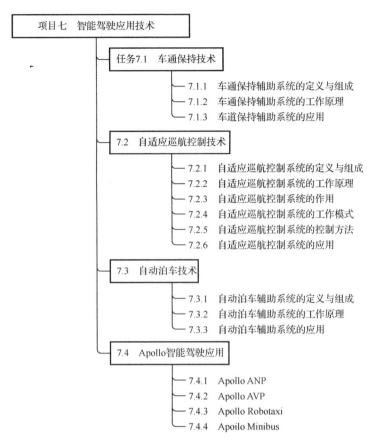

任务 7.1　车道保持技术

7.1.1　车道保持辅助系统的定义与组成

1. 车道保持辅助系统的定义

车道保持辅助（Lane Keeping Assist，LKA）系统是一种能够主动检测汽车行驶时的横向偏移，并对转向和制动系统进行协调控制的系统。该系统是在车道偏离预警系统的基础上发展起来的，能够实现主动对车道偏离进行纠正，使汽车保持在预定的车道上行驶，从而减轻驾驶员的负担，减少交通事故的发生，如图 7-1 所示。

2. 车道保持辅助系统的组成

车道保持辅助系统主要由信息采集单元、电子控制单元和执行单元等组成，如图 7-2 所示。在系统工作期间，驾驶员将会接收车道偏离的报警信息，并选择对转向系统和制动系统中的一项或多项动作进行控制，也可交由系统完全控制。系统中的所有信息均以数字信号的形式进行传递，通过汽车总线技术实现。

图 7-1　车道保持辅助系统

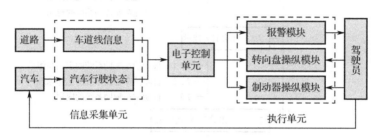

图 7-2　车道保持辅助系统的组成

（1）信息采集单元：信息采集单元在车道保持辅助系统中的功能与其在车道偏离预警系统中的功能相似，主要通过传感器采集车道信息和汽车自身的行驶信息，并发送给电子控制单元。

（2）电子控制单元：电子控制单元主要通过特定的算法对信息进行处理，并判断是否做出车道偏离修正的相乘操作。该单元的性能直接影响车道偏离修正的及时性，因此在选择处理器和设计控制算法时，要着重考虑其运算能力和运算速度。

（3）执行单元：执行单元由 3 部分组成，即报警模块、转向盘操纵模块和制动器操纵模块。其中，报警模块与车道偏离预警系统中的类似，通过转向盘或座椅震动、仪表盘显示、声音警报中的一种或多种形式实现；转向盘操纵模块和制动器操纵模块是车道保持辅助系统中特有的，其主要实现横向运动和纵向运动的协同控制，并保证汽车具有一定的行驶稳定性。

7.1.2　车道保持辅助系统的工作原理

车道保持辅助系统可以在行车的全程或速度达到某一阈值后开启，并可以手动关闭，实时保持汽车的行驶轨迹。当系统正常工作时，信息采集单元通过车载传感器采集车速信号、转向盘转角信号，以及汽车速度信息，电子控制单元对信息进行处理，比较车道线和汽车的行驶方向，判断汽车是否偏离行驶车道。当汽车可能偏离车道线行驶时，发出报警信息；当汽车距离偏离侧车道线小于一定阈值或已经有车轮偏离出车道线，电子控制单元计算出辅助操舵力和减速度，根据偏离的程度控制转向盘和制动器的操纵模块，施加操舵力和制动力，使汽车稳定地回到正常轨道；若驾驶员打开转向灯，正常进行变线行驶，则系统不会做出任何提示。

车道保持辅助系统的工作过程如图 7-3 所示。在系统起作用时，将不同时刻的汽车行驶照片重叠后可以看出，图中第二个车影已经偏离了行驶轨道，于是系统发出报警信息；第三个和第四个车影是系统主动进行车道偏离纠正的过程；在第五个车影时，汽车已经重新处于正确的行驶线路上，车道保持辅助系统完成了一个完整的工作周期。

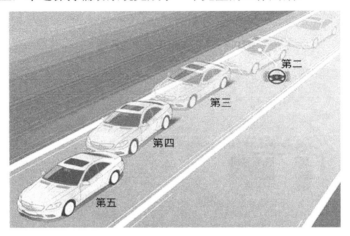

图 7-3　车道保持辅助系统的工作过程

7.1.3　车道保持辅助系统的应用

车道保持辅助系统目前已经在较多车型中装配，不仅提高了行车的安全性，防止驾驶员在开车过程中因注意力不集中造成的车道偏离，也使驾驶员养成了变道主动开启转向灯的习惯，否则车道保持辅助系统将发出警示信息或产生较大的转向阻力。目前，日系车中 LKA 系统的配置率较高，如日丰田、本田等品牌。

本田汽车对车道保持辅助系统有较深入的研究，目前已经在新雅阁、思域、CR-V 等车型中运用，如图 7-4 所示。本田的车道保持辅助系统主要通过单眼摄像机识别车道两侧的行车线，并辅助施加转向盘转向操作，使车辆始终保持在车道中间行驶，大幅缓解高速行驶时的驾驶疲劳。

大众 CC 也搭载有车道保持辅助系统，如图 7-5 所示。其原理是通过紧贴在前挡风玻璃上的数字式灰度摄像头实时拍摄前方道路上的左右车道线，对其进行监控。拍摄到的图像由计算机转换成信息数据并进行处理，分析汽车是否行驶在车道线的中间，若车辆的偏移量超出了允许值，便会向电动助力转向（Electric Power Steering，EPS）系统发出修舵动作指令，加以干预纠正。汽车便会自动回到两条车道线中间来。如果遇到弯度较大的弯道且车道线清晰，汽车也会自动沿着弯道转弯行驶。

图 7-4 本田车道保持辅助系统

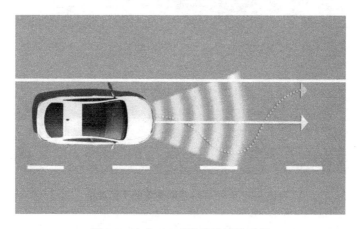

图 7-5 大众 CC 车道保持辅助系统

福特的部分车型中也有车道保持辅助系统,如图 7-6 所示。该系统主要采用 Gentex 公司出品的多功能摄影系统,核心架构为 Mobileye 公司的 EyeQ 视讯处理器。这个处理器可以处理摄像头所收集的信息,实现车道侦测、车辆侦测、行人侦测、大灯控制等功能。

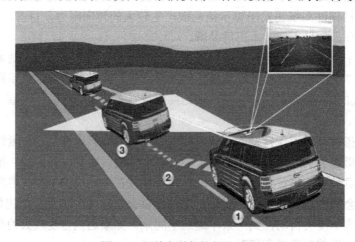

图 7-6 福特车道保持辅助系统

任务 7.2 自适应巡航控制技术

7.2.1 自适应巡航控制系统的定义与组成

1. 自适应巡航控制系统的定义

在汽车行驶过程中，安装在汽车前部的测距传感器持续扫描汽车前方的道路，同时轮速传感器采集车速信号。当前汽车（以下简称主车）与前方车辆之间的距离小于或者大于安全车距时，汽车自适应巡航控制（Adaptive Cruise Control，ACC）系统通过与制动系统、发动机控制系统协动作，改变制动力矩和发动机输出功率，对汽车的行驶速度进行控制，以使主车与前方车辆始终保持安全车距行驶，避免追尾事故发生，同时提高通行效率，如图 7-7 所示。如果主车的前方没有车辆，则主车按设定的车速巡航行驶。

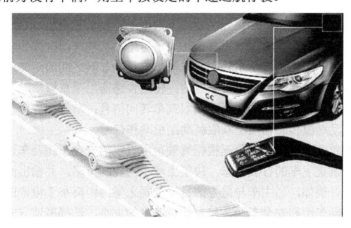

图 7-7 汽车中的自适应巡航控制系统

对于电动汽车，发动机更换为驱动电机，通过改变制动力矩和驱动电机的输出功率，控制电动汽车的行驶速度。

自适应巡航控制系统在控制汽车制动时，通常会将制动减速度限制在不影响舒适的程度，当需要更大的减速度时，自适应巡航控制系统会发出预警信号通知驾驶员主动采取制动操作。当主车与前方车辆之间的距离增加到安全车距时，自适应巡航控制系统控制汽车按照设定的车速行驶。

2. 自适应巡航控制系统的组成

1）燃油汽车中的自适应巡航控制系统

燃油汽车中的自适应巡航控制系统主要由信息感知单元、电子控制单元、执行单元和人机交互界面组成，如图 7-8 所示。

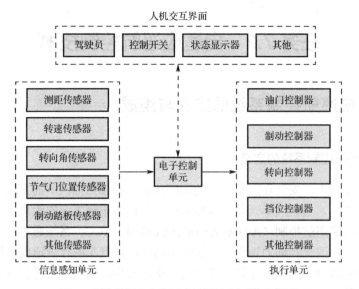

图 7-8 燃油汽车中自适应巡航控制系统的组成

（1）信息感知单元：信息感知单元主要用于向电子控制单元提供 ACC 系统所需要的各种信息，主要由测距传感器、转速传感器、转向角传感器、节气门位置传感器、制动踏板传感器等组成。其中，测距传感器用来获取主车与前方目标车辆之间的距离信号，一般使用激光雷达或毫米波雷达，也有使用视频传感器的；转速传感器用于获取实时车速信号，一般使用霍尔式转速传感器；转向角传感器用于获取汽车转向信号；节气门位置传感器用于获取节气门开度信号；制动踏板传感器用于获取制动踏板动作信号。

（2）电子控制单元：电子控制单元根据驾驶员所设定的安全车距及车速，结合信息感知单元传送来的信息确定主车的行驶状态，决策出汽车的控制策略，并输出油门开度和制动压力信号给执行单元。例如，当主车与前方的目标车辆之间的距离小于设定的安全车距时，电子控制单元计算实际车距和安全车距之差及相对速度的大小，选择减速方式，或通过报警器向驾驶员发出报警，提醒驾驶员采取相应的措施。

（3）执行单元：执行单元主要执行电子控制单元发出的指令，实现主车速度和加速度的调整。它包括油门控制器、制动控制器、转向控制器和挡位控制器等。其中，油门控制器用于调整节气门的开度，使汽车加速、减速及定速行驶；制动控制器用于控制制动力矩或紧急情况的制动；转向控制器用于控制汽车的行驶方向；挡位控制器用于控制汽车变速器的挡位。

（4）人机交互界面：用于驾驶员设定系统参数及系统状态信息的显示等。驾驶员可通过设置在仪表盘或转向盘上的人机交互界面启动或清除 ACC 系统控制指令。启动 ACC 系统时，要设定主车与目标车辆之间的安全车距，以及在巡航状态下的车速，否则 ACC 系统将自动设置为默认值，但所设定的安全车距不可小于设定车速下交通法规所规定的安全车距。

2）电动汽车中的自适应巡航控制系统

电动汽车中的自适应巡航控制系统也由信息感知单元、电子控制单元、执行单元和人机交互界面组成，如图 7-9 所示。电动汽车相对于燃油汽车，其 ACC 系统的信息采集单元没有节气门位置传感器，执行单元没有油门控制器和挡位控制器，相应增加了电动机控制器和再生制动控制器。信息感知单元将传感器测量的距离、速度和加速度等信号输入电子控制单元；

电子控制单元对主车的行驶环境及运动状态进行分析、计算、决策，输出转矩和制动压力信号；执行单元完成电子控制单元的指令，通过电动机控制器和制动控制器调节主车的行驶速度；人机交互界面为驾驶员对系统的运行进行观察和干预控制提供操作界面。

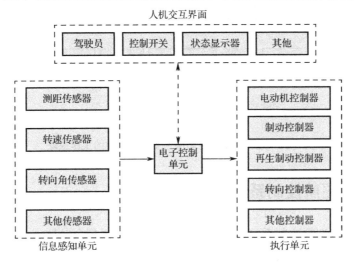

图 7-9　电动汽车中自适应巡航控制系统的组成

7.2.2　自适应巡航控制系统的工作原理

1. 燃油汽车中自适应巡航控制系统的工作原理

燃油汽车中自适应巡航控制系统的工作原理如图 7-10 所示。汽车在行驶过程中，驾驶员启动自适应巡航控制系统后，安装在汽车前部的测距传感器持续扫描汽车前方的道路。同时，转速传感器采集车速信号。如果主车前方没有车辆或与前方目标车辆的距离很远且速度很快时，控制模式选择模块就会激活巡航控制模式，自适应巡航控制系统将根据驾驶员设定的车速和转速传感器采集的本车速度自动调节加速踏板等，使主车达到设定的车速并巡航行驶；如果目标车辆存在且离主车较近或速度很慢，控制模式选择模块就会激活跟随控制模式，自适应巡航控制系统将根据驾驶员设定的安全车距和转速传感器采集的本车速度计算出期望车距，并与测距传感器采集的实际距离比较。自动调节制动压力和油门开度等使汽车以一个安全车距稳定地跟随前方目标车辆行驶。同时，自适应巡航控制系统会把汽车目前的一些状态参数显示在人机界面上，方便驾驶员判断，也装有紧急报警系统，在自适应巡航控制系统无法避免碰撞时及时警告驾驶员并由驾驶员处理紧急状况。

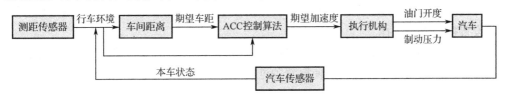

图 7-10　燃油汽车中自适应巡航控制系统的工作原理

2. 电动汽车中自适应巡航控制系统的工作原理

电动汽车中自适应巡航控制系统的工作原理如图 7-11 所示，它与燃油汽车中自适应巡航控制系统的工作原理基本一样，唯一区别是燃油汽车控制的是油门开度，调节发动机输出转矩；电动汽车控制的是电动机转矩，调节电动机的输出转矩，而且增加了再生制动控制。

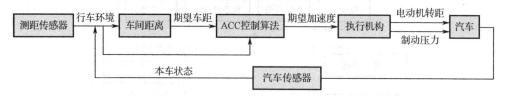

图 7-11 电动汽车中自适应巡航控制系统的工作原理

7.2.3 自适应巡航控制系统的作用

汽车中的自适应巡航控制系统通过对汽车的纵向运动进行自动控制，以减轻驾驶员的劳动强度，保障行车安全，并通过方便的方式为驾驶员提供辅助支持。汽车中的自适应巡航控制系统具有以下作用。

（1）可以自动控制车速，但在任何时候驾驶员都可以主动进行加速或制动。当驾驶员对巡航控制状态下的汽车进行制动后，自适应巡航控制系统就会终止巡航控制；当驾驶员对巡航控制状态下的汽车进行加速，停止加速后，自适应巡航控制系统会按照原来设定的车速进行巡航控制。

（2）通过测距传感器的反馈信号，自适应巡航控制系统可以根据目标车辆的移动速度判断道路情况并控制汽车的行驶状态；通过反馈式加速踏板感知驾驶员施加在踏板上的力，自适应巡航控制系统可以决定是否执行巡航控制，以减轻驾驶员的疲劳。

（3）汽车中的自适应巡航控制系统分为基本型和全速型。其中，基本型自适应巡航控制系统一般在车速大于 30km/h 时才会起作用，而当车速降低到 30km/h 以下时，就需要驾驶员进行人工控制；全速型自适应巡航控制系统在车速低于 30km/h 直至汽车静止时一样可以适用，在低速行驶时仍能保持与前车的距离，并能对汽车进行制动直至处于静止状态。如果前车在几秒内再次启动，装备有全速型自适应巡航控制系统的汽车将自动跟随启动。如果停留时间较长，驾驶员只需要通过简单操作，如轻踩油门踏板就能再次进入自适应巡航控制模式。通过这种方式，即使在高峰或拥堵时段，自适应巡航控制系统也能进行辅助驾驶。

汽车中的自适应巡航控制系统使汽车的编队行驶更加轻松。自适应巡航控制系统可以设定自动跟踪的汽车，当主车跟随前方车辆行驶时，自适应巡航控制系统可以将主车车速调整为与前方目标车辆的车速相同，同时保持稳定的安全车距，而且这个安全车距可以通过转向盘上的设置按钮进行选择。

带辅助转向功能的自适应巡航控制系统不仅可以使汽车自动与前方目标车辆保持一定车距，而且汽车还能够自动转向，使得驾驶过程更加安全、舒适。

7.2.4 自适应巡航控制系统的工作模式

汽车中自适应巡航控制系统的工作模式主要有定速巡航、减速控制、跟随控制、加速控制、停车控制和启动控制等，如图 7-12 所示。图中假设主车设定车速为 100km/h，目标车速行驶速度为 80km/h。

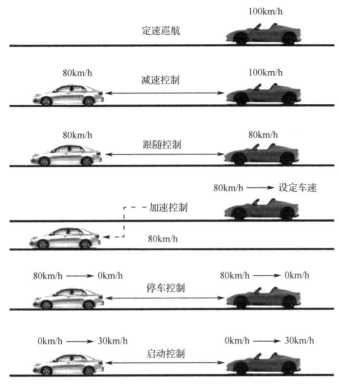

图 7-12　汽车中自适应巡航控制系统的工作模式

（1）定速巡航：定速巡航是汽车中自适应巡航控制系统最基本的功能。当主车前方无目标车辆行驶时，主车将处于普通的巡航行驶状态，自适应巡航控制系统按照设定的行驶车速对汽车进行定速巡航控制。

（2）减速控制：当主车前方有目标车辆，且目标车辆的行驶速度小于主车的行驶速度时，自适应巡航控制系统将控制主车进行减速，确保主车与前方目标车辆之间的距离为所设定的安全车距。

（3）跟随控制：当自适应巡航控制系统将主车速度减至设定的车速值之后采用跟随控制，与前方目标车辆以相同的速度行驶。

（4）加速控制：当前方的目标车辆加速行驶或发生移线，或当主车移线行驶使得前方又无行驶车辆时，自适应巡航控制系统将对主车进行加速控制，使主车恢复到设定的车速。在恢复设定的车速后，自适应巡航控制系统又转入对主车的巡航控制。

（5）停车控制：若目标车辆减速停车，主车也减速停车。

（6）启动控制：若主车处于停车等待状态，当目标车辆突然启动，主车也将启动，与目标车辆的行驶状态保持一致。

当驾驶员参与汽车驾驶后，自适应巡航控制系统自动退出对汽车的控制。

7.2.5 自适应巡航控制系统的控制方法

燃油汽车中自适应巡航控制系统的控制方法如图 7-13 所示，它分为双层控制：第一层根据雷达、车速和加速度传感器信号控制车速与加速度，获得期望车速和期望加速度信号；第二层接收第一层信号调节驱动系统和制动系统，输出节气门开度和制动压力指令，从而控制发动机和液压制动装置。

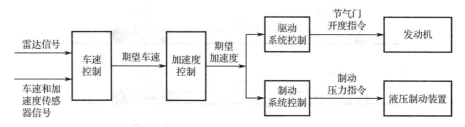

图 7-13　燃油汽车中自适应巡航控制系统的控制方法

电动汽车中自适应巡航控制系统的控制方法如图 7-14 所示，它分为三层控制：第一层根据雷达和传感器信号控制加速度和转矩，获得期望加速度和期望转矩信号；第二层对第一层输出的期望转矩进行分配，获得期望电动机驱动转矩、期望电动机制动转矩和期望液压制动转矩；第三层接收第二层信号协调驱动系统和制动系统，输出电动机驱动转矩指令、电动机制动转矩指令和液压制动转矩指令，分别控制驱动电动机和液压制动装置。

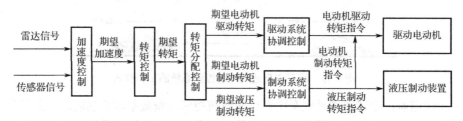

图 7-14　电动汽车中自适应巡航控制系统的控制方法

7.2.6 自适应巡航控制系统的应用

自适应巡航控制系统使汽车辅助驾驶的品质达到了新的高度，驾驶员的大量任务可由自适应巡航控制系统自动完成，在很大程度上减轻了驾驶员的负担。目前，汽车中的自适应巡航控制系统主要应用在中高级轿车上，但随着自适应巡航控制系统的不断发展与完善，一些中低挡汽车也开始装配自适应巡航控制系统。

沃尔沃汽车中的自适应巡航控制系统如图 7-15 所示，通过前挡风玻璃的摄像头，以及隐藏在前格栅内的雷达监测前方路况，在速度超过 30km/h 时，按下转向盘上的启动键就可以激活自适应巡航控制系统。

当前面有车辆时，自动跟着前方车辆行驶，但不会超过设定的速度；如果前方没有车辆，就按设定的速度行驶。

图 7-15　沃尔沃汽车中的自适应巡航控制系统

沃尔沃汽车中的自适应巡航控制系统具有以下功能。

（1）它在 0~200km/h 的范围内都可以实现自动跟车。

（2）对前车的识别能力强。当前车转弯或超过前车时，能快速捕捉到新的前方车辆，继续自动跟车。

（3）如果有车辆插队驶入两车之间，自适应巡航控制系统调节车速保持之前设定的两车之间的安全车距。

（4）具有辅助超车功能。如果感觉前车较慢，当驾驶员开启转向功能进入另外一条车道，准备超车时，汽车会瞬时加速以尽快超过前车。

长安 CS75 汽车中也装配了自适应巡航控制系统。驾驶员只需要开启功能之后进行简单的设定，就可以在高速路上行驶车辆，甚至在堵车的时候"解放"双脚，如图 7-16 所示。其还可以通过语音进行速度限定，该车型能够根据前面车辆的速度进行自我速度的调节，始终控制与前车的安全车距，便捷而高效。

图 7-16　装配有自适应巡航控制系统的长安 CS75 汽车

未来汽车中的自适应巡航控制系统将同其他的汽车电子电控系统相互融合,形成智能汽车电子控制系统,在卫星导航系统的指引下,利用环境感知技术和网络通信技术,实现自动驾驶功能。

任务 7.3 自动泊车技术

7.3.1 自动泊车辅助系统的定义与组成

1. 自动泊车辅助系统的定义

自动泊车辅助(Auto Parking Assist,APA)系统是利用车载传感器探测有效泊车空间,并辅助控制车辆完成泊车操作的一种汽车先进驾驶辅助系统,如图 7-17 所示。

图 7-17 自动泊车辅助系统

相比于传统的电子辅助功能,如倒车雷达、倒车影像显示等,自动泊车辅助系统的智能化程度更高,减轻了驾驶员的操作负担,有效降低了泊车的事故率。

2. 自动泊车辅助系统的组成

自动泊车辅助系统主要由感知单元、中央控制器、转向执行机构和人机交互系统组成,如图 7-18 所示。

(1)感知单元:通过车位检测传感器、避障保护传感器、转速传感器、陀螺仪、挡位传感器等实现对环境信息和汽车自身运动状态的感知,并将感知信息输送给自动泊车辅助系统的中央控制器。

(2)中央控制器:中央控制器主要分析处理感知单元获取的环境信息,以及汽车的泊车运动控制。在泊车过程中,中央控制器实时接收并处理汽车避障传感器输出的信息,当汽车与周围物体相对距离小于设定安全值时,中央控制器将采取合理的汽车运动控制。

(3)转向执行机构:转向执行机构由转向系统、转向驱动电机、转向电机控制器、转向转角传感器等组成。转向执行机构接收中央控制器发出的转向指令后执行转向操作。

（4）人机交互系统：在泊车过程中，人机交互系统显示一些重要信息给驾驶员。

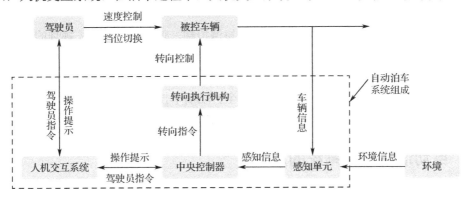

图 7-18　自动泊车辅助系统的组成

7.3.2　自动泊车辅助系统的工作原理

自动泊车辅助系统的工作原理是：通过车载传感器扫描汽车周围的环境，通过对环境区域的分析和建模，搜索有效的泊车位，确定目标车位后，系统提示驾驶员停车并自动启动自动泊车程序，根据所获取的车位大小、位置信息，由程序计算泊车路径，然后自动操纵汽车泊车入位。

从机理上分析，自动泊车辅助系统的工作过程如图 7-19 所示。

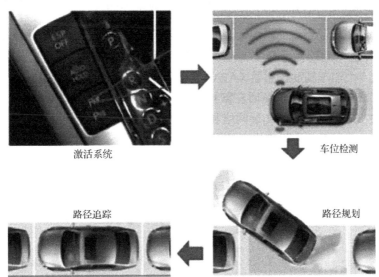

图 7-19　自动泊车辅助系统的工作过程

（1）激活系统：汽车进入停车区域后缓慢行驶，人工开启自动泊车辅助系统，或根据车速自动启动自动泊车辅助系统。

（2）车位检测：通过车载传感器获取环境信息，传感器主要采用测距传感器（如雷达）

和视觉传感器（如摄像头），然后识别出目标车位。

（3）路径规划：根据所获取的环境信息，电子控制单元对汽车和环境建模，计算出一条能使汽车安全泊入车位的路径。

（4）路径跟踪：通过转角、油门和制动的协调控制，使汽车跟踪预先规划的泊车路径，实现轻松泊车入位。

自动泊车辅助系统在泊车过程中，驾驶员需要控制制动踏板、加速踏板及排挡杆，转向盘操作由计算机完成，目前已装备量产车型。全自动泊车技术在泊车过程中，不需要驾驶员控制汽车的任何操作。所有泊车过程全部由计算机控制，目前处于测试阶段。

7.3.3 自动泊车辅助系统的应用

雪佛兰科鲁兹配备了自动泊车辅助系统，可以实现水平和垂直两种方式的自动泊车，如图 7-20 所示。在泊车入位过程中，驾驶员仅需要控制制动踏板、加速踏板及排挡杆，转向盘操作由计算机完成，帮助驾驶员准确将车停到指定位置，方便驾驶员操控车辆。

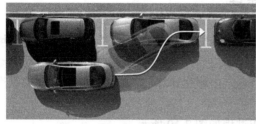

图 7-20　水平和垂直两种方式的自动泊车

雪佛兰自动泊车辅助系统的组成如图 7-21 所示。其中，1 代表带自动转向功能的电动转向机；2 代表 8 个驻车辅助传感器（UPA），用于测量泊车过程中与障碍物的距离，探测距离为 1.5m；3 代表 4 个泊车辅助传感器（APA），用于测量寻车过程中车位的长短，探测距离为 1.5m；4 代表 APA 模块，位于后备厢左侧衬板内，是驻车辅助、自动泊车辅助、侧盲区报警功能的主控模块，此模块在底盘拓展网络和低速网络上通信，向电动转向、仪表、收音机等模块发送控制指令和信息；5 代表启用/关闭按钮，共有 2 个，分别打开和关闭 UPA 和 APA 功能；6 代表仪表。

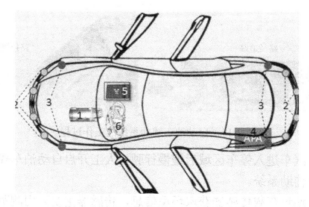

图 7-21　雪佛兰自动泊车辅助系统的组成

项目七 智能驾驶应用技术

自动泊车辅助系统都不是全自动的，驾驶员必须踩制动踏板控制车速，时刻盯紧汽车的倒车雷达显示屏和左右后视镜。自动泊车辅助系统必将向全自动泊车系统发展，全自动泊车是实现无人驾驶汽车的关键技术之一。

奥迪全自动泊车技术通过智能手机上的应用程序"一键自动停车"来完成。当驾驶员将车辆开到停车场的入口附近时，驾驶员下车拿出手机，然后只要简单地点一下屏幕，就可以转身离去，随后车辆开始自行启动，进入停车场寻找停车位，如图 7-22 所示。

图 7-22 奥迪全自动泊车技术

虽然奥迪车辆确实实现了全自动泊车，但并不完全依靠自己的力量。在停车场中布满了激光扫描设备来帮助车辆定位，也就是说只有在与奥迪公司合作安装了激光扫描设备的停车场，这项技术才能得以真正使用。

沃尔沃公司开发的全自动泊车系统是与无人驾驶技术、网络技术和无线通信技术的进一步结合。在基础设施建设方面，沃尔沃全自动泊车系统并不算复杂，只需要在停车场的出入口，以及停车场内部设置传感器，引导车辆进出停车场和寻找车位。沃尔沃公司的这项技术，可以让驾驶员不在车内便可实现车辆的自动泊车和锁闭，并且它还能让车辆自己从泊车位来到驾驶员的身边。这些操作都可以用手机端的自动停车 App，驾驶员只需要轻点按钮，车辆便会自动寻找车位，当车辆完成泊车后，也会在手机上接收到泊车完毕的信息。同样，如果想让车辆自己来到驾驶员身边，只需要在手机上进行简单的操作即可，如图 7-23 所示。

图 7-23 沃尔沃全自动泊车技术

沃尔沃的这项技术还可以在自动泊车的过程中实时监测车辆周围的各种障碍物，以便随时调整行车路线。

宝马的远程代客泊车技术在 360°防碰撞系统的基础上，借助其激光扫描仪获得的数据，实现车辆自动泊车。驾驶员只需要将车辆开到停车场的入口处，这样就可通过智能手表启动远程代客泊车系统，如图 7-24 所示。

在车辆进行自动泊车的过程中，系统可以自动识别周围物体，避开意外出现的障碍物，如行人、其他车辆，及未完全停入车位的车辆。

相比沃尔沃的全自动泊车技术，由于宝马车型借助了 360°防碰撞系统的激光扫描仪，因而减少了对于 GPS 卫星定位系统的依赖，使该系统的使用范围不会局限于无遮蔽的露天停车场。即便是地下停车场或立体停车场，搭载这项技术的宝马车型都可以畅通无阻。除配备激光扫描仪之外，这款试验用车还配备了处理系统与运算系统，这意味着车辆可以独立完成楼内定位、监测周围环境，并进行独立的自动导航。这样，停车场便不需要配备自动驾驶所需要的复杂基础设施。

图 7-24 宝马远程代客泊车技术

全自动泊车技术是实现汽车无人驾驶的重要环节，目前还处于试验阶段，真正达到全自动泊车的应用，还有很多技术需要解决完善。

任务 7.4　Apollo 智能驾驶应用

7.4.1　Apollo ANP

1. Apollo ANP 的定义

领航辅助驾驶为 L2 级别的辅助驾驶功能，它在车道线居中保持（LCC）功能的基础上，根据导航引导路径、限速信息和车流状态等条件，辅助车辆控制巡航车速、汇入主路、进入匝道，并在合适的时机变换车道。

可以将百度 Apollo ANP（Apollo Navigation Pilot）看作 L4 级 Apollo 技术降维，用于城市开放道路和高速等驾驶场景的 L2.5 级智能辅助驾驶产品。不仅能实现车辆在城市路段安全行驶，并且成本较低，也是领航辅助驾驶产业中落地最快的方案，更适宜满足车企量产的需求，如图 7-25 所示。

图 7-25 Apollo ANP

2. Apollo ANP 的技术特点

百度 Apollo ANP 城市领航辅助驾驶方案采用纯视觉感知的路线，利用 12 颗摄像头、5 个毫米波雷达、12 个超声波雷达形成视觉感知体系，全面覆盖车辆周围的环境。从级别上来看，百度 Apollo ANP 与特斯拉 NOA、小鹏 NGP 等产品同为 L2.5 级别的驾驶辅助产品，但百度 Apollo ANP 源于 L4 级纯视觉自动驾驶方案 Apollo Lite。

Apollo ANP 与百度其他自动驾驶产品配套使用，由于其核心计算单元采用了百度自主研发的"三鲜"版 ACU（Apollo Computing Unit），所以具有更高的算力、更低的功耗和更稳定的性能，AI 能力涵盖了高精建图、环境感知、规划控制等功能。

此外，业内领先的百度高精度地图也可为 ANP 提供支持。目前，百度高精度地图已经覆盖了部分主要城市的复杂道路。同时，Apollo ANP 与百度车路协同系统搭配，更能提高行驶效率，如可监测红绿灯的剩余时间，为后续驾驶选择进行准备。

7.4.2 Apollo AVP

1. Apollo AVP 的定义

百度 Apollo AVP 是百度 Apollo 另一项降维落地的技术，不但能自主寻找车位，自主泊车，还能在中途遇到行人或障碍物时，主动避让或停车让行，让整个泊车行为安全进行，如图 7-26 所示。

百度 Apollo AVP 自主泊车可以分为自主学习泊车（HAVP）和高精度地图泊车（PAVP）两种类型。其中，自主学习泊车主要应用于家、公司等固定停车位场景，通过一次快速学习路线即可实现车位到上下车点的召唤与泊车；高精度地图泊车主要针对公共停车场场景，需要配合采集停车场的高精度地图实现最终的自动泊车。

图 7-26　Apollo AVP

2．Apollo AVP 的技术特点

百度 Apollo AVP 依靠 1 颗单目广角（120°）摄像头、4 颗超广角（190°）摄像头、8 颗 UPA 超声波传感器、4 颗 Apollo APA 超声波传感器等设备，配合百度高精度地图和决策核心 ACU 的超强"视脑"神经系统，成功突围停车场场景困局，不论是水平、垂直车位，还是斜入、没有划线的空间车位，都能实现自动泊车。

百度 HAVP 给车主提供了简单快捷的记忆泊车功能，只需学习一次，车辆便可以进行自主泊车和召唤；根据车主所在的停车环境不同，通过简单快捷的学习操作，即可满足车主应对不同停车环境的适应性。举个例子，不管车位的位置、宽窄、角度等诸多复杂因素，只要人工驾驶可以停进去，百度 Apollo AVP 即可实现同样的泊车效果，其智能水平堪比业内的"老司机"，但长期来看，其发挥水准比人工泊车更稳定、更安全。在未来，随着用户使用泊车功能的时长和次数增加，系统也会分析用户的独特驾驶习惯并形成千人千面的驾驶风格。

百度 HAVP 自主泊车系统的主要优点在于操作简单、科技感强、安全、可解决更多复杂场景，并且相比较于其他泊车系统更加自由、灵活、耗时少、成功率高。自主泊车使用过程中全程支持 App 远程控制，且不受限于停车场位置。整个学习过程仅需要 2～3min，方便快捷，并且支持云端后台多趟路线的学习。同时，百度 Apollo AVP 是业界首家同时支持地上和地下停车场，支持召唤出库和无人自主泊车入库，其后续的 OTA 系统升级也会支持漫游寻找车位\更多复杂车位类型，以及更多停车场的适配支持。

经过多年研发，百度 Apollo 已经基本实现了 AVP 量产落地。未来，百度 Apollo AVP 还将通过 OTA 迭代等方式持续进化和创新，完成各细分功能的能力提升，为用户提供更优质、更完善的智能驾驶体验。

7.4.3 Apollo Robotaxi

1. Apollo Robotaxi 的定义

Robotaxi 一般指无人驾驶出租车，是基于自动驾驶技术，并能提供出租服务的车辆。Apollo Robotaxi 是百度自动驾驶出租车队，如图 7-27 所示。

图 7-27　Apollo Robotaxi

在行驶过程中，Apollo Robotaxi 车辆可以根据路况进行智能变道，还可以判断周边车辆的行驶状况，对近距离超车等情况做出自动避让。如果碰上前方有行人通过，百度 Apollo Robotaxi 也会自动减速制动避让。

2. Apollo Robotaxi 的发展历程

2019 年 6 月，百度 Apollo 获得了长沙市政府颁发的 45 张可载人测试牌照。首批 45 辆 Apollo 与一汽红旗联合研发的"红旗 EV"Robotaxi 车队，在长沙部分已开放测试路段开始试运营。长沙的自动驾驶测试开放道路途经长沙市人工智能科技城、梅溪湖、洋湖、大王山、高新区等地段，全长达到 135km，示范区面积达到 70 平方公里。Apollo 在长沙开放路段范围内的试运营将逐步开启。

2020 年 4 月，百度 Apollo Robotaxi 服务上线百度地图及百度 App 智能小程序，成为国内首个通过国民级应用向公众开放的自动驾驶出租车服务。

2020 年 8 月，百度在沧州开放 Apollo Go 自动驾驶出租车服务，沧州由此成为中国第一个可以在主城区打到 Robotaxi 的城市。这也是继长沙之后，Apollo 在第二个城市上线常态化的打车服务，意味着 Apollo 正在加速规模化部署，百度无人车服务 Apollo Go 迈入多地运营的全新阶段。

2020 年 9 月，百度 Apollo 宣布在北京正式开放自动驾驶出租车服务 Apollo Go，北京用户可以在百度地图及 Apollo 官网上预约体验 Robotaxi。

2021 年 5 月，百度 Apollo 无人驾驶 Robotaxi——中国首批"共享无人车"在北京首钢园正式开启常态化商业运营。用户可通过 Apollo GO App 呼叫共享无人车，享受无人驾驶出行服务。百度成为中国首个开放运营无人驾驶 Robotaxi 的公司，标志着我国即将进入无人驾驶商业化的全新阶段。

7.4.4　Apollo Minibus

1．Apollo Minibus 的定义

百度 Apollo Minibus 也称为"阿波龙"（Apolong），是百度公司和金龙客车合作生产的全国首辆商用级无人驾驶微循环电动车。"阿波龙"是全球首款商用级无人驾驶电动车，具备 L4 级别高度自动驾驶能力和交互能力，如图 7-28 所示。

图 7-28　"阿波龙"

2．Apollo Minibus 的发展历程

2018 年 3 月，由百度公司和金龙客车合作生产的国内首辆商用级无人驾驶巴士——"阿波龙"拿到了福建省平潭综合实验区公安交通管理部门授予的首批测试牌照，率先在平潭无人驾驶汽车测试基地现场进行上路测试。

2018 年 4 月，自动驾驶微循环巴士"阿波龙"参加首届数字中国建设成果展览会。在首届数字中国建设峰会上，百度对外宣布搭载了 Apollo 自动驾驶解决方案的"阿波龙"商用 L4 级无人驾驶巴士将首次向公众试乘。

2018 年 7 月，百度在北京会议中心召开了 Create 2018 百度 AI 开发者大会，大会上，李彦宏宣布"百度和金龙客车合作的全球首款 L4 级量产自动驾驶巴士'阿波龙'正式量产下线"。

2018 年 8 月，无人驾驶小型巴士"阿波龙"满载乘客行驶在厦门软件园三期道路上，开展首次市民体验活动。这台外形"呆萌"的无人驾驶巴士身长 4.3m、宽 2m，满载时能容纳

14人。"阿波龙"可自动完成变道和转弯等操作，车内没有配置转向盘和驾驶位，吸引不少市民登车体验。

2018年10月，首台"阿波龙"无人驾驶小巴顺利进入武汉市武汉开发区龙灵山公园，百度在全国的首个无人驾驶商业示范运营项目正式进入运行阶段。

2019年8月，百度"阿波龙二代"自动驾驶接驳车率先亮相智博会"重庆礼嘉智慧体验园"，承担游客接送等任务。同时，百度与重庆市政府就共同推进大数据融合创新发展进行合作签约。双方致力于在自动驾驶、智能城市、智能政务、区块链等多层面展开合作，助力重庆产业转型升级，培育新的经济增长点。

2021年2月，广州黄埔区与百度Apollo联手打造的全球首个服务多元出行的自动驾驶MaaS平台首次亮相，开放5种自动驾驶车型为市民提供便利。市民在游赏花景过程中，还可搭乘"阿波龙"环湖路线，一览九龙湖光。

2021年8月，百度Apollo全新一代自动驾驶小巴"阿波龙Ⅱ"在广州黄埔正式亮相。"阿波龙Ⅱ"整车迎来升级，拥有比肩Robotaxi的自动驾驶能力和极致的智能座舱体验。同时，"阿波龙Ⅱ"还致力于成为智能时代移动空间，可灵活满足多元需求，面向公共出行、移动警务、健康管理等场景提供定制化的智能移动服务。

参考文献

[1] 崔胜民. 智能网联汽车技术概论[M]. 北京：机械工业出版社，2021.

[2] 李妙然，邹德伟. 智能网联汽车技术概论[M]. 北京：机械工业出版社，2019.

[3] 崔胜民，余天一，王赵辉. 智能网联汽车先进驾驶辅助系统关键技术[M]. 北京：化学工业出版社，2019.

[4] 崔胜民. 智能网联汽车新技术[M]. 北京：化学工业出版社，2016.

[5] 陈慧岩，熊光明，龚建伟，等. 无人驾驶汽车概论[M]. 北京：北京理工大学出版社，2014.

 巩固与提高

一、名词解释

1. 先进驾驶辅助系统。
2. 车道保持辅助系统。
3. 自适应巡航控制系统。

二、填空题

1.《中华人民共和国道路交通安全法》规定：机动车在高速公路上行驶，车速超过100km/h时，安全车距为_____以上；车速低于100km/h时，最小安全车距为_____。

2. 目前经典的安全距离模型主要有_____、_____，以及_____，均为基于距离的FCW算法。

3. 汽车中ACC系统的工作模式主要有_____、_____、_____、_____、_____和_____等。

三、选择题

1. 网联式先进驾驶辅助系统使用的传感器是（　　）。
   A．毫米波雷达　　B．视觉传感器　　C．激光雷达　　D．V2V
2. 不属于L2级智能网联汽车ADAS的是（　　）。
   A．拥堵辅助驾驶系统　　　　　　B．换道辅助系统
   C．全自动泊车系统　　　　　　　D．车道保持辅助系统
3. L2级智能网联汽车可以不配备的传感器是（　　）。
   A．超声波传感器　B．毫米波雷达　C．激光雷达　　D．视觉传感器
4. 不属于智能网联汽车自适应巡航控制系统的传感器是（　　）。
   A．测距传感器　　B．转速传感器　C．节气门传感器　D．陀螺仪
5. 车道保持辅助系统的执行单元不包括（　　）。
   A．报警模块　　　　　　　　　　B．转向盘操纵模块
   C．发动机控制模块　　　　　　　D．制动器操纵模块

四、问答题

1. 简述自动泊车辅助系统的工作原理。
2. Apollo智能驾驶应用主要包括哪些？